Inhalt

W0196612

Wir begrenzen unsere Möglichkeiten
durch die Unbewusstheit
darüber, wie wir funktionieren.
Umso bewusster wir uns diese Mechanismen machen,
desto freier werden wir.

Einleitung – »Ich bin ein Mensch, keine Farbe«

Kann man das Wunderschöne verallgemeinern? Oder ist es nur das, was man selbst als wunderschön empfindet? Und wie ist es mit dem Hässlichen? Dem Ungerechten? Dem Akzeptablen oder dem Angenehmen? Wie mit unseren Träumen und Vorstellungen? Oder unserem Geschlecht?

Es war ein später Abend im Sommer, als ich meine Aufzeichnungen zu meinem ersten Frauenseminar durchlas. Darin war es um Geschlechterrollen und ihre Klischees gegangen, nur wenige Tage erst lag die Veranstaltung zurück. Die Vorhänge hatte ich weit aufgerissen und die Fenster meines Arbeitszimmers geöffnet. Mich bewegte, was wir in den vergangenen Wochen aufgearbeitet hatten, dachte über meine eigenen Erfahrungen nach, die ich mit diesem Thema gemacht hatte.

In meinem Leben habe ich beruflich sehr viel mit Frauen zu tun gehabt. Als Autor, Filmemacher und von den Menschen Faszinierter setzte ich mich seit Jahren mit dem Widerspruch zwischen Image und Wirklichkeit auseinander, als Couch beriet ich hauptsächlich Frauen, wobei mein Fokus auf den Geschlechterklischees lag. Seit dieser intensiven Beschäftigung empfand ich es als Niederlage, würden sich Männer und Frauen als unterschiedliche Wesen betrachten, und zwar als Konsequenz unseres genetischen Pools, demzufolge Frauen angeblich »schwächer« und »weicher« sind und Männer »stärker« und »rationaler«. Die neuesten wissenschaftlichen Erkenntnisse sprechen dagegen.

Was aber nicht heißt, dass weibliche und männliche Geschlechterrollen und damit verbundene Geschlechterklischees nicht existieren. Trotz aller emanzipatorischen Forderungen und ihrer Realisierungen halten sie sich hartnäckig. Fast scheint es, als wären sie in Stein gemeißelt. Als ich das erkannt hatte, wollte ich mehr über diese Unbeweglichkeit der Klischees in Erfahrung zu bringen. Das tat ich, indem ich mit ihnen zu spielen begann. Über einen längeren Zeitraum, insgesamt waren es zwei Jahre, schlüpfte ich immer wieder in die Rolle einer Frau und versuchte, das Leben aus weiblicher Perspektive kennenzulernen. Es war ein unfassbares Erlebnis, nie hätte ich gedacht, wie mächtig Geschlechterrollen noch waren. Das konnte ich nicht so einfach hinnehmen, und ich begann gegen sie zu kämpfen. Über meine Spurensuche und mein Aufbegehren schrieb ich dann auch ein Buch: *Die Frau in mir*.

Da ich eine Schauspielausbildung absolviert und Theaterwissenschaften studiert hatte, konnte ich sehr schnell die typischen Anzeichen eines Rollenverhaltens an mir selbst feststellen. Beim Method Acting, einer speziellen Schauspieltechnik, gestaltet man sein Rollenspiel, indem man in sich persönliche Identifikationspunkte mit der jeweiligen Rolle ermittelt. Auf der Bühne identifiziert man sich schließlich mit ihren psychologischen Aspekten. Doch nach der Vorstellung ist es wichtig, sich wieder von ihnen zu lösen, um keine Persönlichkeitsstörung zu entwickeln. Die Geschlechterrollen, wie ich sie erlebte, erschienen mir jedoch wie ein Theaterspiel, von dem man sich nie gelöst hatte. Die Verwurzelung dieser Rollen in unserer Gesellschaft, die die Bühne für sie darstellt, konnte ich nur als sehr stark bezeichnen. Human war etwas anderes, denn es war einfach ein viel zu enges Korsett. Um Möglichkeiten der Loslösung zu ermitteln, versuchte ich nicht nur bei mir, sondern als Couch auch bei anderen – wie gesagt, meist Frauen – die Rollen umzugestalten, sie zu erweitern, zu variieren, mit Gewalt aufzubrechen.

Gerade nach der Veröffentlichung von *Die Frau in mir* kamen viele zu mir oder schilderten mir über Skype ihre Konflikte, die sie in sich trugen, Konflikte, die genau mit den immer noch zementierten Geschlechterrollen in Verbindung standen. Ungeheure Dimensionen taten sich da auf, wobei sich *ein* Problem als grundlegend abzeichnete. Fast alle diese Auseinandersetzungen gründeten auf einem – oft unbewusstem – Kampf der Frauen mit ihrer eigenen Weiblichkeit und in Verbindung damit auch mit der Männlichkeit des anderen Geschlechts. Viele erzählten von Krisen, spannten einen weiten Bogen von ihrem Privatleben bis in die männlich dominierte Arbeitswelt, wo sie ihre Frau zu stehen versuchten – und vielfach an besagten Klischees scheiterten.

Da ich auch auf Facebook und in Chats kommunizierte, erreichte mich auf diese Weise eines Tages Sophia, eine Mittdreißigerin und Managerin, die in einem Hightechkonzern tätig war.

»Stell dir das nur vor!«, chattete sie. »Weißt du, wie mich mein Chef genannt hat? ›Die Farbe auf dem Büroflur.‹ Unfassbar! Und das vor zehn Männern, noch dazu mitten in einem Meeting. Das zahl ich ihm heim!«

Eigentlich hätte sie die Aussage als Kompliment betrachten können, aber das schrieb ich Sophia nicht. Das gegenseitige Verstehen oder Nichtverstehen von Frauen und Männern konnte ein Minenfeld sein – besonders im Beruf. Wer vermochte schon zu sagen, wer dabei in die Luft flog?

Es dauerte etwas, bevor ich antwortete. Draußen stürmte es. Im Garten riss der Wind einen großen Zweig von einem Baum, und während er durch die Luft wirbelte, schlug er mit einem lauten Krachen gegen andere Äste. Obwohl ich sicher in meinem Arbeitszimmer am Computer saß, verspürte ich einen Hauch von Angst in mir aufkeimen. Wie konnte das sein? Unmöglich konnte mir etwas, geschützt in meinen vier Wänden, passieren? Laub wirbelte durch die Luft. Wunderschön war dieses Naturschauspiel im Grunde. Doch was war wunderschön?

Man soll sich niemals gegen etwas mit Gewalt wehren, was es auch sei, sinnierte ich weiter, außer man wird existenziell bedroht. Aber was wiederum empfindet jemand als existenzielle Bedrohung?

»Du hast die Situation anders wahrgenommen als dein Chef«, hackte ich endlich diplomatisch in die Tasten. »Ist auch kein Wunder, wenn man so etwas im Beisein von zehn Männern gesagt bekommt. Wie hast du überhaupt reagiert?«

Sophia ist eine hochintelligente Frau, gut aussehend, humorvoll, ehrgeizig, eine, die schnell einen flotten Spruch auf den Lippen hat, schneller als so mancher Mann. Sie gehört zu jenen Frauen, die Männer dazu bringen, dass sie zu grübeln anfangen: Ist sie nicht ein wenig zu taff? Hat sie nicht einen Tick zu viel Schubkraft? Aber warum sollte eine Frau nicht mit der gleichen Energie ihren Beruf ausüben, wie viele Männer es tun?

»Mir hat's glatt die Sprache verschlagen«, erwiderte Sophia. »Hab nur ziemlich kleinlaut rausgebracht, dass ich mir so eine Äußerung nicht gefallen lassen muss. Daraufhin wurde ich nur verständnislos angeglotzt.«

Die Geschichte ging dann weiter. Nach dem Vorfall versuchte Sophias Boss, sich bei ihr zu entschuldigen. Er stellte ihr einen Strauß Tulpen in ihr Büro. Doch wieder rebellierte sie, auch diese Handlung empfand sie als Übergriff.

»Würden Sie sich in einer vergleichbaren Situation bei einem Mann ebenfalls mit einem Strauß Blumen entschuldigen?«, fragte sie ihren Vorgesetzten unverblümt. »Hätten Sie überhaupt einen männlichen Mitarbeiter jemals ›Farbe auf dem Büroflur‹ genannt?«

»Nein, dazu wäre es wohl kaum gekommen«, meinte ihr Chef lakonisch.

Sophia fühlte sich endgültig falsch verstanden. Nur weil sie eine Frau war, konnte ihr also Derartiges passieren. Wobei:

Mit dieser Einschätzung hatte sie recht, ihr Beispiel stand stellvertretend für unzählige ähnliche Ereignisse, die mir im Laufe der Monate von berufstätigen Frauen auf meine Nachfrage hin berichtet wurden. Solche Geschehnisse drücken vor allem eines aus: Dass die Gleichstellung von Frauen im Berufsalltag mehr Theorie als Wirklichkeit ist, real prallen Frauen und Männer ständig aufeinander, oder sie driften aneinander vorbei.

Auch wenn ich bei diesen Erkundigungen von vorwiegend beruflichen Problemen hörte, ging es den Frauen letztlich immer um das Zwischenmenschliche, um Beziehungen ohne Sex und um den häuslichen Alltag, der Basis für ihr äußerliches Engagement ist. Sie wollten im Beruf vorwärtskommen, sie einte die Sorge, wie sie sich in jener Männerwelt durchsetzen, wie sie im anderen geschlechtlichen Lager erfolgreich agieren konnten, ohne dass *Mann* das Gefühl beschlich, dass ihm etwas weggenommen wurde. Unbewusst schien er zwar so etwas zu empfinden, doch welcher moderne Mann gab zu, dass im Beruf nur seinesgleichen etwas zu suchen hätten? Einen solchen Gedanken würde er sich nicht einmal zu denken trauen. Trotzdem berichteten die Frauen, wie sie von Männern in der Arbeitswelt überholt wurden, obwohl sie die gleichen, wenn nicht sogar bessere Qualifikationen besaßen. Einige Frauen – und es waren nicht wenige – hatten den Eindruck, dass sie viel mehr Fähigkeiten als ein konkurrierender Mann aufweisen mussten, um zumindest gleiche Chancen zu haben. Sie fühlten sich beruflich massiv diskriminiert.

In jener Nacht, als es draußen heftig stürmte, als Äste zerbarsten und Blätter beim Fallen sanft wirbelten, entschloss ich mich, diese Auseinandersetzung der Frauen mit den Männern zum Kernthema meiner nächsten Beschäftigung zu machen. Dazu organisierte ich ein weiteres Seminar, zu dem ich einige

Frauen einlud, die sich in meinen Augen besonders für dieses Thema interessierten. Das Chatten oder Skypen reichte mir nicht mehr. Darüber hinaus wollte ich intensive persönliche Begegnungen herbeiführen, um über das zu sprechen, was ich für den Kern ihrer Probleme hielt: nämlich dass sie aufgrund veralteter Geschlechterrollen weiterhin mit klischeehaften Vorstellungen konfrontiert werden – Vorstellungen, die sie mit sich schleppen und die sie daran hindern, sich wirklich als vollständige Menschen fühlen zu können. Diese Rollen sind wie jene, die dazu benutzt werden, um Farbe auf eine Wand zu malen oder einen Teig platt zu walzen. Im Theater sorgen sie noch für eine gute Show, im Leben trennen sie aber Frauen und Männer. Die Frauen, die an dem dreitägigen Seminar teilgenommen haben, werden in diesem Buch der rote Faden sein.

Es geht dabei um einen neuralgischen Schnittpunkt: Es ist der zwischen neuen, modernen Erfordernissen und überholten Aspekten geschlechtlicher Programmierung. Dazu habe ich mir ein Ziel gesetzt: Ich werde einen – vielleicht ungewöhnlichen – Ansatz vorstellen, wie wir uns von unerwünschten Klischees befreien könnten und sollten.

Vier Fragen hatten alle Frauen, mit denen ich sprach, miteinander verbunden:

- Wie kann ich als Frau in der alten Männerdomäne Beruf intelligent Karriere machen?
- Welche Möglichkeiten habe ich, um mich als Frau in der Arbeitswelt besser gegen Männer durchzusetzen?
- Wie kann ich als Frau zusammen mit Männern arbeiten (und leben), ohne mich im Verhalten anzugleichen – und ohne als minderwertig angesehen zu werden?
- Was kann ich tun, damit Männer bei gleicher oder besserer Qualifikation meinerseits mir nicht vorgezogen werden?

Bei meiner Spurensuche stellte ich im Vorfeld schnell fest, dass bei der Aufarbeitung des zwischengeschlechtlichen Miteinanders oder Gegeneinanders das berufliche und private Leben von Frauen nicht voneinander zu trennen ist. Ich richtete meine Aufmerksamkeit also auf beide Bereiche. Zudem zog ich Erkenntnisse der modernen Gehirnforschung heran und setzte mich mit Neurobiologie und soziologischen Erkenntnissen in der Genderforschung auseinander. Dabei ließ ich mich von meinen eigenen Assoziationen leiten, war ich doch selbst Teil dieser Geschlechtermaschinerie. Die Folge war, dass ich immer mehr hinterfragte. Denn: Spielen Geschlechterklischees nicht unentwegt bei unserer Meinungsbildung eine Rolle? Nicht auch in diesem Moment?

Damit mein *Genderkey* eines Tages real wird, beschreibe ich zum Ende des Buches eine Übungstechnik, die ich speziell für das Thema entwickelt habe, ich habe sie Projektives Selbstcoaching genannt. Ausgearbeitet habe ich sie für Frauen, die sich in bestimmten Situationen selbst helfen wollen, ohne langwierige Termine mit einem Coach vereinbaren zu müssen. Sie kann angewendet werden, wenn man akut eine Lösung für sich sucht, etwa wenn es um männliche Macht geht, wenn man meint, dass man sich aufgrund von geschlechtsbezogenen Missverständnissen in einer ausweglosen Situation befindet. Die Methode funktioniert über eine einfache Imaginationstechnik und hat sich vielfach als hilfreich erwiesen.

Frauen, die in ihrem Leben weiterkommen wollen, sollten aber beim Justieren ihrer Position im Leben niemals vor dem Spannungsverhältnis Frau-Mann haltmachen. Eine tiefer gehende Auseinandersetzung mit den Geschlechterrollen und ihren Klischees, dem Problem der Gleichstellung sowie mit Spannungen, die aus dem Umgang mit Männern resultieren, kann niemals das endgültige Thema sein. Das Aufbrechen und

Weiterentwickeln der Geschlechterrollen wie auch die Gleichstellung von Frau und Mann ist vielmehr nur ein Ausgangspunkt. Danach geht es erst richtig los. Vielleicht mit einer neuen Lebensvision oder sogar einer übergreifenden menschlichen Zielsetzung. Sie könnte von den Frauen angestoßen werden. Wir könnten so etwas brauchen. Einen Vorschlag dafür habe ich als Gedankenanstoß ganz zum Schluss entworfen.

Die Unschuld des ersten Moments

Man könnte denken, dass das Erste, was Menschen voneinander *bewusst* registrieren, etwas Visuelles ist. Die Kleidung beispielsweise. Doch das trifft nicht zu, es ist nachgewiesenermaßen falsch. Es sind auch nicht die Gerüche. Das Erste, was Menschen von Menschen erfassen und erkennen, das sind seine Worte. Nehmen wir einen anderen wahr, bevor er spricht, so ist das unbewusst sicher zuerst etwas Visuelles. Aber durch Prozesse in unserem Gehirn, die physikalisch-chemischer Art sind, verknüpfen sich in diesem unmittelbaren Moment sofort Worte mit unserer Wahrnehmung, sodass die visuellen Erfahrungen in ihrer Reinform gar nicht erst in unser Bewusstsein dringen. Wie kleine Stempel haben sich bereits Worte und Assoziationen auf sie gedrückt, erst dann erfassen wir den gewonnenen Eindruck, erst dann bemerken wir ihn tatsächlich. Vergleichbar ist dieser Vorgang mit einem Menschen, der das Meer sieht und im selben Augenblick »blau«, »Wasser« und »Wie wunderschön!« denkt. Das Meer ist somit die Wahrnehmung einer Farbe (blau), eines Elements (Wasser) sowie eines Gefühls (wunderschön). Ein zweiter Betrachter kann das Meer ganz anders empfinden, womöglich als kalt und beängstigend und dann auch noch als irgendwie schön. Beide verwenden das Wort »schön«, aber als jeweiligen Kommentar auf ihre individuelle Betrachtung des Meeres. Obwohl beide »schön« sagen, haben sie dennoch nicht das Gleiche erlebt (was sie jedoch denken könnten, wüssten sie von der Aussage des jeweils anderen) – was sich in ihrem Innern abspielt, unterscheidet sich vollkommen.

Wir stehen morgens vor unserem Kleiderschrank und wollen uns anziehen. Bevor wir das tun, überlegen wir indes, wie wir aussehen wollen. Dabei denken wir, dass wir Worte benutzen. Selbst die Entscheidung, wie wir uns kleiden wollen, ist sprachgesteuert, auch wenn wir dafür ein Vorbild aus einem Modemagazin, eine Vorstellung von einem bestimmten Look in uns haben: Die Entscheidung wird auf der Basis von Redewendungen gefällt wie »Das Kleid finde ich für diesen Anlass gut«, also von inneren Dialogen, die uns entsprechend begleiten. Sogar während des Anziehens sprechen wir mit uns selbst, korrigieren uns permanent: »Das steht mir, nein, dieser Stil passt nicht zu mir, jedenfalls nicht an diesem Tag, viel zu aufgedonnert.«

Und sobald wir nackt oder angezogen in Erscheinung treten, werden wir nicht mehr als Mensch gesehen, sondern als Frau oder als Mann. Spätestens jetzt beginnt die Verwirrung. Es ist, als hätte man uns die Unschuld genommen. Plötzlich werden die jeweiligen Geschlechter durch die Sprache als getrennt wahrgenommen, aber nicht nur sie. Auch die Welt selbst wird verbal aufgeteilt in eine innere und eine äußere, die mit dieser Geschlechtertrennung einhergeht.

Das Eigenleben der Seelentattoos

Ich fragte Sophia, was sie denn mit den Blumen ihres Chefs gemacht hätte, und sie antwortete: »Er hatte die Tulpen in einer Vase auf meinen Schreibtisch gestellt, und nachdem er mein Büro verlassen hatte, musste ich sofort einen Abstand zwischen mich und die Blumen bringen und sie auf einem Wandregal deponieren. Aber mein Blick glitt die nächsten Stunden immer wieder zu den bunten Tulpen. Das störte mich. Ich wollte von meinem Vorgesetzten nicht als *Special Person* betrachtet werden. Nicht so! Seit Jahren kämpfe ich, habe alles getan, was erforderlich war, um endlich befördert zu werden, doch er hat immer wieder irgendwelche Typen an mir vorbei nach oben gelobt. Die Tulpen signalisierten mir: ›Du bist eine Frau, da kannst du machen, was du willst! Aber schau, es gibt wenigstens Blumen für dich.‹ Ich empfand das als Herabsetzung. Deshalb stehe ich auch zu meiner Antwort ihm gegenüber, so hart sie gewesen sein mag. Später warf ich die Blumen in den Müll – und fühlte mich augenblicklich freier.«

Zwei Menschen treffen aufeinander, ganz gleich, ob sie sich kennen oder nicht, es entstehen Reaktionen. Bei beiden. Bei allen Beteiligten. In einem Meeting, unter Kollegen im Büro, bei einem Zusammensein mit Freundinnen, zwischen Frauen und Männern. All diese Reaktionen sind hochkomplex und finden in uns selbst statt. Die Schaltstelle unserer Wirklichkeit, innerhalb derer wir mit anderen Menschen kommunizieren, liegt nicht außerhalb von uns, sondern befindet sich in uns.

Jede Begegnung ist ein unmittelbares Erlebnis, das zuerst Gefühle auslöst, Bauchgefühle, doch fast gleichzeitig leitet unser Gehirn einen vielschichtigen Prozess ein: Die ursprüngliche Wahrnehmung und die damit einhergehenden Empfindungen verbinden sich augenblicklich mit bestehenden Erfahrungen, die in uns archiviert sind. Unser Gehirn ist wie ein Computer, in dem alles abgespeichert ist und auch abgerufen werden kann. Dieses Wachrufen von Abgespeichertem geschieht bei den meisten Menschen weitgehend unbewusst. Genau das ist bei Sophia geschehen: Als »Blume« bezeichnet zu werden, erzählte sie mir später einmal, löste in ihr ein Gefühl der Erniedrigung aus: »Jemand, der ›Blume‹ genannt wird, leistet nichts. Zumindest assoziiert man das so«, sagte sie. »Blumen stehen in Vasen, bewegungslos, eingepfercht. Sie werden begafft, sind eine schöne Nebensache in einem Raum und gehen dann irgendwann ein. Und genauso fühle ich mich in dieser Firma: als eine nette Nebensächlichkeit, die man irgendwo abstellen kann, wo sie hübsch aussieht!«

Beim Vorgang des Wachrufens von Abgespeichertem werden aber nicht nur Sinnesreize beziehungsweise Sinnesfragmente beschworen, sondern auch Worte, die mit passenden Eindrücken aus früheren Zeiten gekoppelt sind. Erst in dieser Kombination gewinnt die neue Erfahrung an Komplexität. Sie besteht jetzt nicht mehr nur aus dem Ursprungsereignis, sondern sie ist belegt mit Teilen unseres inneren Erfahrungsschatzes, mit Worten. Es sind, wie gesagt, Prägungen gleich einem Stempel – unsere Wahrnehmung hat jetzt einen Namen bekommen. Und wenn wir ehrlich sind, ist sie nicht mehr wirklich authentisch, sie ist vielfach zu einem Klischee geworden: Das Meer wird als »schön« bezeichnet, weil dieses Empfinden sich mit einem Traum von einem weißen Strand und Urlaubsgefühlen verbunden hat. Und Menschen werden zu Frauen oder Männern, die angeblich nur unter bestimmten Bedingungen miteinander glücklich werden können.

Das Erlebnis selbst, beispielsweise eine Begegnung mit dem anderen Geschlecht, hat sich durch die Kombination mit der Abspeicherung in uns gewissermaßen von außen nach innen verlagert. Nach dieser Wahrnehmungsmetamorphose bleibt vom erlebten Ursprungsereignis nicht mehr viel übrig, denn die Verwandlung geht ununterbrochen weiter. Dem ersten Wort folgen weitere Worte und mit ihnen neue Erfahrungen – denn auch auf Worte reagieren wir in unserem Innern wie auf Erlebnisse. Dabei ist es ganz gleich, ob wir das Wort gehört haben oder ob es uns selbst eingefallen ist. Egal ob Sophia von jemand anderem »Blume« genannt wird oder ob sie selbst »Blume« denkt – das Wort löst dieselben Assoziationen aus. Wenn man es gesagt bekommt, ist es allerdings intensiver: Dann räsoniert man quasi doppelt – in einem selbst taucht das Wort auf, und gleichzeitig dringt es im Geiste immer wieder von außen her in einen ein. Daher halte ich es für so wichtig, sich klarzumachen, was man mit Worten anrichten kann, bevor man sie ausspricht. Ich werde daher immer wieder versuchen, die Aufmerksamkeit auf den tieferen Sinn hinter bestimmten Worten zu lenken.

Durch diese Verflechtung von äußerem Erleben, innerer Erfahrung und dem auf all das gesetzte Wort hat sich ein von der ursprünglichen Erfahrung abgekoppelter Eindruck wie ein Tattoo in unsere Seele gebrannt. Die winzigen Sinnesempfindungen aus dem ersten unschuldigen Moment und dem in uns entstehenden Eindruck, aus dem sich unser Wahrnehmungsklischee formt, nenne ich »Seelentattoos«. Als Seele bezeichne ich all das, was wir, ganz individuell, bewusst und unbewusst als unser vollständiges Selbst verstehen – also die Gesamtheit dessen, was wir sind, und nicht nur das Abbild unserer selbst, das wir in einem Spiegel sehen oder das andere uns als Bild vorhalten.

Durch das Tattoo verfremdet sich unser Verständnis von dem, was wir zu sein glauben. Im Zuge unseres Tuns, äußere Eindrücke mit Teilen unseres inneren Archivbestands zu verbinden, gleiten wir zunehmend in einen Abgleich von Bildern: Wir wägen unsere Vorstellung von uns selbst mit dem ab, was von außen auf uns gerichtet wird, mit unserem konstruierten Image. Dabei geraten wir in genau dieses Dilemma: Wir nehmen ein Ereignis anders wahr, als es wirklich ist. Hätten wir unsere inneren Abspeicherungen nicht mit ihm verknüpft, dann wäre es real. Doch in Kombination mit unserer »Färbung« ist es in Wirklichkeit nur noch das, was wir daraus gemacht haben. Trotzdem glauben wir, dass wir etwas wahrhaftig Authentisches erlebt haben.

Dieser Prozess findet ständig statt, in der Wahrnehmung von uns selbst und natürlich auch dann, wenn wir jemand anderem begegnen und im selben Augenblick feststellen, dass unser Gegenüber ein Mann oder eine Frau ist – beim anderen findet selbstverständlich ein identischer Vorgang statt. Beide gehen davon aus, dass die jeweilige Reaktion unmittelbar den anderen betrifft. Dass das, was er von uns wahrnimmt, tatsächlich wir selbst sind. Das jedoch ist fatal, weil falsch. Ebenso wie wir selbst nimmt auch der andere nur das wahr, was er mit seiner Vorstellung von uns verbindet. Und diese Vorstellung des anderen sind nicht wir selbst.

Der auf diese Weise blitzschnell zusammengepackte Rucksack aus neuen wie alten Eindrücken hat zusammengefasst kaum etwas mit dem tatsächlichen Gegenüber zu tun. Der Gesprächspartner war lediglich Auslöser für einen umfangreichen biochemischen Vorgang in uns. Unser Gehirn veranstaltet dabei zuallererst eine kleine Genderrecherche. Sie ist die dominanteste Kategorisierung, die in uns wirkt. Trotz Gleichberechtigung und Gleichstellung – unsere primäre Fragestellung ist immer noch: Mit welchem Geschlecht haben wir es beim anderen zu tun? Als wäre dies die wesentliche und vorrangig zu regelnde Frage in unserem Miteinander.

Zum Frau- und Mannsein haben wir zahlreiche Informationen mitbekommen. Die Gene spielen hier vielleicht eine Rolle, ebenso haben wir entsprechende Erfahrungen in unserer Kindheit gemacht. All das ist aber nicht zentral, viel wichtiger für unser geschlechtliches Verhalten und Empfinden ist ein anderer Einfluss: die über Tausende von Jahren von unseren Vorfahren praktizierte Form des Zusammenlebens von Männern und Frauen. Es ist eine uralte Prägung, eine Art »Altkonditionierung«.

In der unendlich langen Zeit unseres menschlichen Miteinanders hat unser Gehirn mittels Milliarden neurologischer Zuordnungen die heute gelebte Klischeekategorisierung Frau/Mann herausgebildet. Andere geschlechtliche Einstufungen als die von der »Frau« oder von dem »Mann« haben wir nie gelernt, etwa dass es vielleicht noch andere Rollen geben und diese Kategorisierung nur eine von vielen Möglichkeiten sein könnte. Würden die auf »Frau« und »Mann« einschränkenden Rollendefinitionen wegfallen, stünde uns aber die volle Entfaltung als Mensch in unendlich vielen Variationen offen. Unsere Sexualität, unsere Geschlechtsorgane und unsere Verhaltensklischees würden weit in den Hintergrund weichen oder sogar vollkommen an Bedeutung für unser Selbstverständnis verlieren.

Fest steht jedenfalls: Mangels differenzierterer kollektiver Erfahrungen und Einflüsse auf unser Erleben haben sich die Mann-Frau-Rollen immer mehr verfestigt. Aus Erfahrungsmangel denken wir, es gibt nur sie. Und dementsprechend erwarten wir, wie sich unser Gegenüber passend zu verhalten hat. Wenn sich jemand anders verhält, als es zu unseren geschlechtlichen Seelentattoos passt, empfinden wir eine unangenehme Dissonanz – und schon hagelt es entsprechende Worte in uns: »Unmöglich, das ist doch kein richtiger Mann! So verhält sich keine begehrenswerte Frau ...« Dabei berücksichtigen wir kaum, dass unsere Analyse ausschließlich auf der Basis unserer subjektiven Genderkonditionierung erfolgt, so wie wir sie uns innerhalb unserer eigenen Seelentattoos vorstellen. In diesem verzerrten, eingeschränkten, ja falschen Selbstbild verhalten wir uns, als wäre unser Eindruck von den Geschlechterrollen ein verallgemeinerbarer, ein wahrer und ein angemessener.

Dieser Prozess ist praktisch unausweichlich, die Zusammenhänge dieser Konditionierung sind wissenschaftlich untersucht. So beschreibt der Biologe und Geschlechterforscher Heinz-Jürgen Voss in seinem Buch *Geschlecht. Wider die Natürlichkeit*, warum wir uns nicht unabhängig von anderen menschlichen Eindrücken entwickeln: »Der Mensch kann nicht abgelöst von der Gesellschaft betrachtet werden, denn er ist stets schon gesellschaftlich. Eine für Menschen wahrnehmbare, von der Gesellschaft unabhängige ›Natürlichkeit‹ kann es nicht geben. Einflüsse anderer Menschen wirken schon im Embryonalstadium auf die Entwicklung eines Menschen ein.«

Voss bestätigt, dass das, was wir heute sind, zu einem großen Teil Konditionierung ist, und dass diese durch Erfahrungen unserer Vorfahren und zurückliegender Generationen weithin geprägt wurde. Auch die in Boston lebende Forscherin Junko Arai hat mit einer spektakulären Entdeckung den Nachweis erbracht, dass nicht nur die über die Geburt vererbte und somit feststehende DNA unser Verhalten prägt. Die Neurobiologin ist auf transgenerationale Epigenetik spezialisiert, also die Vererbung über Generationen hinweg allein durch erworbene Fähigkeiten und Aktivitäten. Yunko Arai konnte zeigen, dass im Laufe eines Lebens vom eigentlichen DNA-Code unabhängige Erbinformationen gebildet werden. Sie können durch die Umwelt, das eigene Verhalten oder besondere Erlebnisse beeinflusst werden (damit ist das Rauchen der Mutter gemeint, ebenso Ernährung oder Stress). Solche Informationen werden »transgenerational«, mithin über Generationen hinweg, weitergegeben. Darauf deuten in der Gehirnforschung sogenannte Spiegelzellen hin, Nervenzellen, die die stoffliche Basis unseres Verhaltens bilden. Allein durch Zuschauen, durch Beobachten von dem, was der andere tut, werden wir sofort mit diesen Zellen befeuert, die uns in die Lage versetzen, nachzuvollziehen, was der andere macht – und es gegebenenfalls für uns übernehmen. In der Traumaforschung gilt es seit einiger Zeit ebenfalls als nachgewiesen, dass sich Erfahrungskomplexe, die sich tief in einem Menschen eingegraben haben, an die eigenen Kinder und sogar noch an spätere Nachfahren übertragen können.

Verschiedene wissenschaftliche Disziplinen kommen hier zu einem ähnlichen Ergebnis: Es ist davon auszugehen, dass die Lebensweisen vergangener Generationen die noch heute von uns gelebten Geschlechterrollen sowie die Art und Weise, wie wir sie ausfüllen, mit geprägt haben. Über den Umfang dieser Konditionierung und über das möglicherweise sehr geringe Maß unserer Unabhängigkeit davon ist bislang wenig bekannt. Das ist deswegen von besonderer Relevanz, weil wir so selbstverständlich von unserem Rollenverständnis ausgehen und in einer Zeit zu Hause sind, in der wir Worte wie »Gleichstellung« oder »Frauenquote« in den Mund nehmen, als wären sie das Normalste der Welt. Dabei machen die vierzig, fünfzig Jahre, in denen den Frauen erstmals ein etwas freieres Leben zugestanden wird, im Vergleich zu den vergangenen zweitausend Jahren gerade einmal 2 Prozent aus. Selbst wenn wir »nur« von diesen zwei Jahrtausenden ausgehen, arbeiten also noch 98 Prozent (!) geschlechtlicher Altkonditionierung in uns. Anders gesagt: Wir sollten die »Geschlechter« und die Herkunft ihres jeweiligen Verhaltens genauer unter die Lupe nehmen: Wir Frauen und Männer sind nämlich nicht so, wie es uns die Gesellschaften der letzten Jahrhunderte vorgelebt haben.

»Aber was sagt uns das?«, fragte mich eines Tages Evelyn, Marketingchefin in einem Modeunternehmen, die ich übers Chatten kennengelernt und der ich von meiner Spurensuche erzählt hatte. »Dass wir Menschen praktisch über Generationen hinweg auf ein bestimmtes Rollenverhalten gedrillt wurden?«

Sophia, die sich in unser Gespräch eingeschaltet hatte, meinte: »Oder dass Frauen und Männer ähnlicher sind, als wir dachten. Dass wir sogar ziemlich gleich und nicht ungleich sind.«

Ich fügte hinzu: »Wir sollten unser Verständnis von ›ähnlicher‹ oder ›gleich‹ und ›ungleich‹ als Maßstab zunächst einmal weglassen. Es kann doch sein, dass es zwischen ›gleich‹ und ›ungleich‹ noch viel mehr gibt.«

»Und wie sieht dieses Mehr aus?«, fragten Evelyn und Sophia unisono.

»Dazu ist eine aufgeschlossenere Form der gegenseitigen geschlechtlichen Betrachtung notwendig.«

»Na, das klingt ja getragen, das musst du uns aber näher erklären.«

Ein Baustein zu wenig Erfahrung

Sophia hat die folgende Erfahrung mit ihrem Chef gemacht, ebenso viele andere Frauen in vergleichbaren Situationen, wie ich aus den Chats weiß: Die Wahrnehmungs- und Erlebniswelten beider Geschlechter decken sich so gut wie nie. In der Regel wird das sofort gespürt, dennoch beginnen wir trotz einer dabei empfundenen Unschärfe Einschätzungen vorzunehmen. Wir interpretieren ein Verhalten, als wäre das von uns Wahrgenommene das tatsächliche Ereignis. Als wären die daraus gezogenen Schlüsse Abbild einer objektiven Wirklichkeit – und die vielen Seelentattoos verstärken diesen Eindruck. Nachdem sie durch Erfahrung entstanden sind, wandern sie durch unser Bewusstsein, gesellen sich gleichsam zu anderen Erfahrungen, die ihnen gefallen, und formen mit ihnen neue Klischees. Da wir ununterbrochen Neues erleben, entstehen daraus immer neue Tattoos, die das ursprünglich geprägte – falsche – Bild festigen.

Lassen wir diesen Prozess ungebremst zu, ohne ihn zu hinterfragen, bringt uns nach und nach ein stets größeres Klischeebild in seine Abhängigkeit. Die monströsen Konstrukte, die hinsichtlich der Geschlechterrollen entstehen, sind Bilder, die uns am meisten beherrschen. Es sind Sätze wie: »Nur als richtig weibliche Frau werde ich von Männern geliebt«, oder: »Halbe Männer gibt es nicht, ein Mann muss ein richtiger

Mann sein«. Ihre Existenzberechtigung wird so gut wie nie infrage gestellt. Im Gegenteil: Vielerorts wird ein regelrechter Kult um solche Rollenbilder betrieben: in der Werbung, in der Mode, im Sport, in Religionen und Traditionen. Wir können an die Rollenbilder glauben – oder auch nicht. Die meisten Menschen identifizieren sich mit ihnen. Sie gehen davon aus, dass das einfacher ist. Und wenn sie einem solch eingebildeten Bild nicht vollständig entsprechen, tun sie alles dafür, um es zu korrigieren.

»Im Job kommt es mir oft vor, als würde man mich auf etwas festlegen wollen, das ich gar nicht bin«, erzählte Sophia einmal, als wir uns gemeinsam mit Evelyn in einem Café in München trafen. »Offenbar werde ich nicht an meinen objektiven Ergebnissen gemessen, sondern an meinen Leistungen als Frau. Und da Frauen angeblich größere Schwierigkeiten haben, etwas auf die Beine zu stellen, scheint es, als müsste ich viel mehr meine Fähigkeiten unter Beweis stellen als ein Mann, um vergleichbar akzeptiert zu werden.«

»Stimmt«, fügte Evelyn hinzu, eine stets feminin gekleidete Frau Anfang dreißig mit langen braunen, leicht lockigen Haaren, die sie meist offen trug. »Das macht es uns wirklich sehr schwer. Manchmal habe ich das Gefühl, dass *Mann* sich mir gegenüber auf eigenartige Weise großzügig verhält. Sogar mir untergebene Typen legen ein derartig generöses Verhalten an den Tag. Das kann mich ganz schön aggressiv machen. Schaum bekomme ich da vor lauter Wut vorm Mund.«

Besonders zornig reagierte Evelyn einmal, als die Betriebsleitung einige Mitarbeiter in Führungspositionen in ein Genderseminar schicken wollte. Die Frauen wurden am zweiten Tag der Veranstaltung in einen Bus gesetzt, zum Sightseeing, während die Männer sich von ihrer vorabendlichen Sauforgie erholten«, sagte Evelyn. »Eine bodenlose Frechheit war das. Als ich mich beschwerte, so etwas könne man nicht im Rahmen eines Genderseminars machen, sagte mir einer von der Betriebsleitung von oben herab, dass ich ganz gewiss recht hätte.«

Sophia stand ruckartig auf. Mit leicht vorgebeugter Körperhaltung und einem schrägen Lächeln ahmte sie die charmante Haltung eines Mannes nach: »Ja, ich sehe das auch so, Frau Marquart. Kompliment, ja, Kompliment.«

Beide Frauen mussten lachen.

»Wie reagierst du auf so etwas, Evelyn?«, fragte ich. »Ich meine in weniger offensichtlichen Situationen?«

»Mit einer Art Grundgereiztheit, weil ich so etwas nicht hinnehmen kann. Auch wenn ich das nicht zeigen will, spüren die Typen meine Stimmung. Ganz schnell entstehen dann Missverständnisse, in Meetings und Besprechungen habe ich das oft genug erlebt.«

»Wie geht ihr denn aus solchen Gesprächen raus?«

»Meist wird es vorzeitig abgebrochen, ohne dass der eine oder andere genau weiß, warum das so ist.«

»Ja, das kenne ich auch«, bestätigte Sophia. »Oder es entsteht ein Herumgeeiere, und zwar von beiden Seiten.«

Evelyn blickte jetzt nachdenklich. »Manchmal zieht sich eine Besprechung allein dadurch endlos in die Länge, obwohl man sie schnell abhaken könnte.«

Fast mag es erscheinen, als würde sich in unseren Umgangsweisen über die Jahrhunderte und Jahrtausende hinweg eine Gewohnheit eingeschlichen haben, die der eines alten Paares gleicht: Nach vielen Jahren Ehe gehen beide automatisch davon aus, dass der andere so ist, wie man immer gedacht hatte. Man ist zu faul geworden, beim anderen wirklich hinzuschauen. Selbst wenn er sich verändert hat, wird er weiterhin so gesehen. Im Strudel dieser erlahmten Aufmerksamkeit füreinander hat sich ein Verhalten entwickelt, bei dem wir einen bedeutenden Baustein unserer zwischenmenschlichen Begegnungen überspringen: unsere Reflexionsfähigkeit.

Jedes Kennenlernen setzt voraus, das sich die Begegnenden persönlich auseinandersetzen. Sicher, das Private ist im Beruf tabu, doch ein konstruktives und erfüllendes Miteinander für beide Geschlechter kann an einer persönlichen Auseinandersetzung nicht vorbeiführen. Auch und erst recht nicht im Arbeitsleben.

Die erste Begegnung mit dem anderen Geschlecht legt den Grundstock für den weiteren Beziehungsverlauf. Man fühlt sich – unterstützt von Synapsentätigkeiten im Gehirn – beim anderen entweder aufgehoben oder missverstanden. Wobei dies nicht abhängig ist von einem positiven oder einem negativen Begegnungserlebnis – es hat ausschließlich mit jener schon erwähnten Kombination von Erfahrenem und Abgespeichertem zu tun. Obwohl sie von Männern hofiert werden, ihnen die Tür aufgehalten und in die Mäntel geholfen wird, fühlen sich viele Frauen heutzutage wenig persönlich gemeint, sondern über den Kamm geschoren. Sie fühlen sich wie eine von vielen Frauen. Die eigene Individualität auszuleben, fällt wegen dieser wiederkehrenden Reduzierung auf weibliche Klischees schwer.

Evelyn beschrieb ihre Erfahrungen mit Männern während unseres Treffens im Café so: »Sie sind entweder betont höflich oder viel zu normal. Ein Zwischendrin gibt's irgendwie nicht.«

»Richtig«, erklärte auch Sophia.

»Könnt ihr das noch genauer fassen?«, fragte ich nach.

»Es gibt eben nur Mann oder Frau«, sagte Sophia geradeheraus. »Sogar ich als Frau tendiere im Job dazu, eher wie ein Mann zu agieren, um mithalten zu können.«

Fast alle Frauen wollen in ihrer vom Frausein unabhängigen Individualität entdeckt und wertgeschätzt werden, das ist mir nach dem Schreiben von *Die Frau in mir* bewusst geworden. Besonders im Beruf leiden viele darunter, dass dies nicht richtig gelingt. Ein Mann, der wie ein solcher aussieht und auch gern ein Mann ist, wird dennoch mit der klassischen Männerrolle im Unreinen sein, wenn er entsprechend männlicher Verhaltensklischees behandelt wird. Ähnlich ergeht es dem anderen Geschlecht. Eine Frau, die gern eine Frau ist, aber in einer Situation wie beispielsweise im Job lieber als Mensch behandelt werden will, wird negativ reagieren, wenn man sie im Umgang auf weibliche Stereotype reduziert.

Resigniert seufzte Evelyn bei unserem Caféplausch: »Oft denke ich, dass alles, was in meinem Frauendasein geschieht, vom Schicksal festgelegt ist. Ich weigere mich aber, dieser Anschauung zu folgen, weil das bedeuten würde aufzugeben. Ist nicht eines der faszinierendsten Kennzeichen unseres Lebens die Veränderung, die Unberechenbarkeit und der stetige Wandel?«

»Ich nehme euch das nicht ab«, warf ich ein. »Ich habe so viele kraftvolle Frauen in meinem Leben kennengelernt und unzählige schwache Männer. Diese Einschätzungen sind doch relativ. Ich kann mein eigenes Anliegen, die Debatte darüber nur auf der Basis führen, wenn von allen Beteiligten eingeräumt wird, dass unsere Verhaltensschemata veränderbar sind. Sonst sollten wir unsere Beratungsgespräche wegen Sinnlosigkeit bleiben lassen.«

»Die Mädchen meiner Schwester haben aber beide schon sehr früh nach Püppchen gegriffen«, hielt Evelyn dagegen. »Und ihr Junge hat sich bereits als Baby deutlich rustikaler als seine beiden Schwestern verhalten. Du kennst doch dieses uralte Thema.«

Sophia sagte: »Diese Diskussion ist stereotyp. Sie verläuft jedes Mal gleich und kommt mir immer wie die Quadratur des Kreises vor: Irgendeiner hat den Kreis einmal rund gemacht.

Das steht fest. Aber ob er vorher ein Quadrat war, das wage ich zu bezweifeln. Er kann auch ein Dreieck gewesen sein oder sonst was.«

Könnte es im Beruf nicht eine erfüllende Herausforderung zwischen Frauen und Männern sein, die eigene Individualität und die des anderen zu entdecken, abgekoppelt von geschlechtlichen Einstufungen, und sich das bewusst machen? Durch die dabei frei werdenden Energien würden sich obendrein Leistungsfähigkeit und Kreativität steigern lassen. Es leben bereits viele Männer und Frauen zusammen, die atypische Erwartungen an das eigene Leben und das Rollenverhalten anderer haben. Trotzdem ziehen sie in den ersten Momenten ihrer Begegnungen nicht in Betracht, dass sie bereits auf den Schienen ihrer Geschlechterrolle fahren. Bleiben sie aber weiterhin bei alten Reaktionsweisen, wird der Frust nie aufhören. Es ergeht ihnen dann wie dem alten Paar, das stets auf die gleiche Weise gelebt hat und der Ansicht ist, dass alles Neue nur schadet. Falsch eingetütete Vorstellungen haben zu verkehrten Seelentattoos geführt, was auch heißt, dass der weitere Beziehungsverlauf von dem Krampf begleitet sein wird, diese Differenz auszugleichen, zu verleugnen und zu überspielen. Was für ein Energieverschleiß – und was für ein stets brodelnder Konfliktherd.

Genau in eine solche Falle waren auch Sophia und ihr Chef geraten: Aufgrund unterschiedlicher geschlechtlicher Klischeevorstellungen kommunizierten sie aneinander vorbei. Das Ergebnis waren massive Spannungen, durch die sogar ein Zerwürfnis entstehen könnte.

Sich der Geschlechterklischees bewusst zu werden, setzt eine Bedinigung voraus: Man kann diese Arbeit – und eine solche ist es – nur bei sich selbst vornehmen, bei einem anderen Menschen kann man höchstens spekulieren. Erzählt man einem Partner oder einem Vorgesetzten von den eigenen Eindrücken über ihn, so kann die betreffende Person das leicht als Übergriff empfinden. Zudem stempelt unser Gegenüber seine eigenen Seelentattoos auf die von uns vermittelte Meinung. Wir wissen daher mit letzter Sicherheit nie, wie der andere etwas wirklich aufgenommen hat. Bei uns selbst haben wir diese Chance hingegen schon.

Im Idealfall sollte die Bewusstwerdung an der Schnittstelle ansetzen, wo die Tattoos unsere erste, unsere authentische Wahrnehmung überdecken, dort, wo allgemeine und von vielen Menschen benutzte Worte individuelle, intime und einzigartige Eindrücke vom anderen oder von uns selbst überlagern. Wir denken: Das habe ich gerade erfahren, obwohl sich unsere Wahrnehmung längst mit alten Abspeicherungen verknüpft hat. Wir sind bereits woanders und längst nicht mehr so frei, wie wir es im ersten Moment noch waren. Durch Prozesse im Gehirn hat dieser seine Unschuld verloren, er lebt in uns als etwas anderes weiter. Doch die Schlüssel zu ihm besitzen wir noch: Indem wir die Worte infrage stellen, mit denen wir diesen Moment kategorisiert, ihn also benannt haben, können wir zu ihm zurückfinden. Indem wir jene Gefühle loslassen, die durch die Seelentattoos ausgelöst wurden, finden wir zu seinen Wurzeln zurück. Erforderlich ist dabei, diese Gefühle in aller Tiefe zu empfinden und nicht nur theoretisch zu fassen. Nicht anders sieht es bei den Worten aus: Da sie mit Erfahrungen belegt sind, können wir über sie wieder zu den ursprünglichen Momenten zurückfinden – und zwar indem wir hinter die Kulissen der genderbezogenen Sprache blicken. Denn Geschlechterklischees bestehen eben aus umfangreichen Wortgerüsten.

Die Marionettenfäden der Gendersprache

»Oft empfinde ich Männern gegenüber einen unerklärlichen Respekt«, erzählte mir Julia, Direktorin einer Schule, während einer Beratung. »Sogar eine gewisse Ehrfurcht. Wenn ich das bemerke, bin ich verwirrt.« Julia, Ende vierzig, trug ihre grau melieren Haare streichholzkurz, wobei sie damit sehr weiblich aussah, gar nicht burschikos. Auch in weiteren Sitzungen beschrieb sie ein »eigenartiges Gefühl der Lähmung«, das sie vielfach in Besprechungen mit Männern befalle. »Es kommt mir manchmal vor, als würde ich gleichsam von Zauberhand zum Mäuschen werden, dann beginne ich auch, zu den Männern aufzusehen, egal ob es ein Lehrer ist, der mir unterstellt ist, oder der Vater eines Kindes. In solchen Situationen mit Männern ein Gleichwertigkeitsgefühl herzustellen, bedeutet für mich eine riesige Kraftanstrengung.«

Julias Äußerungen brachten mich zu der Überlegung, dass Geschlechterrollen ein Eigenleben in uns führen. Zu ihren Gunsten haben wir unsere Selbstständigkeit verloren, werden von ihnen gelenkt wie Marionetten, obwohl wir das im Zusammenleben kaum bemerken.

Unsere Kommunikation setzt sich aus einer Vielzahl angestaubter sprachlicher Klischees zusammen, in ihrer Summe haben sie sich zu einem vielschichtigen Irrglauben herangebildet, der an unserem Selbstverständnis zerrt und zurrt. Da davon ausgegangen werden kann, dass in unserem Unterbewusstsein weit zurückliegende Erlebnisfragmente abgespeichert und jederzeit aktivierbar sind, könnte es sein, dass geschlechtsbezogene Begriffe wie etwa »Herr« passende Altbedeutungen in uns wachrufen. Das Wort »Herr« zum Beispiel stammt aus dem Althochdeutschen, wurde abgeleitet vom Begriff *hero* und bezeichnete im 8. Jahrhundert adelige beziehungsweise höhergestellte Männer, später nahm man das Wort dann auch für den »Helden«. Sehen nicht viele Frauen bis heute in Männern ihre Helden? Und führen sich die »Herren der Schöpfung« nicht auch so auf, als wären sie unbesiegbar, unnahbar und unverletzlich?

Die Emanzipation der Frauen und die Gleichstellung der Geschlechter hat vor der Sprache haltgemacht. Eine Aufarbeitung sprachlicher Altkonditionierungen hat in diesem Bereich nie wirklich stattgefunden. Jedenfalls vermittelt die Gender-Wortwelt nicht den Eindruck, dass sich die Beschaffenheit unserer Sprache adäquat zu unseren angestrebten Zielen entwickelt hat. Die Auseinandersetzung mit diesen muss mit der Bewusstmachung von Sprache einhergehen. Denn fast alle Geschlechterworte führen geradewegs in die Ungleichheit. Es ist wie bei der üblen Nachrede: Auch wenn längst widerlegt ist, was über jemanden geredet wurde – das einst Gesagte bleibt länger in den Köpfen der Leute hängen als seine Berichtigung.

Worte sind, wie gesagt, Erlebnisse, die Prozesse in unseren Synapsen auslösen. Sie berühren in uns versteckte, verstaubte, aber immer noch aktive Seelentattoos: Termini wie »schwache Frau«, »tolle Frau« oder »das ist nichts für eine Frau« werden so lange unsere »Eindrücke« von Frauen beherrschen, bis neue Erfahrungen mit modernen Worten alte Klischees in uns überdecken. Das Problem ist nur: Es gibt kaum solche neuen Erfahrungen. Unsere Gesellschaft produziert sie nicht – fast als würden die alten Erfahrungen und die mit ihnen verbundenen Worte die bestehenden Geschlechterrollen schützen wollen. Jedenfalls lässt die Gesellschaft nichts zu, was diesen Klischees nicht entspricht. Daher bleiben wir dem traditionellen Rollenverhalten verhaftet.

Besonders zu beobachten ist das in der Berufswelt. Die Gleichberechtigung wird zwar angedacht, es werden Gleichstellungsbeauftragte installiert, Chefs schicken Mitarbeiter in Genderseminare, vielleicht aber auch nur, weil es cool ist. Dass dahinter immer eine wirkliche Überzeugung steht, wage ich zu bezweifeln. Zwar sind die Zeiten einer, wie ich es nennen möchte, harten Ungleichheit zwischen Mann und Frau vorbei, noch längst aber nicht die einer weichen Ungleichheit. Wie auch immer, problematisch ist beides, beides enthält ein nahezu identisches Diskriminierungspotenzial. Frauen ist das nicht entgangen, bloß können sie ihre Gefühle selbst heute nur schwer kommunizieren, weil es dafür an Verständnis mangelt und weil es an einer entsprechenden Sprache fehlt. Eine solche neue Sprache muss jedoch aus dem Inneren heraus wachsen, man kann sie nicht künstlich kreieren.

Etwas Wunderbares etwa »fraulich« (statt »herrlich«) zu bezeichnen, würde grotesk klingen. »Fraulich« drückt von der Bedeutungsebene her sowieso etwas ganz anderes aus: eine besonders ausgeprägte Form von Weiblichkeit, ausschließlich auf Frauen bezogen. Dagegen ist der Ausdruck »herrlich« allgemeingültig, beide Geschlechter benutzen ihn, um etwas besonders Schönes auszudrücken. Indem er aber *Frau* ausschließt, impliziert »herrlich« – auf einer assoziativen Ebene –, dass von Frauen nichts Herrliches kommt. Das weibliche Äquivalent von »herrlich« sollte sowieso von dem Wort »Dame« abgeleitet werden. Nur: Dazu gibt es bereits ein Adjektiv: »dämlich«. Das besagt allerdings etwas, worum es hier auch geht: dass sich die Damen von den Herren häufig genug für dumm verkauft fühlen.

Doch selbst wenn »Neues« geschieht, legt sich im zwischengeschlechtlichen Miteinander schnell ein Schleier alter Inhalte darüber: Ein Begriff wie »starke Frau« ist nichts anderes als ein aus Seelentattoos zusammengesetztes Klischeebild. Er verselbstständigt sich, wenn wir uns diesen Mechanismus nicht bewusst machen.

»Von Beginn an habe ich mich in meiner Firma etwas klamm gefühlt«, berichtete Evelyn während einer Phase, in der wir tiefer in ihre Geschichte einstiegen. Längst skypten wir nicht nur, sondern trafen uns immer häufiger, möglichst in einem genderfreien Ambiente, zu Spaziergängen in der Natur.

»Kurz nachdem ich meinen neuen Job antrat, ging es schon los.« Evelyns Stimme bebte vor Wut und Ohnmacht, als wir an der Isar entlanggingen. »Wenn einer von den Typen einen Vortrag hielt, so kurz er auch sein mochte, kamen Sätze wie: ›Sehr geehrte Dame, liebe Frau Weinzierl, wir haben ja alle Respekt gegenüber Frauen und sind Gentlemen, und vor allem haben wir eine genderbewusste Firmenkultur …‹ Sogleich prusteten einige los, schauten zu mir herüber mit diesem ›Komm-lach-mit-das-ist-doch-komisch‹-Blick. Dann fügte der jeweilige Redner gediegen und ernst hinzu, mit gewichtigem Blick auf seine Unterlagen: ›Und natürlich sehr geehrte Herren.‹ Das fühlte sich für mich jedes Mal an, als hätte ich als Frau mit den Unterlagen nichts zu tun.«

Durch diesen Scherz fühlte sich Evelyn diskriminiert. Aber mit wem sollte sie darüber sprechen? Und wie?

»In der Firma halten sie mich für humorlos, zu trocken und zu taff. Einmal hörte ich, wie einer meiner Kollegen sagte, einer gut aussehenden Frau stehe das Taffsein nicht. Wem steht denn bitte schön ein Taffsein? Den schlecht aussehenden Frauen? Muss ich mich extra schlecht kleiden, nur um taff sein zu dürfen? Was soll ich also tun?«, klagte Evelyn. »Und wenn ich mich weniger humorlos gebe, lächeln mich die Männer penetrant an. Das ist ziemlich nervig.«

Ein Mensch. Er ist in einen Rock gekleidet. Am Ende einer blitzschnellen Wahrnehmungsmetamorphose denken wir das Wort »Frau«. Wir sind uns ganz sicher: Das ist eine Frau. Bei einem Mann, der im Rock gesehen wird, sind wir genauso überzeugt davon, dass es eine Frau ist. Erst wenn die weiteren Anhaltspunkte nicht mit dem Rollenbild übereinstimmen, legen sich sofort andere Worte auf den Eindruck: »Transvestit«, »verrückt« oder »pervers«. Im umgekehrten Fall, wenn eine Frau in einer Hose gesehen wird, wird nicht sofort ein Mann assoziiert.

Evelyn wurde mit einem weiteren Dilemma in der beruflichen Geschlechterwelt konfrontiert, der Ungleichheit in der Gleichheit: Der Unterschied zwischen geschlechtlicher Vorstellung und äußerem Ereignis wird mit Worten so gut wie nie differenziert. Während unsere Gesellschaft Gleichheit will und sogar gesetzlich vorgibt, wird dennoch die Ungleichheit gelebt. Das geschah auch durch die Hervorhebung von »Sehr geehrte Dame« und dem damit verbundenen Gendergekalauere in Evelyns Konferenz. Wie soll sich eine Frau gegen so etwas wehren? Es ist nur schwer möglich. Trotz aller Bemühungen und (Sprach-)Regelungen driften wir ständig in eine von den Worten vorgegebene Ungleichheit ab, stiften Verwirrung im Miteinander. Der belgische Dichter Maurice Maeterlinck sagte einmal über die Wirkung von Sprache: »Sobald wir etwas aussprechen, entwerten wir es seltsam. Wir glauben, in die Tiefe der Abgründe hinabgetaucht zu sein, und wenn wir wieder an die Oberfläche kommen, gleicht der Wassertropfen an unseren bleichen Fingerspitzen nicht mehr dem Meere, dem er entstammt.«

Sicher: Mit unserer Sprache teilen wir uns gegenseitig mit, wir benutzen sie als Werkzeug, um mit ihr Dinge, Zustände, Menschen zu bezeichnen – das ist eine Form von Freiheit. Dabei wird jedoch übersehen, dass Sprache auch unsere Unfreiheit definiert, dann, wenn sie allzu regelhaft wird und wir Veränderungen durch alte Klischees verfälschen oder sie einengen. Nirgendwo wird das so deutlich wie bei den Geschlechtern. Umso genauer sie angesehen werden, desto absurder wirkt die

Rollenshow. Wir drehen uns um sie, und dabei erscheint es, als würde sie nur funktionieren, wenn wir ihr Aufmerksamkeit schenken.

Aber ist es mit unserem Verhalten und der Sprache nicht so, wie mit dem Bild und seinem Betrachter? Ein Bild verliert seine Wirkung und Bedeutung in dem Moment, wenn es nicht mehr betrachtet wird. Ein Maler kann kein Bild gestalten, ohne dass er es ansieht, weiterentwickelt und verändert. Irgendwann hat er das Bild fertig gemalt. Es bleibt vollkommen den Betrachtern überlassen. Sie hängen es auf, hoch oder tief. Sie wählen den Platz aus, wo es hin soll. Sie entscheiden sich, hinzusehen oder nicht. Ist es einem Menschen, der allein zu Hause verweilt noch wichtig, vor sich selbst als ein bestimmtes Geschlecht zu erscheinen? Das Männerbild, mit dem sich viele Frauen konfrontiert sehen, entsteht nicht nur aus sich selbst heraus. Es wird von den Männern selbst geschaffen, aber es wird auch von den Frauen als Betrachterinnen bestätigt oder abgelehnt. Ebenso verhält es sich umgekehrt mit dem Frauenbild. Es ist, als hätten wir uns in einer Art Wahrnehmungsgefängnis verfangen.

Die Berührungslosigkeit der Geschlechter

Evelyn hatte im Sommer Urlaub auf einer Insel gemacht. In der Nähe des Strands, auf dem sie sich sonnte, gab es einen Stein, den sich einer der Urlauber – Typ Manager, sie musste es als Managerin ja wissen – ausgesucht hatte, um sich nach einem Bad im wunderbar warmen Meer auszuruhen. Er lag da wie hingegossen und blickte von seiner erhabenen Position aus umher. Im engeren Fokus: die Frauen. Welche gefiel ihm? Er lächelte zu Evelyn herüber. Sie lächelte nicht zurück, tat so, als hätte sie nichts bemerkt. Im Büro ist einem Mann ein derart lockendes Lächeln verboten, dachte Evelyn. Die Männer hatten es sich selbst verboten. Sie hatten es sich auferlegt, dass im Büro nichts Privates geschehen durfte. Nur Business, nur mühsame Arbeit. Nur Sachliches. Bei diesen Gedanken konnte sie sich eines altbekannten Wunsches nicht erwehren: Ihr reichte es, sie wollte etwas in ihrem Leben verändern. Da sie nicht wusste, wie, kam ihr schnell der Gedanke, wieder auszusteigen, zu kündigen. Dabei hatte sie in ihrem Job gerade erst angefangen und war sogar äußerst erfolgreich in dem, was sie tat.

Evelyn trug einen schwarzen Bikini und hatte bis zu dieser Kündigungsüberlegung in einem Buch gelesen. Sie interessierte sich nicht dafür, welche Männer ihr am Strand gefielen oder nicht, aber sie bemerkte, wie der Typ auf dem Stein immer wieder zu ihr hinsah.

Sie überlegte: Ob er mich wohl für eine Managerin hält? Eine Ebenbürtige? Sicherlich nicht.

Die Feststellung verstimmte Evelyn.

Sie sah in den Himmel hinauf. Schreiende Möwen kreisten in der Luft über ihr. Draußen auf dem Meer lachten auf einem Fischkutter junge Männer. Wieder und wieder warfen sie Reste ihres Fanges zurück ins Wasser, um weitere Fische zu ködern. Eine alte Frau hockte in dem brüchigen Holzboot. Sie reparierte ein Netz, an dem nichts mehr intakt, das nur noch Flickwerk war. Evelyn dachte an ihr wohl größtes Problem als arbeitende Frau: Wie ködere ich neue Kunden? Wie komme ich weiter in meinem Beruf? Die Männer treffen sich zur Kontaktpflege mit Geschäftspartnern zum Mittagessen oder abends auf ein Bier. Das kann ich nicht. Wie sollte ich einen solchen Termin überhaupt einfädeln? Ein Mann verstand es nur allzu leicht und auch nur allzu gern falsch, wenn eine Frau von sich aus bei ihm anrief, um sich für ein Gespräch zu verabreden. Er würde womöglich davon ausgehen, dass da vielleicht etwas laufen könnte. Sie müsste das Gespräch von seinen ins Private gehenden Exkursionen ständig auf geschäftliche Themen lenken. Oft genug hatte sie diese Erfahrung gemacht, sodass sie sich mit Männern kaum noch zur Kontaktpflege verabredete.

Verdammt, ich bin so gehandicapt. Wenn ich nicht kündige, will ich wenigstens weiterkommen. Aber was soll ich nur tun, damit das auch passiert? Evelyn fand keine Antwort auf ihre Frage.

Verärgert legte sie ihr Buch zur Seite, schlang ein Tuch um ihren Bikini und unternahm einen kleinen Spaziergang am Wasser. Nach einigen Metern traf sie auf eine Frau, die mit zwei Töchtern und einer Großmutter am Strand ein Feuer entfacht hatte und jetzt ein Essen zubereitete. Offenbar für die jungen Fischer im Kutter. Die kamen gerade zurück, zogen das alte Holzboot an Land, sie sahen wie die Brüder der Mädchen aus. Die jungen Männer riefen etwas, das wie ein Befehl klang. Sofort liefen die Mädchen los, reichten den Fischern Handtücher und Schalen mit einer warmen Suppe.

Evelyn schaute gedankenverloren aufs Meer hinaus. Sie spürte nicht, wie die Sonne auf ihre gebräunte Haut brannte. Sie spürte nicht den Wind und auch nicht das Wasser, das um ihre Zehen spielte. Sie fühlte sich mutterseelenallein, als würde nichts Neues mehr kommen. Ohne Schutz, ohne Boden unter den Füßen. Nur sich selbst überlassen.

»Ich kann mit den Männern bei uns im Unternehmen nicht mehr normal umgehen«, erzählte sie mir bei einem unserer nächsten Spaziergänge.

»Was wäre denn normal?«, fragte ich nach.

»Mich frei zu fühlen, so zu sein, wie ich bin, auch in mir drin. Die Männer in der Firma sind für mich aber nur noch Chefs oder Untergebene, gefährliche oder nette Kollegen. Oft empfinde ich sie als ungelenke, geile Hengste. In dem Theater namens

Leben dreht es sich um Menschen, die zusammen arbeiten müssen, und um solche, die zusammen leben müssen. Leben und arbeiten – das passt in den meisten Betrieben jedoch nicht zusammen. Die Menschen dürfen nicht Menschen sein. Aber wenn wir dennoch welche wären, im Büro, beim Meeting, bei privaten Treffen – was würde das bedeuten? Dass die Männer alle über uns Frauen herfallen? Dass sie uns rauswerfen, weil wir ihnen ihre Jobs wegnehmen? Dass sie uns albern finden und sich über unsere Schwächen lustig machen? Deswegen empfinde ich manchmal so eine abstrakte, tief sitzende, eigenartige Angst.«

Es ist die Angst der Frauen, sich beim Spagat, Leben und Arbeit in Einklang zu bringen, zwischen die Stühle zu setzen. Und das wäre existenziell bedrohlich.

Wir nehmen immer in zwei Instanzen wahr, die eine Instanz ist unsere Selbstwahrnehmung, die andere die Wahrnehmung durch andere, also von außen. Wir neigen dazu, uns von den Menschen, die uns wahrnehmen, abhängig zu machen. Das ist leichter. Die Verlockung, sich selbst nur noch durch äußere Reflexionen zu spüren und sich damit so stark zu identifizieren, dass wir glauben, diese Projektionen zu sein, ist sehr groß. Denn wir müssen dazu nicht aktiv werden. Wie jene Menschen, die abends ständig vor dem Fernseher hocken, können wir dabei faul in uns selbst sitzen bleiben und beobachten, was die Außenwelt auf uns projiziert. Unsere Aktivität besteht einzig und allein in dem unentwegten Vergleich unseres Selbstbilds mit dem auf uns gerichteten Bild der anderen. Bei den Geschlechterrollen geschieht das ununterbrochen, nur durch die laufende Bestätigung von Unterschiedlichkeit bleiben sie überhaupt erhalten. Dies ist der Erhaltungsmechanismus für das, was wir unsere geschlechtliche Identität nennen.

Doch gibt es eine Welt, die sich tatsächlich außerhalb von uns befindet? Weil viele davon ausgehen, glauben sie, dass das, was wir sind, nur innerhalb von uns existiert. Obwohl unsere Verbundenheit zwischen innen und außen wissenschaftlich außer Zweifel steht, unterscheidet unser Verstand beide Bereiche so, als wären sie zwei verschiedene Paar Stiefel. Wir sind aber nicht nur Körper, Haut, Gefühle und Gedanken, wir sind auch nicht getrennt von dieser Welt, wir existieren nicht losgelöst von anderen Menschen. Wir sind eins mit allem und mit dem Ganzen. Wären wir voneinander getrennt, würden wir einen anderen Menschen nur äußerlich wahrnehmen und nicht innerhalb von uns selbst. Erst wenn wir uns in der Wahrnehmung aktiv von etwas lösen, werden wir getrennt. Doch wir sind nicht ein kleiner, abgetrennter Teil von etwas, das die große Welt ist und wo die einen weiblich, die anderen männlich sind. Heinz-Jürgen Voss sagt hierzu: »Nichts den Menschen Umgebendes ist außergesellschaftlich, nichts für den Menschen Wahrnehmbares ist außerhalb gesellschaftlicher Verhältnisse und außerhalb gesellschaftlicher Prägung denkbar.«

Die geschlechtliche Trennung zwischen Mann und Frau ist daher nicht bloß absurd, sie widerspricht den Gesetzen der Natur. In der engen Verwobenheit mit ihren Klischees und nach jahrtausendelanger Übung erscheinen die Geschlechterrollen aber so, als wären sie das einzig Wahre und Wirkliche in unserem Zusammensein – ein Miteinander, in welchem sich nicht mehr die Menschen, sondern nur noch Rollen treffen und sich die Menschen daher nicht mehr wirklich tiefer berühren.

Eines Tages gestand mir Sophia in einem Chat, dass sie sich deprimiert fühle. Nach all den Jahren Arbeit in ihrer Firma fehle es ihr an »Berührung«. Ihr war zum ersten Mal die Frage durch den Kopf gegangen, ob es nicht besser wäre, sich hinzulegen, »eine Tablette zu nehmen und für immer einzuschlafen«. Zu sehr würde ihre Lebensenergie von den Geschlechterkämpfen an ihrer Arbeitsstelle absorbiert.

»Wir leben nebeneinander her, auf engstem Raum. Jeder ist ständig auf Abstand bedacht«, sagte sie. »Ich sehne mich so sehr danach, einfach mal jemanden zu umarmen oder zusammen dazusitzen und zu schweigen.«

Während Sophia erzählte, entstand in mir ein Bild von Menschen in Unternehmen, die wie Ertrinkende die Hände ausstrecken, aber die Rettungsringe aufgrund einer unerklärlichen Sturheit nicht ergreifen wollen.

»Kannst du das, was dir fehlt, noch präziser formulieren?«, fragte ich.

»War das vorher Gesagte nicht präzise genug? Ich kann ohne Berührung nicht leben.«

»Was meinst du damit? Kannst du es mit weiteren Worten beschreiben? Es mit einem Gefühl ausdrücken?«

»Ich soll das noch weiter in Worte fassen? Damit fängt's ja schon mal an. Die fehlen mir. Ich kann über so was mit niemandem reden. Im Job schon gar nicht. Mit Männern? Und draußen, da verliert man glatt die Übung.«

»Draußen?«

»Na, in der Wirklichkeit. Weißt du, ich muss meine weibliche Mitte wiederfinden.«

»Wieso nur die weibliche?«

»Ach so.«

Das Wort »Berührung« ist vom althochdeutschen *bihruorën* abgeleitet. Man benutzte es ursprünglich, um etwas »vorwärtsbringen« und »bewegen« zu wollen, indem man es »anfasste«. Der Vorgang des Berührens war mit nach vorne gerichteter Aktivität verbunden. Heute assoziiert man mit dem Begriff eher einen passiven Moment des körperlichen oder seelischen Fühlens. In unserer modernen Berufswelt wird das Vorwärtsbringen ohne Anfassen versucht. Genau darauf zielte das Verlangen von Sophia. Ihr Bedürfnis war ein archaisches, die Sehnsucht nach menschlicher Wärme und Geborgenheit. Warum sollte man dieses Gefühl nicht auch in der Berufswelt leben dürfen? Doch in einer Welt, in der alle immer nur gegeneinander und allein für sich kämpfen, wird dieses Gefühl als hinderlich erachtet. Fühlen im Beruf ist kontraproduktiv. Es stört das Allein-für-sich-Kämpfen. Denn wer fühlt, würde automatisch Berührung verspüren – mit jemand anderem, mit sich selbst, mit einer Situation. Man kämpft dann nicht mehr allein, sondern zusammen.

Sophia sagte aber noch mehr: dass sie keine Perspektiven mehr für ihr Leben sehe. Überall nur noch Job. Ein tiefes Gefühl der Hoffnungs- und Sinnlosigkeit hätte sich in ihr breitgemacht.

»Sophia, hast du denn niemanden, mit dem du über diese Dinge offen sprechen kannst?«

»Kaum. Ich müsste erst einmal unendlich lange erzählen, damit man überhaupt versteht, was ich meine. Das packt niemand. Auch die Frauen haben sich längst in eine Konkurrenzsituation begeben. Wir sind nicht mehr ein Team, das wir früher vielleicht einmal waren. Wir ziehen nicht mehr am selben Strang. Doch es geht mir nicht um Frauen, um ein Sein als Frau, ich will einfach Mensch sein. Aber sie behandeln mich alle wie eine Frau. So geht's schon mal los. Das macht mich fertig.«

»Dein Leben besteht nicht nur aus Arbeit und aus der Konfrontation mit Männern – und Frauen. Es besteht aus viel mehr. Reduziere dich nicht darauf, womit du es im Job zu tun hast.«

»Der verfolgt mich nun mal Tag und Nacht. Mein Smartphone macht keinen Feierabend!«

»Rufe die anderen Inhalte deines Lebens wieder wach, die dich interessieren und erfüllen. Finde eine neue Balance.«

»Und wie, verdammt noch mal, soll ich das in dem Korsett machen, in dem ich stecke?«

»Indem du genau dem folgst, wonach du dich sehnst! Dem Fühlen.«

»Das ist alles?«

»Im Prinzip ja, du musst nur konsequent sein. Leider stellen wir uns dabei gerne selbst ein Bein. Wir sind so sehr mit unserem Rollenverhalten verhaftet, mit all den damit verbundenen Klischees, dass wir uns nur allzu leicht wieder in Stereotype verheddern. Wir denken dann das Fühlen eher, als dass wir es wirklich in uns hineinlassen und spüren. Oder wir verwechseln unser Rollengefühl mit uns selbst. Damit wir das in den Griff bekommen, müssen wir beginnen, die Klischees zu verstehen, welche auf uns als Frauen wirken und auf die Männer, mit denen wir zu tun haben.«

»Welche Klischees?«, fragte Sophia.

»Sie sind es, die uns voneinander trennen, die unsere freie Lebensenergie ausbremsen.«

Ich schlug ihr vor, sich für die Erforschung der Klischees gemeinsam mit einigen anderen Frauen zusammenzutun. »Lass uns ein kleines Seminar vorbereiten, okay?«

»Bin dabei.«

Nach diesem Gespräch kontaktierten Sophia und ich als Erste Evelyn. Sie wollte sofort mitmachen. Sehr schnell hatte sich eine Gruppe Frauen zusammengefunden, die aus ihrem Rollenkorsett aussteigen wollte. Sophia suchte für uns einen Raum, in dem wir ein unsichtbares Gefängnis zum Thema machen wollten: das Gitterwerk der Geschlechterklischees.

Das Gott-Klischee – und die Macht der Männer

Am 8. März 2015 trafen wir uns in einem großen hellen Raum in der Nähe von München, drei Tage lang wollten wir uns mit den Geschlechterklischees auseinandersetzen, und zwar so intensiv wie möglich. Der Saal gehörte einer christlichen Gemeinde, ihr Pfarrer hatte ihn für uns kostenlos zur Verfügung gestellt.

»Was Besseres hab ich nicht gefunden«, sagte Sophia und schaute mich an.

»Der Raum passt«, sagte ich. »Aber wieso siehst du eigentlich mich an? Weil ich der einzige Mann hier bin?«

Sie grinste.

Wir saßen auf Hockern, Stühlen und einigen alten Sesseln. Eine ältere Frau brachte zwei Krüge Wasser herein, der Herr Pfarrer, so erklärte sie, hätte sie dazu beauftragt. Und der Herr Pfarrer hätte sie auch gebeten, zu unserer Verfügung zu stehen, um uns auch sonst mit allem Notwendigen zu versorgen. Mir gefiel die Symbolik dieses Ortes, waren es doch die monotheistischen Religionen, die einst Maßgebliches zur Entstehung der Frau-Mann-Rollen und der Unterordnung der Frauen beigetragen hatten.

Neben Sophia und Evelyn nahmen an diesem ersten Tag noch fünf weitere Frauen teil, die restlichen drei wollten später nachkommen, da sie eine weite Anreise hatten. Viele von ihnen hatten sich bereits während unserer Gruppenchats und Skype-Sitzungen kennengelernt.

Sophia ging es inzwischen etwas besser, sie hatte eine psychosomatische Behandlung begonnen, da sie nicht mehr richtig schlafen konnte. Daneben litt sie noch unter Kopfschmerzen, Magenschmerzen, Appetitlosigkeit. Ihre Probleme waren längst auch körperlich sehr komplex geworden. Während der drei Tage verschwanden die Symptome fast, ihr Zustand verbesserte sich beinahe stündlich.

»Warum hast du eigentlich keine Männer zu diesem Treffen eingeladen?«, fragte Evelyn mich.

»Ich habe es mir überlegt«, antwortete ich, »habe mich aber schließlich dagegen entschieden. Die meisten Männer verstehen dieses Problem nicht, wir müssten zu viel erklären. Es würde sich dann auch nur um die Männer drehen, und das würde uns vom eigentlichen Thema abhalten. Und das seid ihr.«

»Nur man kann das Ganze doch nicht losgelöst von den Männern betrachten«, bemerkte Sophia.

»Stimmt. Aber nochmals: Es dreht sich hier darum, was bei euch Frauen konkret los ist.«

Wortlos aßen wir mitgebrachte Snacks und vermischten das Wasser des Herrn Pfarrer mit Apfelsaft. Durch die Fenster blickten wir in den Garten, die knorrigen Äste der Winterbäume erinnerten eher an trostlose Gedichte denn an eine lebendige Welt.

»Solche Äste stehen in Vasen auch bei uns in der Firma am Empfang.« Evelyn durchbrach als Erste das Schweigen nach der kleinen Mahlzeit. »Megainnovation im Interiordesign – man muss die Pflanzen nicht mehr pflegen, man stellt einfach diese Gerippe hin.« Auf einmal schaute sie in meine Richtung: »Noch mal zu vorhin – reißen Männer immer die Aufmerksamkeit an sich, glaubst du das?«

»Nein, zunächst einmal glaube ich gar nichts …«

»Wenn jetzt Typen hier wären«, unterbrach mich Sophia, »würde sofort diese Spannung in der Luft liegen …«

»… flirtet er oder nicht«, sagte Cristin, eine mindestens ein Meter achtzig große Innenarchitektin von fünfundvierzig Jahren mit einem blonden Wuschelkopf, Sophias Worte fortführend. »Gibt er nur an, oder meint er das wirklich? Ist er nur deswegen ruhig, weil er sich als Mann zurücknehmen will? Tut er nur so verständnisvoll, weil er weiß, dass er auf diese Weise bei Frauen besser ankommt?« Als sich Cristin ereiferte, sah sie so aufgeregt-komisch aus, dass alle lachen mussten.

»Und wie findet ihr meine Anwesenheit?«, fragte ich. »Ich bin ja auch ein Mann.«

»Dich empfinden wir wie eine Frau oder – Entschuldigung – wie ein Neutrum«, sagte Dagmar, eine sehr schlanke und lebendig wirkende Frau um die dreißig, eine Mutter, die einen vielversprechenden Job als Produzentin in einem Fernsehunternehmen wegen ihres behinderten Kindes an den Nagel gehängt hatte, nachdem der Vater ihres Sohnes sich aus dem Staub gemacht hatte.

Es war ein eigenartiges Phänomen, viele Frauen schienen seit einiger Zeit die Männerrolle nicht mehr auf mich zu projizieren, jene Rolle, durch die sie sich ansonsten blockiert fühlten. Mein Selbsterfahrungsversuch, bei dem ich als Frau zu leben versucht hatte, schien den unsichtbaren Schleier zwischen uns gehoben zu haben. Weckt es bei Frauen mehr Vertrauen, wenn ein Mann seine eigenen Geschlechtergrenzen überschreitet? Zumindest hatte das die Möglichkeit für Seminare wie dieses eröffnet.

Und dann legte Evelyn auch schon los. »Wir sind ja hier in einem Raum, der zu einer Einrichtung der katholischen Kirche gehört und deren oberster Chef Gott selbst ist. Ich habe früher einmal eine Beziehung zu einem Mann gehabt, mit dem ich zusammengearbeitet habe. Er war mein Chef …«

»Eine besonders interessante Kombination«, warf Julia ein, die Pädagogin, die aufgrund ihrer geringen Größe zumeist hohe Absätze trug und angesichts ihrer leisen Stimme oft überhört wurde.

»Kann man so sagen«, bemerkte Evelyn leicht ironisch. »Ich jobbte in der Immobilienbranche, und mein Freund war ein Developer – das sind diese Typen, die Mietshäuser aufkaufen und sie in Eigentumswohnungen aufteilen. Er drehte das dicke Rad, und ich durfte die Wohnungen an Mann oder Frau bringen. Das war eigentlich ganz toll, ich hab auch ziemlich gut verdient. Aber dabei gab es ein Handicap …«

Im Laufe der Zeit bemerkte Evelyn, dass in ihrer Sexualität mit ihrem Partner etwas nicht mehr stimmte. »Es hing immer alles von ihm ab. Wenn er wollte, musste ich auch wollen. Wenn ich nicht mochte, redete er nicht mehr normal mit mir. Er blockte mich beleidigt ab oder reagierte gar nicht mehr auf mich. Im Geschäft wurde die Atmosphäre zwischen uns angespannt, weil er in seinem Frust dazu neigte, mich gegen andere Mitarbeiterinnen auszuspielen. Und alles nur, weil ich ihn im Bett zurückgewiesen habe.«

»Und warum hattest du immer weniger Lust auf ihn?«, fragte Regina, eine schwarzhaarige Journalistin Ende dreißig, die ihre Worte gern mit einem ansteckenden hellen Lachen begleitete und bevorzugt Latzhosen trug.

»Es ging einfach nicht mehr, sein Gehabe im Job …«

»Was meinst du mit *Gehabe im Job*?«, hakte Regina nach.

»Na, du willst es wohl genau wissen? Also, vom Job nach Hause und er dann nachts auf mir! Unmöglich. Ich spürte bloß noch Widerstände.«

»Da versteh ich dich total!«

»Schon, nicht wahr! Und schließlich hatte ich auch keine Lust mehr, mit ihm abends wegzugehen. Ich fand ihn einfach nur noch unerträglich.« Die sonst so klar und deutlich sprechende Evelyn war ziemlich leise geworden. Bei manchen Worten war es fast, als würde ihre Stimme versagen. »Ich hatte als Büro eine Kammer in seiner Firma«, fuhr sie nach einer kleinen Pause fort. »Gleich neben seinem riesigen Chefbüro. Ich fand den Tisch, über den er stets stolz mit seiner Handfläche strich, schon immer einen Tick zu protzig. Aber so etwas konnte man ihm nicht sagen.«

»Wie liefen denn die Meetings bei euch ab, er hatte anscheinend ja nicht nur dich als Mitarbeiterin?«

»Meist waren wir fünf oder sechs gut aussehende Frauen, die um einen Tisch saßen, vorne an der Spitze residierte mein Freund und Chef. Dazu kamen noch sein Fahrer – warum der ständig dabei war, blieb mir ein ewiges Rätsel –, dazu sein Geschäftspartner und der Banker, der seine Deals finanzierte. Oft war die Luft etwas dick, weil ein paar von uns Frauen es gar nicht gut fanden, mit welchen Tricks er den Mietern kündigte. Einmal klopfte er plötzlich auf den Besprechungstisch und sagte: ›Damit das klar ist: Ich bin Gott. Und ihr seid meine Engel.‹ Darüber lachten er und die anderen Männer, dieses meckernde Männerlachen. Ein paar Tage später trennte ich mich von ihm. Neben so jemandem konnte ich nicht im Bett liegen. Wie habe ich mich nur so irren können, fragte ich mich damals. Und natürlich passierte genau das, was ich mir dachte, als ich ihm die Beziehung aufkündigte: Ich erhielt von ihm keine Wohnungen mehr, die ich verkaufen sollte. Mein Job war damit beendet. Zurück blieb ein schales Gefühl ...«

»Aber nicht alle Männer sind so«, erklärte Sophia. »Da hattest du einen von diesen egomanischen Psychopathen erwischt.«

Evelyn schwieg eine Weile. Dann erzählte sie ein wenig mehr aus ihrem Leben, sagte, ihr Vater sei auch ziemlich dominant gewesen, ein richtiger Machotyp. Sie wurde nur von ihm gelobt, wenn sie ihm einen Gefallen tat. Der Lieblingsgefallen, mit dem sie »hundertprozentig volles Vaterlob« erntete, war, wenn sie am Abendbrottisch das Besteck so zurechtrückte, wie er es gerne wollte. Wenn der Haussegen schief hing, legte ihre Mutter es nämlich absichtlich falsch hin: die Gabel umgedreht und das kleine Messer statt das große und teure. Er beschenkte Evelyn reichlich, wenn sie das für ihn rechtzeitig korrigierte, doch er erwartete dafür Gegenleistungen. Letztlich konnte sie einzig von ihrer Mutter Zärtlichkeiten akzeptieren. »Das Streicheln von Daddy war schon schön, ich will wirklich nicht, dass da irgendein falscher Gedanke aufkommt. Aber wie soll ich es beschreiben? Da schwang immer etwas mit, was ich als Mädchen nicht verstand. Meine Mutter war wie ich. Eine Frau. Mein Vater war anders. Er verkörperte eine Obrigkeit. Es war komisch, wenn er, der meine Mutter und mich herumkommandierte, mich sanft berührte. Ich empfand das als Widerspruch. Autorität passt in meinen Augen nicht mit Herz zusammen. Meine Mutter lebte zu Hause. Kaufte ein. Kochte. Wusch. War immer da. Er kaum. Er traf sich abends oft mit Freunden oder Kollegen. Dass ihm das wichtiger war als wir, verzeihe ich ihm nie. Trotzdem ging ich davon aus, für meinen Vater etwas tun, für ihn sorgen zu müssen. Er ist zwar der Chef, aber letztlich so irre unselbstständig. Meine Mutter ist trotz ihrer Abhängigkeit innerlich viel stärker.«

»Das erklärt vieles«, sagte Sophia. »Aber jetzt noch mal zurück zu der Geschichte im Büro. Ich bin da neugierig: Wie haben denn die anderen Frauen auf den blöden Spruch von deinem Chef reagiert?«

»So wie Frauen es meiner Erfahrung nach im Berufsleben oft handhaben – sie denken sich ihren Teil. Und weil sie nichts laut sagen, werden die Gräben zu den Vorgesetzten größer und größer.«

Es stellte sich im Weiteren auch noch heraus, dass Evelyn die Einstellung, die sie gegenüber ihrem Vater hatte, auf ihren Chef in der Immobilienbranche ebenso übertragen hatte wie auf ihre weiteren Vorgesetzten. Oft verspürte sie einen leichten Zwang, dem Mann gefallen zu müssen.

»Und warum?«, fragte ich.

»Ich dachte«, erwiderte Evelyn, »vielleicht akzeptiert er mich nicht als Frau, wenn ich mich nicht weiblich genug benehme oder anziehe.«

»Tja, mit Gott kann man eben keinen Sex haben«, entfuhr es Sophia.

»Warum nicht?«, mischte sich Cristin mit energischer Stimme wieder ein. »Kann doch ganz geil sein.«

»Liebe im Büro ist für die Typen verboten«, meinte Regina nachdenklich. »Würde er im Büro lieben, könnte ein Mann kein Gott mehr sein.«

»Wieso? Gott liebt schießlich auch – wenn man den Himmel als sein Büro betrachtet.«

»Aber er ist kein Mann.«

Evelyn beschrieb weiter, wie ihr das Verhalten von Männern mit den Jahren immer »affiger« und »aufgesetzter« vorkam. Sie stehe zwar auf Männer, sei heterosexuell, könne sich dennoch gut vorstellen, eine intime Beziehung mit einer Frau zu haben.

Cristin wollte wissen: »In deiner Fantasie – was ist für dich mit einer Frau im Bett schöner?«

»Ich stelle es mir zwangloser vor, ohne Über- oder Unterordnung. Das würde ich als Freisein empfinden, danach sehne ich mich. Deswegen sitze ich heute auch hier. Im Bett drehte es sich bei wachsender Erfahrung stets um das eine – um Macht ausübenden Sex.«

»Kein Wunder, wenn du die Männer nur als Götter erlebt hast«, sagte Regina.

Die geringe Kreditwürdigkeit Gottes

Das Gott-Klischee ist eines der Macht. Es legt fest, dass Männer generell über den Frauen stehen. Unser gesamtes Denken wird von diesem Gott-Klischee geprägt, denn es macht die Differenzierung der Geschlechter zum Kerninhalt des Zusammenlebens.

Die Annahme, dass im Lichte der Geschlechterrollen Männer Gott näher stehen als Frauen, drängt sich bereits bei einer oberflächlichen Betrachtung der monotheistischen Religionen auf. Im Christentum, in der christlichen Theologie gibt es die Vorstellung der Erbsünde – der Sündenfall Adams ist einzig und allein wegen einer Frau passiert: Eva. Niemals käme man in der katholischen Kirche auf die Idee, Maria, die Mutter Gottes, über Jesus zu stellen. Im muslimischen Glauben heißt es, dass Mohammed ein Mann sei. Möglicherweise wäre es lebensgefährlich, würde man behaupten, er sei in Wirklichkeit eine Frau. Es stünde zu befürchten, dass man von mordlüsternen Männern gejagt wird. Das Bild eines blutrünstigen Fanatikers ist mit dem einer ihm vergleichbaren Frau kaum vereinbar. Der gewalttätige, tötende, vernichtende Mensch ist der Mann. Es heißt im Koran, die Frau sei »aus dem Mann geschaffen. Der Sinn ihrer Erschaffung sei die sexuelle Befriedigung des Mannes« (Sure 7,189) und »die Hervorbringung vieler (männlicher) Nachkommen« (Sure 16,72). Ebenso kategorisch verficht das orthodoxe Judentum die Vorherrschaft der Männer. Rabbinerinnen sind kaum zugelassen. Dabei »findet man in der Thora keine Verbote zulasten von Frauen«, so eine der seltenen Rabbinerinnen in einer liberalen Schweizer Gemeinde, Bea Whyler.

Als wir darüber im Seminar sprachen, warf Regina eine interessante Überlegung ein: »Ist es nicht so, dass die Unterwerfung der Frauen innerhalb der Religionen weniger mit dem

Glauben zu tun hat, sondern auf seine traditionelle Auslegung zurückzuführen ist? Die Traditionen haben mehr kaputt gemacht als die Religionen!«

»Aber wir können doch nicht mit allem brechen, was wir haben!«, meinte Julia. »Das wäre eine Art Lustration!«

Stimmt, dachte ich. Würde man den Menschen ihre Geschlechterrollen in der heute existierenden Auslegung wegnehmen, so würden sich unsere Traditionen und Religionen ebenfalls grundlegend ändern. Möglicherweise könnten sie ohne die Rollen und deren Klischees kaum bestehen. Und nicht nur sie, auch unsere Gesellschaft wäre infrage gestellt, ihre männlichen Leitfiguren müssten gehen. Damit wären so gut wie alle Führungspositionen betroffen – und so etwas nennt man Lustration.

»Deswegen ist es ja so aussichtslos«, sagte Cristin.

»Nein! Wir Frauen sind die Hälfte der Menschheit. Wir können diesen Karren aus dem Dreck ziehen«, rief Sophia aufgeregt. »Aber wir brauchen weibliche Vorbilder!«

Tatsächlich wurden die auf die männliche Überordnung verweisenden Glaubensinterpretationen über Jahrtausende hinweg ausschließlich von Männern vorgenommen. Sie haben die Frauen einfach weggesperrt. Bis heute mangelt es an weiblichen Führungs- und Vorbildfiguren, die eine Wendung zugunsten der Frauen und eines faireren geschlechtlichen Gleichgewichts bewirken könnten. Das Abbild dieser geschlechtlichen Dramatik ist daher bis heute fest in unserer Kultur verankert: So gut wie alle Führungspositionen sind mit Männern besetzt. Politik und Wirtschaft werden von Männern beherrscht. Weibliche Politiker und Wirtschaftsführer sind eher wie Stecknadeln im Heuhaufen – und somit kaum zu finden. Sogar in Bereichen, von denen wir meinen, dass sie aufgeschlossen seien, stehen Männer an der Spitze: Von der Kunst über die Medizin bis in die Medien, überall schwingen Männer das Zepter. Auf den Dirigentenpulten von Orchestern stehen Männer. Werke von

Frauen in der bildenden Kunst sind wesentlich preiswerter als die von Männern. Die Rankinglisten der teuersten lebenden Maler (unter den Top Ten sind die deutschen Künstler Gerhard Richter und Georg Baselitz) und der weltweit reichsten Menschen (etwa der Mexikaner Charles Slim Helú oder der Amerikaner Bill Gates) werden von Männern angeführt. Lediglich im Schmelztiegel der Popstars, in dem vielfach mit androgynen oder genderspezifischen Insignien gespielt wird, stehen mit Madonna oder Céline Dion auch Frauen an der Spitze. In Hollywood, im Himmel der Stars und Filmgötter, wo ich mich früher beruflich häufig aufgehalten habe, herrscht ebenfalls das Prinzip des Gott-Klischees: Die meisten der Produzenten und Agenten sind Männer. Männliche Filmstars verdienen unverhältnismäßig höhere Gagen als weibliche, weil sie angeblich mehr *bankable* sind. Der Branchenbegriff besagt, dass ein Film mit einem männlichen Star in der Hauptrolle als kreditwürdiger gilt als einer mit einem weiblichen – die Banken sind dann eher bereit, höhere Budgets zu finanzieren.

Welche Branche man näher betrachtet – trotz vereinzelter Ausnahmen bleibt die Messlatte, was Erfolg betrifft, die männliche Leistung. Für die weibliche fehlen häufig entsprechende Beispiele. In Ermangelung an erstrebenswerten weiblichen Erfolgsbildern orientieren sich Frauen am männlichen Ruhm. Ihre Erfolgsgötter sind Männer. Das Gott-Klischee wird daher nicht nur von Männern genährt, die Höherstellung der Männer wird ebenso von Frauen gestützt. Viele berichten im selben Atemzug von ihrem brennenden Wunsch, als Frau freier leben und arbeiten zu wollen, und ihrer Sorge, wo denn dann die Männer bleiben würden. Das fängt bereits im Kleinen an, bei den männlichen Idealbildern vieler Frauen in Beziehungen.

»Also, ich kenne auch erfolglose Männer, die ich cool finde«, sagte Regina.

»Vorsicht! Ein Mann, der es zu nichts bringt, ist für mich kein Mann«, meinte aus unserer Gruppe jetzt Martha, die bei einer Finanzfirma arbeitete und mit einem Anwalt verheiratet war. Sie trug ihre kastanienbraunen Haare kurz, ihre Stimme klang normalerweise kühl und kontrolliert, doch jetzt bebte etwas in ihr.

»Warum muss ein Mann denn unbedingt bestimmte Leistungen erbringen, um in deinen Augen ein Mann zu sein?«, fragte ich sie.

»Ich kann einen Mann, der nicht ehrgeizig und intelligent ist, bei dem ich das nicht wenigstens spüre, nicht verehren.«

»Muss eine Frau auch Leistungen erbringen, um für dich eine richtig gute Frau zu sein?«

Martha schwieg, schaute abwartend in die Runde.

»Und *verehren* – warum willst du einen Mann überhaupt verehren?«

»Jetzt erwischst du mich auf dem falschen Fuß.« Martha lächelte vorsichtig. »Das Wort ist mir so herausgerutscht.«

»Immerhin ist es ein Rutschwort – es ist dir leicht über die Lippen gekommen.«

Martha erzählte dann, dass sie schon seit längerer Zeit nicht mehr glücklich in ihrer Beziehung sei. »Dennoch finde ich, dass das, was hier bislang gesagt wurde, alles etwas einseitig ist«, sagte sie. »Es gibt auch nette Männer.«

»Jetzt lass halt mal heraus, was dir auf der Leber liegt«, forderte Regina sie mit erhobener Stimme auf. Dem stimmten die anderen Frauen zu.

Evelyn und Sophia sagten fast gleichzeitig: »Vertrau uns, hier kann alles gesagt werden!«

Martha lehnte sich zurück und atmete durch. Ihr Gesicht war blass, sie wirkte gereizt, ja fast ein wenig bockig, als sie fortfuhr: »Ich mag das sehr gerne, einen Mann ein wenig bewundern zu können. Dieses Prickeln beim Flirten, das ist für mich damit verbunden. Es wäre schade, wenn das nicht mehr so wäre! Wie stellt ihr euch dieses Zu-einem-Mann-nicht-mehr-Aufschauen denn vor?«

»Also, ich brauch dieses Prickeln wirklich nicht«, erklärte Sophia. »Ich hätte lieber einen Umgang auf Augenhöhe. Aber solange du dich beim Flirten gut fühlst, ist das doch in Ordnung.«

»Was ich allerdings immer weniger tue, etwas fehlt mittlerweile.«

»Das wäre?«

»Vielleicht liegt es daran, dass ich es oft als sinnlos betrachte, was ich da mache. Dieses Leben als Managerin in einem berühmten Finanzkonzern, ich weiß nicht so richtig ... Einerseits bin ich stolz, es so weit geschafft zu haben, andererseits erfüllt es mich nicht. Ich komme mit den Männern in der Firma nicht so gut klar. Es geht nur dann ohne Reibung mit ihnen ab, wenn ich ihnen zugestehe, dass sie das letzte Wort haben dürfen. Es ist irgendwie ein kaltes Nebeneinander. Wenn ich mir vorstelle, noch viele Jahrzehnte so verbringen zu müssen, da wird mir ganz mulmig zumute.«

»Für mich klingt das nach einem Widerspruch, als würdest du doch nicht einen Mann bewundern beziehungsweise verehren wollen?«

»Im Job lehne ich das ab, das würde mich blockieren.«

»Und wenn ein Mann dich wegen deiner Arbeit bewundern würde?«

»Das wäre der Urknall. Utopisch.«

Weiteren Aufschluss über die Inthronisierung der Männer im Sinne des Gott-Klischees gibt hier wieder die Sprache, die zu seiner Verfestigung beiträgt. Frauen träumen vielfach von einem Mann, zu dem sie »aufschauen«, den sie »anhimmeln« können. Schaut man aber auch zu einer Frau auf? Wird eine

Frau beispielsweise von einem Manager angehimmelt? Einem Mann käme eine derartige Wortwahl überhaupt nicht in den Sinn. In Partnerschaftsanzeigen und Vermittlungsportalen wünschen sich Frauen oft die »starke Schulter eines Mannes«, an die sie sich »lehnen können«, möglichst an der Seite eines »erfolgreichen Mannes«. Bei meinen Recherchen bin ich hingegen kein einziges Mal auf eine Partnerschaftsanzeige gestoßen, in der ein Mann eine »erfolgreiche Frau« sucht. Als gäbe es keine, als sollte es keine geben oder als wäre eine solche nicht begehrenswert.

Gerade bei älteren Frauen, wenn sie einen runden Geburtstag feiern, wird in den diesem Anlass entsprechenden Reden selten von einem »Lebenswerk« gesprochen, das gesteht man meist den männlichen Jubilaren zu. Das Kümmern um die Kinder wird im Vergleich zur gestemmten Karriere nämlich kaum als Lebenswerk aufgefasst. Selbst wenn das Dasein auf Erden aufhört, werden in Sterbeanzeigen unverhältnismäßig mehr Männer gewürdigt als Frauen. In Annoncen wird erklärt, was für ein »großer Mann« der Verstorbene gewesen sei, alle seien ihm »dankbar«. Seine Leistungen werden vermutlich posthum sogar mehr gelobt als zu seinen Lebzeiten. Ob er das jetzt, wo er sich im Himmel bei »Gott, dem Herrn« befindet, noch mitbekommt? Nur selten taucht in einer Todesanzeige auf, eine Verstorbene sei eine »große Frau« gewesen.

Eine geradezu übermenschliche Manneserscheinung hat ihren Ursprung in der Genesis, im 1. Buch Mose, das mit Erzählungen über die Schöpfung der Welt beginnt – es hat sich zu einem der einflussreichsten Werke der Weltgeschichte entwickelt, worauf ich oben schon kurz hingwiesen habe. Eine der Kernbotschaften ist auch hier, dass Gott ein Mann sei. Weiter heißt es, dass dieser Mann-Gott den Menschen kurzerhand aus einem Stück Lehm geschaffen hat, Adam wurde er genannt. Als Gott aber feststellte, dass er Adam nicht sich selbst überlassen konnte, schuf er aus einer seiner Rippen Eva. »Gebein von meinem Gebein und Fleisch von meinem Fleisch«, heißt es in 1. Mose 2,23. Obwohl wissenschaftlich längst bewiesen ist, dass Frauen und Männer gleich viele Rippen haben, werden auch heute noch in Chats wildeste Spekulationen über das Unrecht verbreitet, das den Männern widerfahren sei, weil Adam eine Rippe entbehren musste. In einem der Foren entdeckte ich sogar folgende Bemerkung: »Jeder Mann und jede Frau hat vierundzwanzig Rippen. Bemerkenswerterweise wächst eine entfernte Rippe wieder nach, wenn die Knochenhaut (Periost) erhalten bleibt. Ob Gott so vorging oder nicht, wird nicht berichtet; doch sicherlich wusste Gott als Schöpfer des Menschen über diese außergewöhnliche Eigenschaft der Rippenknochen Bescheid.«

Warum Frauen nicht »auf die Beine gestellt« werden

»Gott ist eine bloße Projektion des Menschen«, philosophierte einst Ludwig Feuerbach. »Er ist ein Wunschgebilde seiner eigenen Hoffnungen und Sehnsüchte. Weil der Mensch es nicht aushält, unvollkommen und endlich zu sein, erfindet er ein vollkommenes Wesen ... und kommt auf den Gedanken der himmlischen Gerechtigkeit.«

Die einzigen Menschen, die aufgrund ihres Status die von Feuerbach beschriebene Macht zur Erfindung eines Gotteswesens besaßen, waren die Männer. Was Frauen sagten, wurde gesellschaftlich so gut wie nie wertgeschätzt, weibliche Chronistinnen etwa waren früher eine Seltenheit. Es ist davon auszugehen, dass das Gottesbild ein bewusst geschaffenes Wunschbild der Männer ist. Mit der Einführung der monotheistischen Religionen wurde die Unterwerfung der Frauen durch die Männer sogar schriftlich manifestiert.

Mit dem Glaube an den »einen, an den wahren Gott« wurde das einstige vielfältige Götterparadies (die hinduistische Religion ausgenommen) beendet: Die Menschen mussten sich einem Mann-Gott unterordnen. Was in letzter Konsequenz bedeutet und noch heute Gültigkeit hat: Eine wirkliche Chancengleichheit und Gleichstellung der Frauen wird im Licht dieser Religionen immer etwas Utopisches haben, zumindest solange sie existieren.

Bereits in der Antike wurden die Geschlechterrollen verfestigt. Im demokratischen Athen durften alle freien Bürger wählen – nicht frei waren einzig die Sklaven und die Frauen, selbst wenn sie mit einem freien Bürger verheiratet waren. Frauen besaßen kein Wahlrecht.

Die Altertumsforscherin Elke Hartmann erklärt den minderen Status von Frauen an einem Beispiel: »Die Geburt eines ›legitimen Kindes‹ war die alternativlose Voraussetzung dafür, überhaupt erst den Status einer Frau zu erlangen. Dementsprechend galt es als höchstes Ziel und Erfüllung weiblicher Existenz, Kinder zu gebären.« Als »legitime Kinder« bezeichnet die Wissenschaftlerin solche, die von den – ausnahmslos männlichen – Familienoberhäuptern angenommen wurden. Um die Entscheidung für oder gegen ein Kind herbeizuführen, legten die Hebammen dem Familienoberhaupt das neugeborene Kind vor die Füße. Stellte der Paterfamilias den Säugling symbolisch auf die Beine, durfte er am Leben bleiben. Das betraf meistens Jungen, Mädchen brauchte man einzig und allein für den Haushalt oder fürs taktische Heiraten. Ob eine Frau überhaupt als eine ernst zu nehmende Person akzeptiert wurde, hing davon ab, ob sie Kinder gebar und ob es männliche Nachkommen waren.

Die Klassifizierung von Frauen, weniger wert zu sein als Männer, bedrohte über Jahrtausende hinweg nicht nur die Existenz von Frauen, sondern auch ihr Leben. Die meisten Todesurteile, die im Mittelalter verhängt wurden, weil Menschen »einen Pakt mit dem Teufel eingegangen waren«, wurden gegen Frauen ausgesprochen. Dabei bestanden ihre Straftaten oft lediglich darin, dass sie nicht mit einem Mann, sondern allein gelebt hatten, dass sie ihre Sinnlichkeit, Weisheit oder Emotionalität auszudrücken versucht hatten, was vielfach als »böse Zauberei« interpretiert wurde. Die Hexenverbrennungen verfolgten nichts anderes, als Frauen aufgrund des Gott-Klischees zu unterdrücken. Sogar frühe Kenntnisse von Frauen über Empfängnisverhütung wurden auf diese mörderische Weise im Keim erstickt: Um so die Bevölkerungsdichte für die Steuereintreibung der Fürstentümer zu sichern. Herausgefunden haben das die Bremer Sozialwissenschaftler Gunnar Heinsohn und Otto Steiger.

Auch der Teufel, mit dem man aufgrund der mittelalterlichen, männlichen, Gerichtsbarkeit angeblich einen »Pakt« eingehen konnte, wird durchweg durch männliche Bildnisse dargestellt. Die in der Männerrolle gleichermaßen vereinten archaischen Bilder – also das von Gott sowie das des Teufels – könnten erklären, warum die Degradierung und die Entwertung des Menschseins von Frauen trotz Gesetzgebung und moderner Weltanschauungen bis heute umfassend praktiziert werden.

Tatsächlich ist das Morden von Frauen noch lange nicht beendet. Und generell werden geschlechtsübergreifende Tötungen in der Regel von Männern an Frauen verübt. Männer vergewaltigen Frauen, foltern sie zu Tode. Zu den Kassenschlagern der Pornoindustrie zählen BDSM-Videos, die zeigen, wie Männer Frauen quälen, verletzen, sexuell und seelisch unterwerfen. Solche Filme sind online für jeden zugänglich, und niemand unternimmt dagegen etwas – es sind ja vorwiegend Männer, die nach wie vor entsprechende Gesetze erlassen könnten. Welche Konditionierung der Konsum solcher Folterfilme bei jugendlichen Männern, die dabei onanieren, verursacht, ist bisher kaum erforscht.

Männer versuchen, gegen Frauen in Machtkämpfen zu gewinnen, indem sie sie bedrohen und sexistisch diskriminieren, so wie es der amerikanische Präsidentschaftskandidat Donald Trump mit seiner Gegenspielerin Hilary Clinton im Wahlkampf 2016 immer wieder gemacht hat. Und es ist erstaunlich, wie wenig die Welt dabei aufbegehrte.

Frauen werden sogar heute noch systematisch umgebracht, kaum dass sie das Licht der Welt erblicken (beispielsweise in China, in Balkanländern, im Iran, in mehreren afrikanischen Staaten). In vielen muslimischen Ländern gilt die Scharia als Rechtsgrundlage und legitimiert die Steinigung und Tötung von Frauen, die vor der Ehe Geschlechtsverkehr haben. So wurde die Iranerin Sakineh Ashtiani wegen angeblichen Ehebruchs mit neunundneunzig Kabelhieben bestraft und darüber hinaus im Gefängnis jahrelang gefoltert. Ihr drohte zudem der Tod durch Steinigung. Im Iran werden bei diesem grausamen Ritual Frauen faustgroße Steine auf den Kopf geworfen, bis sie tot sind. Vorher wird ihr Körper eingegraben, nur der Kopf schaut aus der Erde heraus. Das Todesurteil gegen Sakineh Ashtiani wurde lediglich aufgrund internationaler Proteste, die ihre Kinder entfacht hatten, in eine zehnjährige Zuchthausstrafe umgewandelt. Bibi Aisha, einem achtzehnjährigen Mädchen aus Afghanistan, wurden Nase und Ohren abgeschnitten. Sie hatte nicht dulden wollen, dass ihr Vater sie zur Tilgung von Schulden an einen Talibankämpfer übereignet hatte. Mit Töchtern zu zahlen, gilt in Afghanistan, aber auch in anderen Ländern, als verbreitete Methode. Selbst in meinem persönlichen Bekanntenkreis erzählte mir eine afghanische Freundin von ähnlichen Gräueltaten: Der Ehemann ihrer Tante in Kabul schlage diese brutal, schon als Kind hätte sie das in dieser Familie mitbekommen. Die Tante habe keine Zähne mehr, längst sei sie verstümmelt.

Sogar in Deutschland herrscht offenbar nach wie vor ein männlicher Schreckensgott (oder -teufel?) über das Schicksal von Frauen. So war es möglich, dass Hunderte durchgeknallter Männer in der Silvesternacht 2015/2016 mitten in Köln unzählige Frauen vergewaltigten und sexuell belästigten, ohne dass die Polizei dagegen einschritt. Die halbherzige Art, wie dieser Vorfall zunächst verfolgt wurde, war ein weiterer Skandal. Bestürzend war, dass allen Ernstes politisch diskutiert wurde, ob das sexuelle »Begrapschen« von Frauen überhaupt strafbar werden oder straffrei bleiben solle. Der zuständige Justizminister Heiko Maas (SPD) fasste zwar eine Verschärfung des Strafrechts ins Auge, aber dazu müsste vor der Tat vom Opfer ein verbales Nein vorausgehen. Wie spitzfindig. Was ist, wenn der Täter ein Überraschungsmoment ausnutzt oder das Opfer nicht in der Lage ist, sich zu wehren?

Ein Mann folterte im 570-Seelen-Dorf Höxter eine Frau zu Tode. Bereits einen Tag nach seiner Verhaftung war aus polizeilichen Kreisen zu hören, dass »keine sexuellen Handlungen an der Toten nachgewiesen werden können«. Kann man das denn so schnell wissen, dachte ich, als ich das las. Da schon das »Begrapschen« bislang nicht als sexuelle Handlung gilt, stellte sich für mich die Frage, was an Frauen noch weiter alles verübt werden darf, bevor es als sexuell strafbar gilt. Muss eine Frau denn zerschnitten, aufgeritzt, müssen ihre Geschlechtsteile verstümmelt werden, damit es zu einer sexuellen Straftat reicht? Haben die dafür zuständigen Staatsanwaltschaften und polizeilichen Behörden schon einmal etwas von psychischer Sexfolter gehört? Und entspringt eine Machtausübung über Frauen nicht ohnehin einer sexuellen Begierde?

Der Kult um die Ehre der Männer führt weltweit zu den eigenartigsten Exzessen: So befehlen manche Ehemänner ihren Frauen, künstliche Schwangerschaftsbäuche zu tragen. Damit soll der Verwandtschaft die intakte Manneskraft des Ehemannes vorgetäuscht werden. Dass das Paar stattdessen einen (männlichen) Säugling auf dem Adoptionsmarkt mit entsprechenden finanziellen Mitteln erworben hat, wird verschwiegen. Die Produktion lebensecht wirkender und gemäß dem monatlichen Wachstum verstellbarer Schwangerschaftsbäuche (und Milchbrüste) ist zu einem einträglichen Geschäft geworden. Im Umfeld der europäischen Anbieter solcher Produkte werden sogar Kurse für Frauen veranstaltet, damit sie sich schwangerschaftstypisch verhalten.

In vielen afrikanischen Ländern werden die Geschlechtsorgane von Frauen verstümmelt, eine enger genähte Vagina soll dem Mann mehr Lust bereiten, eine fast zugenähte das Fremdgehen verhindern. Das Wegschneiden der Klitoris soll den Frauen hingegen das Gefühl der Lust für immer nehmen. Nicht nur in Indien, China, Russland oder auf dem Balkan werden Frauen auch heute noch zur Abtreibung gezwungen, sobald sich herausstellt, dass das ungeborene Kind ein Mädchen ist. Den Befehl dafür geben nicht allein Ehemänner. Der Gendergenozid geht auch von der Politik aus: Bis vor Kurzem war es in China geregelt, wie viele Kinder eine Frau bekommen darf, ob eines oder zwei. Auch heute noch wird im Reich der Mitte die Zeugung von Menschen reglementiert. Die Ermordung von Mädchen hat aber mittlerweile zu einer fatalen Situation geführt: Die Vereinten Nationen vermeldeten für China im Jahr 2015 einen exorbitanten Männerüberschuss von rund 7,1 Prozent. Im Jahr 2020 wird es laut dem UNDP, dem United Nation Development Programme, in China vierunddreißig Millionen mehr Männer geben als Frauen. Das *Canadian Medical Association Journal* berechnete 2015 für Indien und China den auf selektive Abtreibung zurückzuführenden Männerüberschuss in einigen Gegenden sogar auf bis zu 20 Prozent. Therese Hesketh, Professorin am Londoner UCL Centre for International Health and Development, äußerte bereits vor längerer Zeit die Befürchtung, dass es durch den Frauenmangel für Männer in diesen Ländern problematisch werden könnte, zu heiraten und Familien zu gründen, weshalb es zu einem Anstieg von Kriminalität und Gewalt kommen könne.

Doch selbst bei uns ist der männliche Nachwuchs eine handfeste und gesellschaftlich bestimmende Größe. In vielen Familien ist es noch Tradition, dass männliche Erben die Firma übernehmen sollen. Eine Tochter wird letztlich heiraten und damit zu einer anderen Familie gehören, Teile des Familienvermögens würden so in fremde Hände fließen. Auch sollen Männer die Familie mit einem »anständigen« Beruf versorgen, ebenso die alt gewordenen Eltern. So ist selbst in modernen europäischen Ländern die Mehrzahl der nach dem dritten Monat abgetriebenen Embryos weiblich. In einer Resolution beklagte der Europarat im November 2011 die »besorgniserregenden Ausmaße der pränatalen Geschlechtsselektion«. In Berichten dazu wird von einem »Femizid« gesprochen. Zum Schutz weiblicher Babys ist es Frauenärzten daher immer noch gesetzlich verboten, den Eltern des Kindes vor Ablauf des gesetzlich erlaubten Schwangerschaftsabbruchs mitzuteilen, ob im Bauch der Mutter ein Mädchen oder ein Junge heranwächst.

Sicher, viele Männer unterstützen Frauen, der Gendergott ist nicht nur böse. Er vermag auch »gnädig« und »wohlwollend« zu sein. Doch zumeist verbindet der männliche Gott dies mit einer Gegenleistung. Das ist es, was Evelyn bei Männern aufstieß: »Solange ich guten Sex geliefert hatte, war alles in Ordnung. Ab dem Moment, wo ich ein wenig mehr auf meine eigenen Bedürfnisse achtete, senkte sich der Daumen meines Freundes und Chefs. Ich verlor meinen Job, ich verlor alles, musste neu anfangen. Ich rate jeder Frau: Macht euch niemals abhängig von einem Mann!«

»Ich finde, dass durch die geschlechtliche Neuordnung nicht bloß Chancen für Frauen entstanden sind«, sagte Martha.

»Auch die Männer hätten die Gelegenheit, etwas an sich zu tun, könnten mal von alten Prinzipien ihres Rollenverhaltens abrücken.«

»Stimmt«, meinte Sophia. »Würden die Geschlechterrollen verschwinden, könnten Berührungen zwischen Männern und Frauen entstehen.«

Das in unserer Tradition verankerte Gott-Klischee mit seinem weisen, gütigen, zornigen und allmächtigen Männergott beinhaltet aber nicht, was wir über unsere Herkunft wissen: Wir werden von Frauen geboren. Auch die Männer. Das Weibliche steckt daher in den Männern, egal wie radikal sie es verdrängen. Sie verfügen aber keinesfalls über die typisch weibliche Fähigkeit, Leben zu schenken, so wie man es sich von männlichen Göttern erwarten würde. Wenn man sich die Ergebnisse ihrer Jahrtausende währenden Herrschaft betrachtet, verfügen sie sogar nur über eine eingeschränkte Begabung, Leben zu schützen. Ich halte es daher für ausgeschlossen, dass Männer jemals etwas an sich und ihrer Geschlechterrolle sowie für die Heilung unserer zerrütteten Welt tun können, ohne sich mit der ihnen innewohnenden Weiblichkeit auseinanderzusetzen. Hierzu benötigen sie aber nicht nur die Hilfe der Frauen, sondern auch deren Wohlwollen. Das beinhaltet, dass sich Frauen nicht männlichen Rollenprinzipien angleichen oder sogar unterwerfen, sondern authentisch ihre eigene Kraft und Blüte entfalten. Die von Sophia gewünschte, wirkliche Berührung der Geschlechter (die dringend erforderlich ist) wird daher über die Auflösung des Gott-Klischees durch eine Frau erreicht. Leider beinhaltet die Rigorosität des geschlechtlichen Gott-Klischees allerdings, dass genau dies von Männern nicht in Frage gestellt wird, da sie sonst keine vollwertigen Männer mehr wären – im Sinne des Rollenbildes.

Das Steinzeit-Klischee –
und das Dilemma mit dem Unterschied

Nun wollte ich das Steinzeit-Klischee ansprechen, das zweite Klischee. Kurz erklärte ich, worum es ging: »Das Gott-Klischee legt die hierarchische Ordnung zwischen Männern und Frauen fest, das Steinzeit-Klischee dagegen definiert die generelle Unterschiedlichkeit zwischen Männern und Frauen. Das Wichtigste beim Gott-Klischee ist die fast überirdische Stellung der Männer. Woher diese kommt, erzählt das Steinzeit-Klischee in Geschichten um die Herkunft des Geschlechterverhaltens. Dieses Klischee ist verantwortlich für das Kernproblem im Zusammenleben von Mann und Frau: Immer wird von vornherein und ohne das nur im Geringsten zu hinterfragen von der Unterschiedlichkeit ausgegangen. Nie von einer Gleichheit. Entsprechend wird ein unterschiedliches Leistungsvermögen angenommen, dabei könnte man auch von identischen Fähigkeiten sprechen. Das wiederum verhindert eine beiderseitige Wertschätzung, die existiert einfach nicht, denn der heute praktizierten Gleichheit fehlt diese Selbstverständlichkeit. Indem sie gewollt ist, indem sie nicht automatisch und als das Normalste der Welt geschieht, bekommt diese Form praktizierter Gleichheit im Lichte des Steinzeit-Klischees einen diskriminierenden Charakter.«

Hinten im Raum war auf einmal ein Geräusch zu hören. Die ältere Frau trat abermals ein, sofort verstummte ich. Sie hätte vom Pfarrer den Auftrag bekommen, noch Apfelsaft zu bringen, erklärte sie, auch solle sie uns seinen Segen ausrichten. Es war ihr anzusehen, dass sie mitbekommen hatte, worüber ich gesprochen hatte. Sie ordnete die Gläser und die Glaskrüge. Beim Hinausgehen verlangsamte sie ihre Schritte. Schließlich drehte sie sich um und sagte mit fester Stimme: »Ich hoffe, ich habe nicht gestört. Aber auch ich kann etwas erzählen: Es gibt Frauen, die nie die Liebe kennengelernt haben. Für sie ist die Liebe eine ungelebte Sehnsucht. Und es gibt Männer, die niemals verstehen würden, wovon ich spreche.« Die rüstige Frau verbreitete Wärme. Sie zauberte ein Lächeln auf die ernsten Gesichter der Seminarteilnehmerinnen.

Sophia meinte spontan: »Setzen Sie sich doch zu uns.«

»Mich interessiert das Thema«, erwiderte die alte Frau.

»Wie heißen Sie denn?«, fragte Dagmar.

»Nennt mich Maria.«

»Und wie alt sind Sie?« Sophia nahm wie immer kein Blatt vor den Mund.

»Ungefähr neunundsiebzig.« Maria lachte verschmitzt wie ein junges Mädchen. »Schon seit langer Zeit arbeite ich in dieser katholischen Pfarrei als Haushälterin und Köchin des Pfarrers.«

»Aber nun zum Thema«, sagte ich, um den roten Faden des Seminars nicht zu verlieren.

Die »Pfarrersfrau« sagte: »Man kann Männer und Frauen nicht zusammenbringen. Sie waren nie zusammen. Und was nie zusammen war, kann auch nicht getrennt werden.«

»Das klingt irgendwie trostlos«, entfuhr es Dagmar. »Meinen Sie, Männer und Frauen gehören grundsätzlich nicht zusammen?«

»Wissen Sie, ich stamme aus einer anderen Zeit. Schon mit neun Jahren habe ich meiner Mutter beim Steineschleppen geholfen. Die Männer waren fast alle in Gefangenschaft. Das hat uns fit gemacht fürs Leben. Oder für immer kaputt. Je nachdem, wie eine Frau damit umgegangen ist. Ich kann jetzt nicht länger bleiben, ich muss dem Pfarrer sein Essen bringen. Ich komme aber gleich wieder.«

Nachdem Maria gegangen war, wurde sofort darüber spekuliert, in welcher Beziehung sie zum Pfarrer stand:

»Wird sie von ihm herumkommandiert?«

»Haben sie eine geheime Beziehung?«

»Klar doch. Wie können ein Mann und eine Frau jahrzehntelang eng zusammenarbeiten, ohne Sex zu haben?«

»Zwischen den beiden muss auf jeden Fall etwas vorgefallen sein.«

»Mädels, es dreht sich nicht immer nur um das eine.«

»Also gut, wie sieht ihr berufliches Verhältnis aus?«

»Genau! Wer ist von den beiden wohl wirklich der Chef?«

»Sie gibt den Ton an, obwohl sie ihm die Suppe bringt.«

»Nicht jeder, der Chef genannt wird, ist auch automatisch einer.«

»Hey, vergegenwärtigt euch, was das heißt«, rief Dagmar. »Wie würde der Führungsstil von Frauen wohl aussehen, wenn sie den von Männern nicht kennen?«

Mitten in Dagmars Überlegung hinein kehrte Maria zurück. Sie rieb sich die Hände. Das Geräusch vermittelte den Eindruck von dünner, pergamentartiger Haut, sie hatte sicher viel mit ihren Händen gearbeitet.

»Ich will euch noch was erzählen, was zu eurem Thema passt. Interessiert das?«, fragte Maria.

»Legen Sie los«, forderte Sophia sie auf.

Zwei Teilnehmerinnen schoben ihr einen Stuhl hin, und die ältere Frau setzte sich kerzengerade in die Mitte der Runde. »Bevor mich der Pfarrer zu sich holte, habe ich in dem Kindergarten gearbeitet, der zu dieser Pfarrei gehört«, sagte sie.

Die dunkelblauen Falten ihres langen Kleids fielen auf den Boden. Ihre grauen Haare hatte Maria hochgesteckt, ihr Gesicht wies für ihr Alter erstaunlich wenig Falten auf. Und ihre Stimme war so weich wie die eines jungen Mädchens.

»Wie ich bereits sagte, halfen meine Freundinnen und ich unseren Müttern beim Steineschleppen. Es sollte nicht bloß den Begriff ›Trümmerfrauen‹ geben, sondern auch das Wort ›Trümmermädchen‹. Wir alle haben beim Aufräumen der Städte geholfen.«

Ihre Mutter sei einst eine glückliche Frau gewesen. Sie sorgte für den Haushalt, der Vater arbeitete als Lehrer in einer Schule. Dann wurde er zum Krieg eingezogen. Bis dahin sei auch sie selbst ein glückliches Mädchen gewesen.

»Was hat denn Ihr Glück ausgemacht?«, fragte Evelyn.

»Dass zu Hause alles in Ordnung war. Eine klare Rollenaufteilung, in der ich ebenfalls eine Position hatte. Ich war das Töchterchen, das die Eltern umhegten. Während meine Brüder draußen herumtollten, durfte ich beim Geschirrabspülen helfen.«

Als ihr Vater an die Ostfront musste, veränderte sich die Ordnung, die Mutter schlüpfte in die Rolle des Vaters. Der Sold reichte nicht, sie musste selbst Geld verdienen und half in einem nahe gelegenen Geschäft aus. Die kleine Maria war auf sich gestellt.

»Ich war plötzlich kein Mädchen mehr, sondern trug über Nacht Verantwortung wie eine erwachsene Frau.«

Vom Vater hörten sie kaum noch etwas, ab und zu schrieb er eine Karte. Einmal hatte er vertrocknetes Gras in ein Briefkuvert gelegt, dazu geschrieben: »Hinter diesem Büschel hab ich mich gerade vor dem Feind versteckt.«

»Das Gras hab ich lange in einer kleinen Metalldose meiner verstorbenen Oma als Halskette getragen. Musste ich Steine schleppen, hielt ich es manchmal in meiner Hand. Das half mir, weil ich meinen Vater sehr vermisste. Und draußen auf der Straße fühlte ich mich so ungeschützt.«

Es war für Frauen zuvor nicht üblich gewesen, sich draußen zu behaupten, eigentlich hielten sich dort nur die Männer auf.

Marias Mutter machte das neue Leben jedoch Spaß. »Einmal sagte sie beim Abendessen, als sie gerade einen Zipfel Wurst abschnitt: ›Jetzt leben wir wie die Männer.‹ Ich fragte, was sie damit meinen würde, und meine Mutter erwiderte: ›Wir können tun, was wir wollen.‹ Ich konnte eine kleine Freude in ihrer Stimme entdecken, dass der Vater nicht da war. Wieder wollte ich wissen, was das zu bedeuten habe. Ihre Antwort: ›Ich merk das erst, seit der Papa weg ist. Es kontrolliert uns keiner mehr.‹ Das hab ich nie vergessen, dass sie das gesagt hat.«

Maria schwieg eine Weile. Es gab nichts zu sagen. Im Raum war es still.

»Sobald ein Mann ins Leben einer Frau tritt, fängt das Gefängnis an«, fuhr Maria schließlich leise fort. »Das haben wir aber erst gemerkt, als wir von den Männern nicht mehr abhängig waren. Es waren ja keine mehr da. Die waren im Krieg geblieben oder in Gefangenschaft. «

»Heißt das, dass ihr eure Abhängigkeit erst bemerkt habt, als die Männer weg waren?«, fragte Sophia.

»Ja, und das auch erst in der Zeit, wo wir anfingen, die Trümmer wegzuräumen. Wisst ihr, warum? Weil wir plötzlich eine Aufgabe hatten. Wir hatten ein Ziel vor Augen. Nicht nur den Schotter zu beseitigen. Da war noch viel mehr: Wir wollten eine schönere Welt. Es sollte nie wieder Krieg geben! Darüber haben wir Frauen viel geredet. Die Männer, die aus dem Krieg zurückkehrten, fanden solche Gespräche langweilig.«

»Was hat denn die interessiert?«, fragte Evelyn.

»Eigentlich nichts, glaub ich. Die waren fertig. Mit sich, mit allem. Viele Frauen haben sie versorgt wie Kinder.«

»Und was hat das jetzt mit dem Steinzeit-Klischee zu tun, Maria?«

»Warte, warte, da komm ich gleich dazu.«

Sie holte dennoch etwas weiter aus. Dass es keine Männer mehr gab, das hatte sie als Mädchen so wahrgenommen, als könnte sie dadurch besser atmen. Sie hatte sich ohne Männer in der Nähe als »größer, stärker und vollständiger« gesehen. Ihr sei zum ersten Mal ein eigenartiger Unterschied aufgefallen: Wenn ein Mann oder ein Schulkamerad in ihrer unmittelbaren Umgebung war, empfand sie sich automatisch als kleiner. Erklären konnte sie sich das Phänomen damals nicht. Und nachdem ihr Vater wieder zurückgekehrt war, stand sie wie unter Schock.

»Irgendetwas zerbrach in mir im Moment seiner Rückkehr. Er war nicht nur ein anderer Mensch geworden, ein launischer, jähzorniger Mann, der zwar meiner Mutter und mir sagte, dass er uns liebte, aber wie ein Fremder wirkte. Er wollte meine Mutter wieder zurück an den Herd zwingen. Dass die sich widersetzte, dafür zeigte er kein Verständnis. Meine Mutter wollte weiter in dem Laden arbeiten. Doch Papa sagte: ›Arbeit ist was für Männer.‹ Und Mama: ›Das stimmt nicht. Es ist das Leben. Und das ist für uns alle da.‹«

Es entstand eine kleine Pause, in der sich einige Teilnehmerinnen Apfelsaft einschenkten.

»Sie stritten sich jetzt fast jeden Tag«, fuhr Maria mit dünner, fast zittriger Stimme fort. »Und dann hab ich einmal etwas gehört. Seither habe ich mir gedacht, das geht nicht, dieses viel beschworene Ideal, dass Männer und Frauen ein Leben lang zusammen sein müssen. Und weil ich darüber beim Steineschleppen, bei dem Papa nicht mithalf, so viel nachdachte, nannte ich das Steinzeitbeziehung.«

»Was hast du gehört?«, fragte Regina.

»Geräusche hinter der Schlafzimmertür. Meine Mutter hat geweint. Er hat gestöhnt. Merkwürdige Geräusche. Ein Kind weiß alles. Auch das, was es noch nicht kennt, wofür es noch keine Worte hat. Ich war wie erfroren.«

Draußen schwand langsam das Tageslicht. Die Stimmung im Raum war angespannt, etwas Trauriges lag in der Luft.

»Nach diesem Tag wollte sich meine Mutter scheiden lassen. Mama und ich zogen in eine kleine Wohnung zu einer Freundin. Von dort aus versuchten wir wieder, unser freies Leben aufzubauen, so wie wir es kennengelernt hatten, als der Vater weg war. Mann und Frau sind einfach kein Paar.«

Langsam ließ Maria ihre Augen von einer Frau zur anderen gleiten. Dann holte sie tief Luft, raffte ihre Rockfalten zusammen und sagte: »Sein Geschirr muss ich jetzt wegräumen. Vielen Dank, dass ihr mir zugehört habt.«

»Bitte warten Sie«, rief Evelyn. »Noch eine Frage. Entschuldigen Sie, wenn sie etwas persönlich ist. Aber wie ist das mit dem Pfarrer?«

Maria blieb stehen, es blitzte in ihren Augen, als sie sich umdrehte. »Er hat seine Kirche. Ich hab meinen Job. Und meine Ruhe«, sagte sie. »Und ich sage es euch gleich, vorhin habt ihr über das Gott-Klischee geredet. Ja, es stimmt, was ihr da analysiert habt. Aber ihr müsst weiterdenken. Nur weil es die Kirche gibt, sind Mann und Frau als Paar zusammen. Sonst wären viele Männer mit vielen Frauen zusammen. Oder gar nicht. Oder Frauen mit Frauen. Männer mit Männern.«

»Sie vertreten ja ganz moderne Theorien!«

»Da seht ihr, was ihr für Vorurteile habt.«

»Und findest du das gut oder schlecht?« Jeder im Raum war dazu übergegangen, Maria zu duzen.

»Freiheit ist das Wichtigste. Es ist nicht gut, dass alles auf eine einzige Beziehungsform hinausläuft. Das ist eine immense Einschränkung. Überhaupt: Wer sagt denn, dass man eine Beziehung braucht. Ich brauche keine.« Mit dieser verblüffenden Feststellung verließ sie den Raum.

Einige Teilnehmerinnen standen auf und streckten sich. Martha öffnete ein Fenster, frische, kühle Abendluft strömte herein, und wir hörten das Rascheln von Laubblättern im Wind. Viele Stunden waren vergangen, es war Zeit für einige

Meditationsübungen, um unsere Gedanken zu befreien und die Gefühle ein wenig loszulassen. Auf Wunsch einiger Anwesenden machten wir die Schüttelmeditation »Kundalini«. Bei dieser Übung bewegt oder »schüttelt« man den gesamten Körper mit dem Resultat, dass man sich ausbalanciert und sehr ausgeglichen fühlt. Danach schwiegen wir. Die Sonne war jetzt ganz untergegangen. Das Licht musste angeschaltet werden. Einige Frauen machten sich Notizen.

Erzwungene Unterschiedlichkeit

Die Theorie der Unterschiedlichkeit von Mann und Frau gründet auf Erzählungen einer Epoche, die viel weiter zurückliegt als jene Zeit, in der Frauen die Trümmer des Zweiten Weltkriegs wegräumten oder mittelalterliche Femizide unser Geschlechterverhalten prägten. Sie ranken sich um das Zusammenleben der Menschen in der Steinzeit.

Das Klischee besagt, die Männer seien damals todesmutig auf Großwildjagd gegangen, um Nahrung für ihre Familien zu besorgen. Darin gründe ihr heutiger Hang zu gigantischen Erfolgsleistungen und zum Fremdgehen. Währenddessen versteckten sich die »allein gelassenen Frauen verängstigt unter Büschen und ernährten sich von Beeren«. Trotz zahlreicher Gegenbeweise halten sich hartnäckig Vorstellungen von einem Sozialverhalten, das als frühzeitliches empathisches und fürsorgliches Miteinander verklärt wird. Es zeigt aber auch ein Hauptmerkmal der Unterschiedlichkeitsfantasie: Frauen sind schwach und hilfsbedürftig, Männer stark und waghalsig. Kein Wunder, dass sie fremdgehen dürfen.

Dass die Menschen in der Steinzeit tatsächlich so dualistisch gelebt haben, ist längst widerlegt. Es gab damals keine Familienvorstellungen, wie wir sie kennen, und auch keine

Paarbeziehungen, bei denen Männer und Frauen sich gegenseitig durch ein wie auch immer geartetes Gelöbnis aneinanderbanden. Beeindruckende Forschungsergebnisse lieferte hierzu die kanadische Paläontologin Linda R. Owen. In ihrem Buch *Distorting the Past* beschreibt sie, dass damals in der Steinzeit Frauen sehr wohl gejagt haben, sogar große und gefährliche Wildtiere. Frauen waren in jener Zeit ohnehin viel eigenständiger, als es das Steinzeit-Klischee besagt. Sie führten wichtige handwerkliche Tätigkeiten aus wie die Herstellung von Gebrauchsgütern und Waffen. Dafür benutzten sie Feuerstein, Felsgestein und Hirschgeweihe, die sie selbst schürften oder durch Jagd gewannen. Die Waffen, die die Männer bei sich trugen, stammten oft aus der Fertigung von Frauen. Dass die Männer damit nur Jagd auf Großwild gemacht hätten, womit der Drang nach Heldentaten im heutigen Männerbild noch immer begründet wird, ist dagegen ein Märchen. Die Steinzeitmänner versuchten, Wild jeder Art aufzuspüren. Und da sie aus diesem Grund über sehr lange Phasen fort waren (falls sie überhaupt unversehrt zurückkamen), waren Frauen zur Selbstversorgung gezwungen.

Passender wäre es gewesen, hätte man aus der Steinzeit das Bild einer unabhängigen, eigenständigen und starken Frau überliefert. Stattdessen dominierte das Klischee von der schutzbedürftigen und für ihr Überleben vom Mann abhängigen Frau, das abstruse Überzeugungen implizierte, wie etwa eine Beziehung »richtig« zu führen sei: Der fremdgehende Mann wurde zwar beklagt, aber man verwies auch mit einem zwinkernden Auge auf den »typischen Jäger und Sammler« – das wurde zu einem Kokettieren mit einem in Wirklichkeit gar nicht existenten Handicap. Denn es wurde dabei übersehen, dass es in der Steinzeit die typische Paarbeziehung, dessen Voraussetzung die Treue ist, gar nicht gab. Die Frauen lebten in losen Gruppen aus vornehmlich Frauen, Kindern und

Alten, die Männer zogen nach dem Sex eher weiter, als dass sie blieben.

»Wie können die ›starken Männer‹ die ›schwachen Frauen‹ beschützt haben, wenn sie so gut wie nie da waren?«, fragt die Wissenschaftlerin Owen. Dennoch soll nun gleichgestellt werden, was aufgrund dieses Klischees ungleich wurde, obwohl es in Wirklichkeit nicht ungleich ist.

Das Diskriminierende an der Gleichstellung

Evelyn erzählte später in der Seminargruppe – inzwischen hatten wir zu Abend gegessen – von einem unserer Spaziergänge an der Isar. Sie hatte mir ein Dilemma zu beschreiben versucht, das sie im Umgang mit Männern empfand: »Weißt du noch, als wir das rauschende Wasser betrachteten?«, fragte sie mich. Tatsächlich erinnerte ich mich an die Situation. Evelyn war stehen geblieben und hatte den Fluss betrachtet. Nur wenige Büsche und ein paar große Steine hatten uns von den Fluten getrennt, die an uns vorbeirauschten. An manchen Stellen ragten Felsbrocken aus dem Wasser. Weiter hinten hatte sich ein abgerissener Baumstamm verfangen. Überall, wo das Wasser am Fließen gehindert wurde, sprudelte und spritzte es.

»Jetzt sag bitte nicht, dass das Wasser weiblich ist und der Stein männlich, das wäre wirklich ziemlich klischeehaft«, hatte sie belustigt gesagt.

Ich hatte gelacht: »Aber so banal ist es. Man kann vom Wasser nicht verlangen, dass es zum Stein wird, nur weil es diesen stört, hin und wieder nass zu werden.«

»Das kann man auf meine beruflichen Erfahrungen übertragen. Die Männer können unsere Weiblichkeit im Job auch nicht ertragen«, erwiderte Evelyn. »Das ist das Problem, mit dem ich nicht zurechtkomme!«

Stimmt, das stellten jetzt ebenfalls alle anderen Frauen fest. Die Gleichberechtigung und Gleichstellung der Geschlechter wurden bei uns per Dekret eingeführt. Das war sinnvoll und zudem dringend notwendig gewesen. Doch werden diese Gesetze wirklich gelebt? Ein Wort wie »Gleichberechtigung« bedeutet im Zusammenhang mit der Geschlechterdiskussion, dass sowohl Männer als auch Frauen als ebenbürtig anzusehen und zu behandeln sind. In der Praxis bezieht sich diese Formulierung aber nur auf Frauen. Bei Männern scheint es nicht vonnöten zu sein, diese gleichzustellen. Wieso auch, sind sie doch selbst das Maß vieler Dinge. Wenn Frauen den Männern gleichgesetzt werden sollen, ist zu fragen, ob Frauen und Männer das Ganze nicht mit Anpassung verwechseln, oder – um die Metapher mit dem Fluss und den Felsen zu verwenden –, dass die Frauen im Job zu Steinen werden, weil sie vor den Konsequenzen Angst haben, wenn sie Männern als weibliche Menschen begegnen.

Die Weiblichkeitsphobie der Männer ist ein Menschheitsproblem. Und die Gleichheit der Geschlechter ist immer noch eines unserer größten Tabus. Die meisten Frauen, mit denen ich schon im Vorfeld des Seminars darüber sprach, störte das Gefühl, dass sie sich im Beruf nicht so geben durften, wie sie eigentlich waren. Mit anderen Worten: Weiblichkeit als menschlicher Wert bleibt bei der Gleichstellungsdebatte völlig außen vor. Der könnte übrigens auch für Männer erstrebenswert sein. Von der Intention her war bei der Gleichstellungsidee anfangs sicherlich eine tatsächliche Gleichstellung gemeint, doch die Realität entwickelte sich anders: Frauen werden heute den Männern gleichgestellt, indem sie ihr Selbstverständnis als Frauen verlassen müssen. Viele, darunter die Seminarteilnehmerinnen, haben Lebensphasen beschrieben, in denen sie unmerklich, ohne es bewusst zu wollen, sich selbst als weibliche

Menschen aufgaben, um in der Männerwelt mitzuhalten. Und viele Männer erwarten genau das. Ihnen fehlt es vor allen Dingen an einem empathischen Grundverständnis für das Gleichstellungsthema. Hierzu erzählte uns Sophia eine ihrer Geschichten mit ihrem Chef:

Der Sturz des Königs

Wir kannten Sophias Boss mittlerweile als einen untersetzten, immer gut gekleideten und stets charmant lächelnden Managertypen, der die Aussagen seiner Gesprächspartner zumeist mit den Worten »Ich verstehe, was Sie meinen« kommentierte. Ein Lächler, über dessen hellblaue und rosarote Einstecktüchlein Sophia gern spottete und bei dem man nur schwer einschätzen konnte, woran man bei ihm war. Sophia berichtete, wie sie ihren Chef um einen Termin gebeten hatte. Da sie sonst keinen Termin bekam, hatte sie ihn auf dem Büroflur abgepasst und ihn so angelächelt, wie er sie immer anlächelte. Prompt war er stehen geblieben. Sie erklärte, dass sie gern etwas zur Gleichstellung mit ihm besprechen würde. Ostentativ machte er sich einen Vermerk auf einem Zettel, absichtlich so, dass sie es sehen konnte, dazu hatte er sich einen dicken roten Filzstift aus der Westentasche gezogen: »Termin Frau M. Wichtig!« Sophia sah, dass er das Wort »wichtig« zweimal unterstrichen und ein riesiges Ausrufezeichen hinzugefügt hatte. Sie war dadurch so sehr in Zufriedenheit eingelullt, fühlte sich so extrem »wichtig«, dass sie erst viele Tage später anfing, sich Gedanken zu machen, denn ein Termin war bislang nicht zustande gekommen.

»Schließlich erinnerte ich seine Sekretärin an den Termin.«

»Was wolltest du eigentlich von deinem Chef? Weshalb wolltest du ihn sprechen?«, fragte Evelyn.

»Ich wollte mich bei ihm entschuldigen, das ganze Blumentheater lag mir noch auf der Seele. Ich wollte ihm auch sagen, dass ich mir anspruchsvollere Aufgaben vorstellen könnte.«

»Und wie ging es weiter?«, wollte Regina wissen.

»Auf einmal hieß es, ich solle in sein Büro kommen.«

»Und dann?«

»In seinem Büro beauftragte er die Sekretärin, mir einen Kaffee zu bringen. Die schaute mich ziemlich komisch von der Seite an. Richtig besorgt, als wollte sie mir etwas mitteilen. Als sie mir meine Tasse hinstellte, sagte mein Chef zu ihr: ›Ach, Frau Hegemann, wollen Sie einen Kaffee mittrinken, jetzt geht's nämlich um Geschlechterfragen.‹«

»Was hat das mit dir gemacht?«

»Geschluckt hab ich«, sagte Sophia. »Wir saßen zu zweit auf der Couch, deswegen habe ich mich nicht getraut, mein Problem anzusprechen. Mir war das peinlich, vor der Sekretärin mit dem Blumenthema anzufangen. Und er saß uns auf einem Stuhl gegenüber. Wie zwei Studentinnen beim Professor. Er begann dann zu reden: ›Meine Damen, wir sind ein freies Unternehmen, das die Frauen achtet. Haben Sie Sorgen? Bitte teilen Sie sie mir ganz ungezwungen mit!‹ Dabei lehnte er sich mit einem großzügigen Lächeln in seinem Sessel zurück und warf seine Arme über die Lehne, als würde er die Welt umarmen wollen. Frau Hegemann sagte: ›Ich hab keine Probleme, Herr Dr. Hübner, worauf spielen Sie denn an? Ich fühle mich sehr wohl hier.‹ Dann blickte er mich an. Ich hab mich voll blöd gefühlt und in meiner Wut rausgepresst: ›Ach, Probleme. Die haben wir doch nicht, oder, Herr Dr. Hübner? Aber ich dachte, wir wollten etwas Persönliches klären?‹ Da lief er rot im Gesicht an. ›Nun, Frau Hegemann‹, meinte er nun, ›danke für Ihre positive Auskunft, da bin ich ja beruhigt. Können Sie uns jetzt ein wenig allein lassen, wir haben hier wohl noch ein paar Dinge zu besprechen.‹ Nachdem die Sekretärin draußen war, schaute er mich an. Ich fühlte mich nun freier und gab ihm zu verstehen: ›Ich würde gern mit Ihnen über mein Problem als Frau in Ihrer Firma reden.‹ Woraufhin mein Chef allen Ernstes bemerkte: ›Wissen Sie, wir sollten die privaten Animositäten einfach beiseitelassen. Ich weiß, wie Sie sich fühlen. Ich kenne das. Auch ich bin schon oft von Frauen missverstanden worden.‹ Dann schaute er mich gütig an wie ein Vater: ›Sie müssen lernen, dass man als Frau in so einem Unternehmen auch mal was Männliches tun muss: wegstecken.‹«

Die Stimme von Sophia war immer leiser geworden.

»Dieser Mistkerl!«, meldete sich jetzt zum ersten Mal Anne zu Wort. Sie war achtundzwanzig, Abteilungsleiterin in einer Softwarefirma, kräftig gebaut, dicke braune Locken umrahmten ihr Gesicht. Anne hatte einen Freund, von dem sie sich schon lange trennen wollte, es bislang aber nicht geschafft hatte. »Und wie ging es dann aus?«

»Ich war plötzlich völlig blockiert. Mir hatte es die Sprache verschlagen. Irgendetwas arbeitete in mir, was ich nicht in den Griff bekam. Ich kann und will verdammt noch mal nichts ›wegstecken‹, versteht ihr das?« Allgemeines Nicken. »Also«, fuhr Sophia fort, »da ich nichts herausbrachte, war das Gespräch beendet. Wir haben uns die Hände geschüttelt. Mit so 'nem laschen Händedruck, der aufhört, bevor er beginnt. Brrr. Er hat einfach nichts kapiert. Was soll ich bloß weiter tun? Unsere Firma ist keine psychiatrische Klinik, in ihr kann man sich nicht hängen lassen und eine Runde heulen.«

»Und warum hast du nicht weiter auf deinem Standpunkt beharrt?«, insistierte Anne und beugte sich in ihrem Stuhl weit nach vorne.

»Ich hab's noch ein paarmal versucht. Immer wieder sagte er, er hätte so etwas schon selbst erlebt. Das war sein Totschlagargument. Sofort war es nicht mehr möglich, weiter etwas mit ihm konstruktiv zu besprechen. Ich hätte ihm noch das eine oder andere vorhalten können, aber dazu war ich dann nicht mehr in der Lage.«

»Kehr die Situation doch bei nächster Gelegenheit um«, riet ich. »Wenn er wieder mit einem seiner merkwürdig persönlichen Argumente kommt, dann sag einfach von deiner Position aus, du könntest das nachvollziehen. Stell dir dabei vor, er ist ein König – und du gibst ihm zu verstehen: ›Kenne ich, das Königsein habe ich schon selbst erlebt, das brauche ich nicht mehr.‹«

»Den König abkanzeln? Interessante Idee. Okay, dieses Experiment werde ich, wenn es gerade passt, durchführen.«

Die anderen Teilnehmerinnen waren ebenfalls sofort motiviert, meinten, dass sie das bei nächster Gelegenheit ebenfalls probieren wollten.

Es kann eine neutralisierende, gar die weitere Kommunikation aushebelnde Wirkung haben, wenn man etwas, was ein anderer sagt oder tut, gleichsetzt nach dem Motto »Machen wir alle nicht nahezu ähnliche Erfahrungen, was gibt es da also noch zu besprechen oder zu tun?«.

Kommunikation dient dazu, einem anderen etwas zu vermitteln, keiner will durch sie in seinen Erfahrungen nivelliert werden. Sonst bräuchte man nicht miteinander zu sprechen. Kommunikation lebt von News. Und für Neuigkeiten sind wir selbst die beste Quelle. Das würde aber bedeuten, dass wir uns auch viel mehr über unterschiedliche persönliche Empfindungen austauschen sollten. Doch im Job spielen unsere Gefühle und seelischen Befindlichkeiten keine große Rolle. Für Gefühlsregungen ist das männliche Berufssystem nicht gemacht. Frauen sind es aber gewohnt, ihre Gefühle offener auszudrücken, sie brauchen dafür Raum. Diesen zu gewähren, wäre beispielsweise eine Aufgabe von moderner Gleichstellung. Herausgefordert sind dabei vor allem die Männer.

Von uns selbst zu erzählen und dem anderen zuzuhören, das fehlt zu Beginn vieler Begegnungen. Dabei ist es nicht nur informativ, sondern auch gewinnbringend, wenn man Persönliches berichtet, wenn man unterschiedliche Eindrücke von ein und demselben Ereignis darlegt. Müsste aber nicht aufgrund der Gleichstellung zwischen den beiden Geschlechtern ein neugieriger Informationsaustausch begonnen haben? Über all das, was man sich schon immer sagen, was man schon immer voneinander wissen wollte? Die Antwort fällt negativ aus. Eine solche Auseinandersetzung findet nicht statt. Stattdessen Funkstille und Betretenheit.

»Hey, ich hab's gemacht!«, erzählte Sophia mir ein paar Wochen nach unserem Seminar. »Ich habe ihm gesagt, ich hätte das, was ihm widerfuhr, auch schon erlebt!‹«

»Und wie kam das?«, hakte ich nach.

»Wir saßen mit mehreren zusammen in der Kantine. Mein Chef erzählte von seinem neuesten New-York-Trip, da unterbrach ich ihn und meinte: ›Echt toll, was Sie da berichten, bei meinem letzten New-York-Besuch konnte ich Ähnliches erfahren.‹«

»Und wie verhielt sich in dieser Situation dein Boss?«

»Er hat gestockt, war verblüfft, lächelte kurz, um dann rasch das Thema zu wechseln.«

»Er hat dich aber nicht gefragt, wie es für dich in New York war? Wie du dich in der speziellen Situation gefühlt hast?«

»Der doch nicht. Dabei fiel mir allerdings auf, dass er jedes Mal das Thema wechselt, wenn ich etwas sage, woraus sich ergibt, dass ich eine vergleichbare Erfahrung habe wie er. Es ist, als würde er unbedingt mit einer Sache dastehen wollen, die nur er allein erlebt hat, die nur er allein kennt.«

Woher kommt diese Abgrenzung vieler Männer? Viele von ihnen werden bereits von Kindheit an auf ein solches Verhalten getrimmt. Ihre Erhebung über die Frauen und später ihre Ausgrenzung sind nicht nur eine unbewusste Reaktion auf den Druck, den die Geschlechterrollen auf sie ausüben, sondern auch ein Versuch der Selbstrettung. Männer bekommen so wenigstens ein Selbstverständnis, und sei es lediglich eines, das sie in eine bestimmte Männerrolle zwingt. Der Genderaktivist und Psychologe Stefan Balk erzählte mir einmal von einer Beobachtung in einem Facebookchat, die er an einem Herbsttag in einer süddeutschen Kleinstadt gemacht hatte. Eines Morgens bemerkte er auf der Straße eine etwa dreißigjährige Mutter, die mit ihren beiden Kindern zur Schule radelte, ein circa sieben Jahre altes Mädchen und ein acht- oder neunjähriger Junge. Mitten beim Fahren verlor der Reifen des Rads, auf dem das Mädchen saß, Luft. Sie konnte nicht mehr weiterradeln, weshalb die Mutter und die Kinder von ihren Zweirädern absteigen mussten.

»Schon die Kleidung des Mädchens entsprach gängigen Klischees«, schrieb Balk. »Rosarote Strickstumpfhose, für die Witterung nicht geeignete Mädchenschuhe, violette Daunenjacke mit Fellbesatz am Kragen, darunter ein buntes Kleid. Der Junge trug feste braune Winterstiefel, Jeans und eine dunkelblaue Daunenjacke (ohne Fellkragen). Die Mutter sagte zu ihrer Tochter: ›Emma, da muss heute Abend der Papa mal schauen, was da kaputt ist.‹«

Die Antwort der Tochter: »Können wir den Reifen nicht einfach mit der Luftpumpe von Jonas wieder aufpumpen?«

Mutter: »Das kann nur der Papa machen, Emma. Du machst dich sonst schmutzig.«

Jonas: »Ich pumpe den Reifen von Emma auf.«

Mutter: »Okay, Jonas, du kannst es ja mal versuchen.«

Jonas begann nun, mit der Luftpumpe zu hantieren, doch das Unterfangen war nicht von Erfolg gekrönt, da die Luft augenblicklich wieder entwich.

Mutter: »Siehst du, das kannst du nicht, du bist noch nicht groß genug. Lass gut sein. Das soll heute Abend der Papa reparieren. Jonas, nun gib dein Fahrrad der Emma, damit sie nicht zu spät zur Schule kommt.«

Jonas: »Warum? Das ist mein Fahrrad. Ich will damit fahren. Emma soll zu Fuß gehen.«

Mutter: »Wir sind spät dran, ich will das jetzt nicht weiterdiskutieren. Du kettest das Fahrrad deiner Schwester jetzt an der Laterne an. Am Abend holst du dann mit Papa Emmas Fahrrad.«

Jonas: »Emma soll ihr Fahrrad selber abschließen!«

Mutter: »Emma ist ein Mädchen! Sie hat ihre schönen Sachen an und würde sich dabei nur schmutzig machen. Also, schließt du jetzt endlich ihr Fahrrad am Laternenpfahl an?«

Jonas trat widerwillig sein Rad an seine Schwester ab, nahm das Schloss und kettete das Fahrrad mit dem Platten an der Laterne fest. Die Mutter radelte mit der Tochter weiter, und der Sohn schlurfte mit gesenktem Kopf hinterher.

Fast alle Männer haben in ihrer Kindheit vergleichbare Erlebnisse gehabt. Sie bilden Seelentattoos, die später wachgerufen werden können. Dies gelang Sophia bei ihrem Vorgesetzten. Ihr selbstbewusstes Verhalten könnte ihren Chef an eine Situation erinnert haben, die vergleichbar peinlich war wie jener Moment, den Jonas mit seiner Mutter und seiner Schwester erfahren hatte. Um so etwas prophylaktisch zu vermeiden, sagt man dann vielleicht ganz schnell so etwas wie: »Ja, ich weiß, das kenne ich schon längst«, und signalisiert damit, nicht mehr wissen zu wollen. Das Beste, was man in solchen

Situationen tun kann, ist, sie so bald und so freundlich wie möglich zu verlassen und Distanz zu suchen. Sollte dies nicht möglich sein, so kann es helfen, innerlich auf Abstand zu gehen. Vor allen Dingen sollte man auf keinen Fall emotional oder vorschnell reagieren.

Weich konditioniert

Ein Junge wie Jonas wird rasch erfassen, dass er nur dann eine von der Gesellschaft akzeptierte Identität findet, wenn er sich gegen alles abgrenzt, was weiblich ist. Statt ihn einfach so sein zu lassen, wie er ist – nämlich vollständig –, verlangt die Gesellschaft von ihm ein Mannsein, wie es das Steinzeit-Klischee beschreibt: Er muss stark sein, unabhängig und besser als andere. Gefördert wird das durch einen Spruch wie diesen: »Wenn du erst mal groß bist und ein richtiger Mann, dann kannst du alles erreichen.« Nie aber hört ein Junge wie Jonas, dass einem Mädchen gesagt wird: »Wenn du erst mal groß bist und eine richtige Frau, dann kannst du alles erreichen.« Ihnen wird zu verstehen gegeben: »Wenn du erst mal den richtigen Mann hast, dann kannst du dich auf der sicheren Seite fühlen.« Den Frauen dichtet das Steinzeit-Klischee eine nicht vorhandene Schwäche an, den Männern ihr angebliches Starksein. Beide befinden sich in einem Gefängnis, das sich speziell durch unsere Sprache immer wieder neu manifestiert und das die Geschlechterunterschiede in vier sprachliche Bereiche gliedert:

- in ein geschlechtsbezogenes Sprachgebäude, das sich auch dann weiterhin selbst begründet, wenn es trotz wissenschaftlicher Widerlegungen nicht der Wirklichkeit entspricht,

- in eine die Frauen herabsetzende Sprache, die weibliche Verhaltensweisen in einer Form zeichnet, die sich von den männlichen negativ unterscheiden,
- in klassifizierende Bezeichnungen zum Äußeren (Kleidung, körperliches Aussehen, Bewegungen),
- in wertende Beschreibungen des Inneren.

Der französische Philosoph und Aufklärer Jean-Jacques Rousseau gestand in seinem Hauptwerk *Émile oder Über die Erziehung* Männern und Frauen in menschlicher Hinsicht Gleichheit zu. Damit bezog er sich auf ihre Leistungsfähigkeit – und ihre Organe, deren Gleichheit verglich er sogar mit der von Maschinen. Doch dann stellte er ohne weitere Begründung fest: »Der Vorzug des Mannes liegt in der Kraft. Er gefällt alleine dadurch, dass er stark ist.« Zum Schluss forderte der große Denker und Gleichheitsforscher (»Der Mensch ist frei geboren, und überall liegt er in Ketten«), dass Frauen und Männer unterschiedlich erzogen werden müssten. Genau das passierte auch. Das Hauptmerkmal ihrer unterschiedlichen Erziehung lag darin, dass sich Frauen weitaus weniger bilden durften als Männer – oder überhaupt nicht. Sie hatten zu Hause zu bleiben und sich um die Familie zu kümmern. Die Interaktion der Frauen mit anderen Menschen fand fast ausschließlich innerhalb der Familien statt.

Das kollektive Tabu, dass Frauen nicht allein außer Haus gehen durften, wie es auch Maria, die Haushälterin des Pfarrers, zum Ausdruck brachte, galt noch bis weit nach dem Zweiten Weltkrieg.

Die soziale Welt der Frauen bestand vornehmlich aus dem Umgang mit Männern, denen sie Kinder gebaren, die sie zu erziehen hatten, sowie aus Verwandten, seltener aus Freundinnen. In diesem Umfeld sind sie hinsichtlich ihrer empathischen und hausfraulichen Fähigkeiten gefordert und gefördert worden. Sie haben Interaktion mit den Erfordernissen des Alltags eingeübt, menschliche Auseinandersetzungen praktiziert. Auch solche Erfahrungen haben sich auf die nächsten Generationen übertragen und stellen bis heute ein wichtiges Seelentattoo bei den Klischees von Geschlechterrollen dar. Wenn behauptet wird, Frauen seien empathischer als Männer, könnte das durchaus darin begründet sein, dass sie in der Mitmenschlichkeit einfach mehr Übung besitzen. Sie wurden »weich konditioniert« – ein Resultat transgenerationaler Verhaltensübertragung. Die Trigger, die die Erinnerungszentren in unserem Gehirn anklicken und die die Auslöser für die Seelentattooproduktion sind, haben sich trotz kultureller Veränderungen kaum voneinander unterschieden.

Hart konditioniert

Während die Frauen zu Hause in den eigenen vier Wänden das soziale Leben gestalteten, wurden die Männer schon früh in den beruflichen Kampf geschickt. Oder durch Bildungspläne gepeitscht. In beiden Fällen ging es darum, der Bessere zu sein. Das kollektive Seelentattoo der Männer ist die Konkurrenz, und zwar in einer existenziellen Ausprägung. Das, was in Schulen und auf Universitäten gelernt wird, hat kaum etwas damit zu tun, wie junge Menschen miteinander umgehen sollen, was Gefühle bedeuten, wie ihre Psyche in Konfliktfällen funktioniert oder welches Know-how im Miteinander nötig ist. Unsere Bildungspläne drillen junge Menschen heute mehr denn je für einen seelenlosen Verdrängungskampf, in dem es einzig um die in der Männerwelt praktizierten Prinzipien des beruflichen Erfolgs und der Egopolitur geht.

Sicherlich sind die positiven Errungenschaften der Männer hoch einzuschätzen. Niemals hätten wir dieses wissenschaftliche und industrielle Niveau erreicht, wenn vorher nicht Männer dafür gelernt hätten. Doch aufgrund ihrer gleichwertigen Leistungsfähigkeit hätten Frauen dieses Niveau ebenso erreichen können. Vielleicht sogar mit einem besseren Ergebnis.

Stehen aufgrund der dramatischen Entwicklungen unserer Welt aber nicht eher die negativen Errungenschaften der Männer im Vordergrund? Wir genießen die moderne Fortbewegung, die Globalisierung, die digitale Kommunikation und die moderne Medizin. Doch wir leiden unter Kriegen, unter unfassbaren sozialen Ungerechtigkeiten und schier unbeherrschbaren Wirtschaftsexzessen. Offenbar führen all diese Innovationen nicht dazu, um ein schönes, sozial zufriedenstellendes und friedliches Leben zu gestalten.

Die Männer sind durch die Erfahrungen, die sie historisch gemacht haben, hart konditioniert worden. Sie haben gelernt, wie man sich gegenseitig verdrängt, und nicht, wie man sich miteinander verträgt und wie man eine lebenswerte Welt schafft.

Die forcierte »Unterbildung« der Frauen hat aber keineswegs zur Folge gehabt, dass sie heute weniger intelligent wären oder ihr Gehirn etwa mangels Trainings weniger Leistungsfähigkeit aufweisen würde. Es ist genau umgekehrt: Was auf unser Gehirn grundsätzlich stimulierend und anregend wirkt, ist weniger das, was wir theoretisch lernen, sondern das, was wir erfahren. Es geht dabei um das »tiefere Fühlen« von Erlebtem. Wenn Frauen im Alter geistig fitter sind als Männer, so hat das genau damit zu tun. Der Molekulargenetiker Michael Nehls erklärt, dass Frauen bis ins hohe Alter in der Lage sind, im Haushalt zu arbeiten, zu kochen, zu putzen und sich um das tägliche Leben zu kümmern. Oft sind sie auf sich selbst gestellt, vielfach auch existenziellen Problemen ausgesetzt. Dadurch werden genau die Gehirnzentren in Gang gehalten, auf die es ankommt. Viele Männer tun und erleben nicht mehr viel, wenn sie aus der Arbeitswelt ausgeschieden sind. Die Kombination aus persönlicher Kommunikation, haptischen Tätigkeiten (zum Beispiel im Haushalt) und Bewegung sowie die insgesamt leichtere Öffnung zu ihren Emotionen verhilft Frauen im Alter offenbar zu einem Vorteil gegenüber den Männern. Es wäre schade, wenn sie sich diese über Jahrhunderte eingeübten Fertigkeiten in Firmen abtrainierten, nur um bei einem Rattenrennen mithalten zu können, das längst nicht mehr zeitgemäß ist. Nach Bio und Öko könnten Frauen deshalb einen neuen Trend anstoßen: ein humanes Miteinander, auch unter den Geschlechtern.

Die Wiedereinführung der Sinne

Immer wieder wurde das Bedürfnis nach Fühlen im Seminar thematisiert.

»Ich sitze den ganzen Tag am Computer«, erzählte Martha plötzlich. »Ich stiere mit den Augen aufs Smartphone, und abends, wenn ich ins Bett falle, fühle ich mich leer.«

»Aber so geht's auch vielen Männern«, warf Regina ein.

»Eben, färbt auf uns ab«, bemerkte Dagmar.

»Sag, was müsste denn geschehen, damit du dich nicht so erledigt fühlst?«, fragte Sophia.

»Ich will durch das, was ich mache, berührt werden, und ich will andere wirklich erreichen. Ich weiß, das klingt jetzt nicht so geschlechterbezogen, aber für mich gehört das dazu.«

»Diese digitale Kommunikation ist so extrem geworden, da erlebt doch keiner noch was Richtiges! Und wenn zwischen ein paar Chats zufällig mal eine gefühlte Erfahrung zu spüren ist, wird sie fast als Schock wahrgenommen.« Julia, die Pädagogin, hatte sich nach längerem Schweigen wieder zu Wort gemeldet.

»Wieso?«

»Weil keiner mehr an richtige Erlebnisse gewöhnt ist. Das Ungewisse des Lebens weicht dann in den Hintergrund, und an dieses Ungewisse und Diffuse haben wir uns inzwischen gewöhnt.«

Wir sprachen weiter darüber, warum sich unsere Gesellschaft anscheinend nicht für das Befinden und die Entwicklung der Menschen in der Zukunft interessiert. Bis heute stehen in Schulen theoretische Lerninhalte im Vordergrund, im Job monetäre Erfolge und Prestige. Immer mehr spalten wir uns von jenen Gefühlen und Sinneserlebnissen ab, die prägende Erfahrungen möglich machen. Wird sich das weiter verfestigen, könnte ein Stillstand in der Weiterentwicklung unserer menschlichen Fähigkeiten die Folge sein. Maschinen würden uns überholen und vereinnahmen. Stereotype Verhaltensweisen würden uns beherrschen. Weit entfernt sind wir davon nicht. Selbst unser Geld berühren wir kaum noch, es wird virtuell, sogar über eine Abschaffung der Barzahlung wird nachgedacht. Das Geld verliert somit seine emotionale Verankerung, wir können das Materielle, also das, was man hat, nicht mehr anfassen. Verlieren wir aber die emotionale Bindung zu unserem Geld, verstärkt sich die Gefahr, dass es Macht über uns gewinnt. Ähnlich kann das mit unseren zwischenmenschlichen Begegnungen passieren: Das ursprünglich ganz normale, riskante oder überraschende Fühlen und Berühren scheint zu einem exotischen, um nicht zu sagen antiquierten Phänomen zu werden. Findet es dennoch plötzlich statt, sind wir ihm mangels Erfahrung hilflos ausgeliefert, werden von ihm beherrscht. Damit das nicht geschieht, lassen wir immer weniger Gefühle zu – und können Materielles und Immaterielles kaum noch voneinander unterscheiden.

Ein Beispiel: Zwei Menschen begegnen sich. Der eine kann gut fühlen, der andere hat große Schwierigkeiten damit, er interpretiert alles vom Kopf her. Zeigt nun Ersterer dem anderen seine Gefühle, so würde derjenige, der mit dem Fühlen Schwierigkeiten hat, das als »Blindspot« erleben. Er ist nicht in der Lage, ein dazu passendes Seelentattoo zu finden. Er würde kühl reagieren und die für ihn irritierend leblose Erfahrung mit irgendeinem Wort belegen. Er bleibt im Kopf, sucht verzweifelt nach einer Erklärung, und letztlich wird er dem fühlenden Menschen das Fühlen verbieten wollen – und zwar in einer Form, die nicht in Ansätzen dem Gefühl des anderen gerecht werden würde. Missverständnisse wären die Folge. Eine weitere Kommunikation zwischen diesen beiden Personen wäre praktisch unmöglich.

Viele Frauen erleben Männer im Beruf so: Gefühl trifft auf Niemandsland. Es ist, als würde man die Frauen ihrer Sinne berauben wollen. Übrig bleibt eine Einsamkeit im Miteinander. Gefördert wird das durch die sozialen Netzwerke. Man riecht einen anderen Menschen nicht mehr, sondern man liest nur noch Worte voneinander, verstümmelte Sätze, betrachtet sich Bilder. Es ist eine scheinbare Gemeinsamkeit, scheinbar deshalb, weil man nichts dabei fühlt.

»Können wir noch ein wenig mehr über die steinzeitliche Unterschiedlichkeit nachdenken?«, fragte Evelyn. »Die ist mir noch zu unklar geblieben. Im Grundgesetz heißt es doch, dass alle Menschen vor dem Gesetz gleich sind und Männer und Frauen gleichberechtigt. Christian, wie siehst du das?«

»Durch die praktizierte Aufteilung in Geschlechter klingen diese Passagen für mich zynisch«, erklärte ich. »Denn wie sollen Männer und Frauen unter Voraussetzungen, die nur für Männer gemacht wurden, etwa im Beruf die gleichen Leistungen erbringen? Spinnt man den Gedanken fort, so müssten für Frauen und Männer gerechterweise passende Lebens- und Arbeitsbereiche geschaffen werden. In der Vergangenheit wurde das in negativer Weise bereits realisiert – man hat Frauen gar nicht erst bei den Männern mitspielen lassen, sondern sie an Herd und Familie gekettet.«

»Heute dagegen wollen und sollen Frauen in der Gesellschaft die gleichen Chancen haben. Es hat Jahre gebraucht, bis mit der Frauenquote ein marginaler Prozentsatz Frauenrecht durchgeboxt werden konnte«, bemerkte Anne.

»Die Folgen sind aber nicht nur rosig«, konstatierte ich. Dann erzählte ich von Sabine Kittner-Schürmann, die bei der HSH Nordbank Gleichstellungsbeauftragte ist und die ich im Laufe meiner Recherchen befragte. Sie und noch andere Frauen in ähnlichen Positionen haben mir sinngemäß zu verstehen gegeben: »Menschen mit einem ausgeprägten Sinn für soziale Gerechtigkeit haben deutlich *weniger* Chancen, Führungspositionen zu erreichen. Dies hat sich in den letzten Jahren und seit Einführung der Frauenquote sogar verschärft. Besonders seit Beginn der Wirtschaftskrise grassiert eine neue Form männlicher Taffheit in den Betrieben.« Betroffen seien davon vor allem hochqualifizierte Frauen, die aufgrund ihres menschlicheren Auftretens Nachteile hätten, sowie Männer, die dieses Spiel nicht mitmachen wollen.

»Ich verstehe sie einfach nicht, die Typen«, sagte nun Sophia. »Wisst ihr, was mich am normalen Mann – soweit ich ihn bisher kennengelernt habe – abschreckt? Die brüchige und trostlose Identität dieser Männer. In der Arbeitswelt arrangieren sie sich mit allem, beugen sich jeder Forderung. So sind innere Zufriedenheit und ein sinnvolles Leben doch unmöglich! Die sind innerlich leer und tot, nur beim Fußball lassen sie ihre Emotionen mal raus. Und wenn sie die Sehnsucht nach einer anderen Lebensweise überkommt, versteigen sie sich auf Grenzüberschreitungen, kraxeln auf die höchsten Berge oder machen sonstigen Extremsport, damit reichlich Endorphine im Körper ausgeschüttet werden, die dann bewirken sollen, überhaupt etwas zu fühlen. Jedenfalls möchte ich meine vorhandene Lebenszeit mit Menschen verbringen, die sinnlich sind und eine stabile Identität entwickeln – und angstfrei vor Farben auf dem Büroflur sind.«

»Manchmal wirken die Männer auf mich, als wäre ihnen etwas Schreckliches geschehen, über das sie nicht hinwegkommen«, fügte Evelyn hinzu.

»Sie sind traumatisiert«, sagte Anne beschwichtigend und schaute zu mir herüber. »Den Männern ist es in der Geschichte ihrer Konditionierung sicherlich nicht besser ergangen als den Frauen.«

»Also komm«, widersprach Sophia. »Die Männer konnten tun und lassen, was sie wollten. Die Frauen standen unter ihrer Fuchtel.«

»Aber sie mussten dabei auf einer engen Spur bleiben, einer Spur, die ›Mann‹ heißt.«

Alles ist weiblich ... – die Traumata der Männer

Sucht man in der männlichen Konditionierung nach schockartigen Ereignissen, wird man fündig. So kann man die uralte Verordnung zur weiblichkeitslosen Männlichkeit als kollektives Männertrauma bezeichnen, das sich mit entsprechenden Störungen auf die heutigen Männer übertragen hat. Ständig alle weiblichen Verhaltensweisen ausgrenzen zu müssen, musste sich unmenschlich anfühlen. Das nächste Trauma betrifft die Geschlechtsdetermination innerhalb der ersten Wochen der Schwangerschaft, denn die männlichen Merkmale, das XY-Chromosomensystem, bilden sich aus dem weiblichen XX-System heraus. Selbst wenn ein Y-Chromosom vorhanden ist, heißt das noch lange nicht, dass aus dem Menschen tatsächlich ein Mann wird. Denn im Zweifelsfall, beispielsweise bei Unregelmäßigkeiten im Bereich der Enzyme, entscheidet sich die Natur zumeist für eine Frau. In frühen Embryonalstadien sind auch keine Unterschiede zwischen weiblichen und männlichen Gehirnen nachweisbar, das hat die französische Neurobiologin Catherine Vidal erforscht. Folglich ringt ein Mensch, der wegen eines Y-Chromosoms ein Mann werden sollte, in gewisser Weise mit der Frage: »Werde ich ein Mann, oder muss ich eine Frau bleiben?« Wenn das kein klassisches Trauma ist!

Im Alter von ungefähr zweieinhalb Jahren wird einem Kleinkind klar, dass es Geschlechter gibt und welches Geschlecht es selbst hat. Es ist die Zeit, in der sich ein Kind seiner Sprache bewusst wird. Immer deutlicher beginnt es die Unterschiede zwischen beiden Geschlechterrollen festzustellen. Und der Druck beim Jungen wird spürbar, wenn er sich der männlichen Geschlechterrolle vollkommen bewusst wird. Die Schweizer Genderforscherinnen Sabrina Sahli und Martina Läubli verweisen in ihren kulturwissenschaftlichen Arbeiten auf das harte Los der Männer: »Männlichkeit entwickelt sich nicht ›von selbst‹, sondern sie muss von Kindheit an bewiesen und erkämpft werden. Ein Mann muss handeln, indem er nicht nur erhabene Ziele hat, sondern diese auch erreicht – und das immer wieder.«

Ein Junge spürt bereits im Alter von zwei oder drei Jahren, dass er keine weiblichen Wesensmerkmale mehr zeigen darf, jegliche Weiblichkeit wird nun wie in einer Zentrifuge aus seinem Leben herausgeschleudert. Dabei bleiben Wesenszüge auf der Strecke, die eigentlich zur Vollständigkeit eines Menschen gehören: sich verletzlich zu zeigen, nachzugeben und Schwäche nicht als negativ zu empfinden, sich hinzugeben und sich zu öffnen, zuzuhören, aufzunehmen, Gefühle zuzulassen und sich nichts beweisen zu müssen. Dabei ist ein Junge bis zum Moment seiner geschlechtlichen Bewusstwerdung mit Seelentattoos versehen, die Liebe, Wärme, Innigkeit und Zusammengehörigkeit umfassen. Sich von diesem Wohlgefühl loslösen zu müssen, verursacht Schmerzen, das Gefühl von Hilflosigkeit, Verlassenheit und Ohnmacht. Zudem wurde dem Kind etwas gestohlen: Der Verlust der eigenen Weiblichkeit ist eine gewaltsame Einschränkung dessen, was es vorher besaß. Obendrein fehlen ihm für das, was mit ihm geschieht, die richtigen Worte. Es kann sich nicht erklären, was mit ihm geschieht. Diese erzwungene Loslösung kann bei Jungen starke psychische Belastungen erzeugen; in manchen Fällen mögen diese an ein Trauma heranreichen. Das wäre also eine dritte mögliche Ursache für ein traumasymptomatisches Verhaltenssyndrom in der Männerrolle.

Einer der Pioniere der Psychotraumaforschung, der 2013 verstorbene Psychologe Gottfried Fischer, beschrieb ein Trauma »als eine unterbrochene Handlung, die in einer existenziell bedrohlichen Situation unterbrochen wird, in der wir unbedingt wirksam handeln müssten, hierzu aber aus innerlichen oder äußerlichen Gründen nicht in der Lage sind. Die unterbrochene Handlung ist ein Kampf- oder Fluchtversuch, der in einer äußerst bedrohlichen Lage unternommen wird.« Könnte dieser Vorgang nicht in den drei genannten Fällen zutreffend sein? Sicherlich müsste an den Folgen gearbeitet werden. Da wären die Sinne, die es bei Männern wiederzubeleben gäbe. Und bei den Frauen das Verständnis dafür.

Von der eigenen Weiblichkeit als Kind absehen zu müssen, macht es heute umso erforderlicher, dass Männer ihre Sinne reaktivieren, zu ihren Gefühlen einen normaleren Kontakt bekommen, denn das würde das Zusammenleben von Männern und Frauen erleichtern, sowohl privat als auch im beruflichen Umfeld. Ein großes Hindernis würde dadurch überwunden werden können. Männer hätten nicht mehr die existenzielle Angst, die Frauen oft nicht so gut nachvollziehen können: Es ist die Furcht, bei Fehlverhalten *kein* richtiger Mann mehr zu sein. Sie reicht aus, um vielen Männern das Leben zur Hölle zu machen. Würden Männer diese Angst abzulegen vermögen, könnten sie Frauen völlig anders begegnen.

Das Mutter-Klischee –
und die Umkehr der Werte

Eine Folge des Steinzeit-Klischees, bei dem sich die Männer von den Frauen und letztlich ihrer Mutter abspalten, ist das Mutter-Klischee. In meinem Verständnis ist jede Frau eine Mutter, ganz gleich, ob sie ein Kind hat, erst später eins bekommen wird oder keines zur Welt bringen kann oder möchte. Das Muttersein ist in Frauen biologisch angelegt, es ist da, muss sich nicht entwickeln, denn jede Frau hat ein eigenes Verhältnis zu ihrem potenziellen oder bereits lebendigen Muttersein. Als ich das Thema am nächsten Morgen nach dem Frühstück ansprach, waren wir mittlerweile vollständig: Zwölf Frauen hatten sich im Pfarrsaal versammelt.

»Wir lassen an den Männern wirklich kein gutes Haar«, sagte Isabelle nach meiner Einleitung. Isabelle war eine Obstverkäuferin mit einem weizenblonden Pferdeschwanz, hatte Betriebswirtschaft studiert, war Ende dreißig und Mutter einer Tochter. Ihren Job als erfolgreiche Managerin in einem großen Unternehmen hatte sie gekündigt, als sie es in dem »Käfig« nicht mehr aushielt. »Als ich noch für den Konzern tätig war, brachte eine Mitarbeiterin einmal ihr Baby mit. Die Männer sagten nur immerzu ›Wie süß!‹ gesagt, stellten aber nach und nach den Kontakt zu der Mutter ein. Sie erhielt auch keine interessanten Aufgaben mehr. Eines Tages erschien sie nicht mehr zur Arbeit. Als ich die Typen daraufhin ansprach und wissen wollte, was denn da passiert sei, gaben sie zu, dass sie der Frau keine wichtigen Tätigkeiten mehr überantwortet hätten. Sie waren allerdings über ihr Verhalten selbst überrascht, meinten, dass sie das nicht absichtlich gemacht hätten.

Als ich selbst Mutter wurde, habe ich mich deswegen nicht getraut, mein Baby mit zur Arbeit zu nehmen.«

Während sie sprach, fing Isabelle zu weinen an. Wir nahmen sie in unsere Mitte und ließen ihr den Raum, damit sie weitererzählen konnte, wie bei ihr das Mutter-Klischee gewirkt hatte, im privaten Bereich wie auch im beruflichen Umfeld.

»Ich wollte immer ein Kind haben«, sagte Isabelle, nachdem sie sich ein wenig gefangen hatte. »Dafür brauchte ich nach meinem Dafürhalten aber den richtigen Mann. Den gab's damals jedoch nicht. Meine Beziehungen waren alle in die Brüche gegangen. Immer mehr stürzte ich mich in die Arbeit, mein Vater wollte ja, dass ich es zu etwas brachte. Das kam sehr gelegen, obwohl meine biologische Uhr zu ticken begann.«

Isabelle himmelte die Männer an. Oder verteufelte sie. Schließlich heiratete sie. Sie trieb ein Kind ab, weil es gerade unpassend war, verschob ihren Kinderwunsch Jahr um Jahr. Vor dem Kinderkriegen wollte sie Karriere machen und berufliche Sicherheit erwerben. Doch durch ihren Job in der Marketingabteilung entglitt ihr das eigene Leben immer mehr. Der Verhaltenskodex der männlichen Mitarbeiter hatte zur Folge, dass sie sich nie so zeigen konnte, wie sie war: emotional, intuitiv, temperamentvoll und bestimmt.

»Ich habe nie gelernt, wie ich meine menschlichen Talente richtig einbringen konnte«, fuhr Isabelle fort. »Deswegen tauchte ich immer wieder in Vorstellungen ein, in imaginierte Bilder von der Arbeit, von der Familie, von einem Mann und einem glücklichen Leben. Für mich war klar, dass ich mich nur glücklich fühlte mit einem Mann an meiner Seite. Ohne den ging gar nichts. Einzig den Kinderwunsch empfand ich als ganz eigenes Bedürfnis, dahinter steckte kein Wunsch, eine Rolle zu erfüllen.«

Isabelle litt schon als junge Frau unter starken Menstruationsschmerzen, die selbst mit Medikamenten nicht vollständig wegzubekommen waren. Ihre Stimmungen während ihrer Periode schwankten sehr. Im fast nur mit Männern besetzten Großraumbüro konnte sie unmöglich jeden Monat den Grund ihrer Beschwerden nennen. So erfand sie grippale Infekte, orthopädische Probleme, Sehnenzerrungen und die ewig wiederkehrende Migräne. Irgendwann galt sie als gesundheitlich angeschlagen. Man übertrug ihr nur noch leichte Aufgaben mit der Begründung, hinsichtlich ihrer Kopfschmerzen wolle man sie nicht allzu schwer belasten. Das empfand sie als Herabwürdigung. Dies und ihr Wissen um den wahren Grund ihrer Probleme, der mit ihrer weiblichen Körperlichkeit verankert war, führten zu einer Identitätskrise.

Weil alles so intim war, konnte sie sich in der Firma mit fast niemandem über ihr Dilemma verständigen. Sie hatte Angst, den Job zu verlieren, traute sich auch nicht mehr, schwanger zu werden. Ihre Lust auf Sex und ihre Sehnsucht nach körperlicher Nähe verschwanden fast völlig. Ihre Ehe ging in die Brüche. Schon zuvor hatte ihr Mann sich zurückgesetzt gefühlt (er verdiente als Kundenberater viel weniger als sie), nun konnte er für Isabelles Probleme erst recht kein Verständnis mehr aufbringen.

»Kurze Zwischenfrage.« Sie kam von Dagmar: »Wie hat sich die Zurücksetzung gezeigt?«

»Als ich noch sehr erfolgreich war, durfte ich viel reisen. Kam ich aus London oder Tokio zurück, reagierte er gereizt, winkte ab, wenn ich ihm von meinen Erlebnissen berichten wollte.«

»Und wie stand er zu Kindern?«, fragte jetzt Evelyn.

»Er wollte gern eins haben. Aber ich hatte ihn gebeten, damit zu warten, eben wegen meiner Angst im Job.«

Isabelle reichte die Scheidung ein, das Paar trennte sich.

Danach wuchsen Isabelles berufliche Probleme noch mehr. Die zunehmende Gewissheit, dass ein Dasein als Mutter unter arbeitenden Männern anscheinend nicht erwünscht war, führte zu weiteren Missverständnissen. Das Gefühl mangelnder Anerkennung wurde größer. Ständig hatte sie inzwischen Angst, verletzt zu werden.

»Unterm Strich unterdrückte ich mehr und mehr sämtliche Gefühle.«

Isabelle erzählte, dass sie ein Adoptivkind sei. Als sie vierzehn war, hätte ihr leiblicher Vater einmal eine Kontaktaufnahme versucht. Er hatte bei ihren Zieheltern geklingelt und sich über die Gegensprechanlage zu erkennen gegeben.

»Meine Eltern beobachteten meinen leiblichen Vater durch die Gardinen, dabei tuschelten sie die furchtbarsten Dinge.« Ihre Mutter war eher geneigt gewesen, dem Mann da draußen aufzumachen, doch der Vater hatte dies strikt abgelehnt. Auch Isabelle hatte durch die Vorhänge schauen dürfen. Deutlich erinnerte sie sich an einen ärmlich ausschauenden und traurig wirkenden Mann, der am Gartenzaun stand und ein Päckchen unterm Arm trug. Sie hatte gedacht: Das ist ein Geschenk von meinem eigentlichen Papa, das ich nicht haben darf!

Es war das erste und einzige Mal in ihrem Leben, dass sie einen Mann weinen sah. Ihr leiblicher Vater hatte bemerkt, wie der Vorhang sich bewegte. Isabelle hätte ihn gern kennengelernt, doch das wurde ihr verboten. »Schließlich wandte er seinen Kopf ab und wischte sich die Augen trocken. Dann ging er fort, und ich habe ihn nie wiedergesehen.«

»Dieser Penner«, hatte der Ziehvater ihrer Mutter ins Ohr geraunt. »Schau mal! Jetzt flennt er.« Ihre Mutter hatte dem Vater daraufhin die Hand vor den Mund gehalten. Sie hörte ihn noch so etwas wie »So ein Versager. Wenn wir die Kleine nicht gerettet hätten …« sagen.

Wer ihre Mutter war, hatte sie nie in Erfahrung bringen können.

Immer wieder wies Isabelle die Schuld für ihre Probleme den harten, sachlichen Männern in ihrem beruflichen Umfeld zu: für ihre unerfüllte Sehnsucht nach einem Kind, die Missverständnisse im Job, die verdrängten, aufwühlenden Gefühle für ihr Alleinsein, die wiederkehrenden Schmerzen.

»Diese Männer verbieten den Frauen das Göttlichste, was das Leben Menschen geschenkt hat«, platzte sie zum Abschluss ihrer Ausführungen heraus. Sie wurde immer wütender: »Sie tun so, als würden sie uns verstehen. Sie tun so, als würden sie uns gnädig in ihren Reihen mitarbeiten lassen. Aber Kinder kriegen, Frau sein, vollständige Menschen sein, das dürfen wir nicht!«

Diskriminierung des Wunderbarsten

Ohne Frauen wären die Fortpflanzung und damit das Überleben der Menschheit unmöglich. Dass Frauen Kinder gebären können, hebt sie von den Männern ab. In dieser naturgegebenen Ausnahmestellung der Frauen liegt womöglich die Ursache für die Tragik des Mutter-Klischees: Damit auch Männer geachtet werden, soll verhindert werden, dass die Frauen wegen ihrer Mutterfähigkeit angemessen wertgeschätzt werden. Denn sonst könnte es ja sein, dass Mütter in der allgemeinen Achtung an der Spitze der Gesellschaft stehen würden – weit über den Topmanagern und Politikern. Das allerdings würde unsere patriarchalisch geprägte Gesellschaft in ihren Grundfesten erschüttern. Bei einer solchen Umwälzung müssten die Männer mitsamt ihrem Selbstverständnis abdanken und eine neue Sinngebung für sich finden.

Stünden Frauen an der Spitze der Gesellschaft, würden sie es kaum zulassen, dass sich etwa Muttersein und Managerkarriere gegenseitig ausschließen. Diese positive Seite des Mutter-Klischees könnte ein übergeordnetes Ziel für Frauen darstellen, denen das Rattenrennen in Unternehmen als Motivation nicht ausreicht. Doch statt einer solchen Perspektive wird eher die Arbeitswelt 4.0 in Erwägung gezogen. Bei ihr wird bereits mit Chefs experimentiert, die keine Menschen mehr sind, sondern Computer. Erstaunlicherweise waren bei den Testläufen viele Mitarbeiter mit dem digitalen Boss zufrieden, weil nicht mehr ein Mann oder eine Frau die Anordnungen ausgab, sondern die Angestellten nach Fähigkeiten und Leistungsbereitschaft bewertet wurden. Doch ob ein Computerchef das ersetzen kann, was ein Mensch von seinem Einfühlungsvermögen her leisten könnte, steht zu bezweifeln. Es stellt sich die Frage, warum solche Experimente mit Computern durchgeführt werden, bevor man den Frauen eine Chance gegeben hat, die Chefrolle auszufüllen, und zwar so, wie sie sich diese vorstellen.

Eine gesellschaftliche Hochachtung von Frauen muss gleichermaßen die Mütter betreffen. Dennoch verhindert das Mutter-Klischee eine Gleichstellung von berufstätigen Frauen und berufstätigen Müttern. Das Klischee besagt: Eine Mutter hat in der patriarchalisch strukturierten Berufswelt nichts zu suchen. Arbeitenden Müttern wird auch heute noch der Zutritt und die Teilnahme an anspruchsvollen beruflichen Aufgaben verweigert. Sicher gibt es in der Praxis zahlreiche Ausnahmen – es geht hier allein um das Klischee. Selbst wenn eine Frau noch keine Kinder hat, bringt sie ein gravierendes Handicap in die Arbeitswelt mit: Sie könnte ja jederzeit welche bekommen. Damit nimmt die Diskriminierung ihren Lauf. Das fängt bei der Weiterbildung in Firmen an (junge Männer werden weithin mehr gefördert) und hört bei der geringeren Bezahlung von Frauen nicht auf.

Zudem beinhaltet das Mutter-Klischee, dass eine Frau zu schwach ist, um neben ihrer Aufgabe als Mutter auch noch Spitzenleistungen erzielen zu können. Daher brauche sie einen

»starken Mann« an ihrer Seite, der das Geld nach Hause bringt. Sie gerät mit dem Klischee also in eine männliche Abhängigkeit. Dass Millionen Frauen – oft ungewollt – genau das Gegenteil leisten, nämlich ihr Kind ohne männliche Unterstützung aufziehen und obendrein Geld zum Leben verdienen, wird gesellschaftlich ignoriert.

Weitgehend unbeachtet bleibt noch ein weiterer Widerspruch: Einer alleinstehenden Frau mit Kind ist es aufgrund des Mutter-Klischees nur schwer möglich, beruflich Karriere zu machen. Einem Mann, der die Mutter seines Kindes im Stich gelassen hat und seinen väterlichen Verpflichtungen nicht nachkommt, stehen dennoch alle beruflichen Türen offen.

Duale Exzesse

Eine fatale Verankerung des Mutter-Klischees mit negativen Auswirkungen auf Chancen in der Arbeitswelt findet durch die Trennung von einem Innen und einem Außen statt sowie durch die angebliche Widersprüchlichkeit von Gefühl und Verstand. Das Innen umfasst unser Privatleben und unser Zuhause, das Außen die Öffentlichkeit und die Orte beruflicher Ausübung. Das Mutter-Klischee bestimmt, dass eine Mutter mit Kind nur im Innen zu leben hat. Entsprechend wird der Lebensbereich Arbeit so gestaltet, dass sich Mütter und Kinder dort mangels adäquater Einrichtungen nur unwohl fühlen können. In kaum einem Unternehmen befinden sich Räume für Kinder und deren Mütter, nur selten existieren betriebseigene Kindergärten. Manche Fast-Food-Ketten oder Einrichtungshäuser locken mit Kinderspielzonen – doch diese Angebote gelten lediglich für Kundinnen, nicht für Mitarbeiterinnen. Nach außen zeigen sich solche Firmen sozialfreundlich, nach innen entmenschlichen sie ihre Mitarbeiter, insbesondere die Frauen. Solch ein pseudomenschliches Verhalten, das einzig und allein dem Image und der Umsatzsteigerung dient, ist verlogener Sozialopportunismus. Dabei müssten sich die Unternehmen ernsthaft und auf ehrliche Weise um das Genderthema kümmern.

Ähnlich verhält es sich mit der Trennung von Gefühl und Verstand. Gefühle haben »drinnen« zu bleiben, der Verstand darf raus – jedenfalls bei Männern. Das Vorurteil, wonach Frauen angeblich mehr fühlen als Männer, da diese vernünftiger sind, liegt in der dualen Weltanschauung des Mutter-Klischees begründet.

»Und deshalb bist du Obstverkäuferin geworden?«, fragte Julia. »Damit du endlich ein Kind bekommen konntest.«

Isabelle strahlte. »So ist es. Und ich habe es bislang nicht bereut. Da sich nichts in meiner Firma änderte, musste ich einen harten Schnitt machen, um mich selbst zu finden.«

»Nicht umsonst habe ich meinen Job an den Nagel gehängt, als ich ein behindertes Kind bekam«, bemerkte Dagmar leise. »Anfangs wurde ich noch zu Firmentreffen eingeladen, das hörte mit der Zeit aber auf. Die Männer waren alle erleichtert, nicht mehr nachfragen zu müssen, wie es denn so gehe mit einem behinderten Kind. Eine Freundin von mir hat drei Kinder und muss sich manchmal freinehmen, weil sie den Spagat nicht mehr schafft. Männer nehmen sich selten frei, um sich um die Kinder zu kümmern, sie brauchen keine Angst zu haben, den Job vielleicht zu verlieren, weil sie ihn gerade nicht so gut machen können.«

»Und was antwortest du, wenn man dich fragt, was du machst?«, wollte Evelyn wissen.

»Dass ich Mutter bin.«

»Damit kommen alle klar?«

»Natürlich nicht. Bei vielen rangiert das auf dem Niveau von Arbeitslosigkeit. So fühlt es sich zumindest an. Man ist keine Frau mehr, sondern nichts weiter als eine Mutter. Das ist fast schon eine eigene Geschlechterrolle.«

»Kenne ich«, bestätigte Yvonne, eine achtunddreißigjährige brünette Politikerassistentin, die Kommunikationswissenschaften studiert hatte. Sie gehörte wie Isabelle zu den »Neuzugängen«. »Ich habe mich aber mittlerweile daran gewöhnt. Sage ich, ich bin Mutter, dann lächeln alle immer so, als wollten sie ein Feedback, als wollten sie, dass man zurücklächelt. Und sie lächeln außerdem so seltsam, wenn ich ihnen zu verstehen gebe, dass ich Mutter und Assistentin eines Politikers bin. Mit diesem Lächeln wird viel kaschiert. Stellt euch mal vor, wir würden einen Mann so anlächeln, wenn er erzählt, dass er Vorstandsvorsitzender ist ...« Yvonne stand bei diesen Worten auf und versuchte einen Mann nachzumachen, der eine Frau charmant angrinst. Es hatte etwas Aufgesetztes, als wollte er Beachtung erheischen, vielleicht hatte dieses Lächeln sogar etwas Anzügliches.

Nun meinte Regina eine Lanze für die Männer brechen zu müssen: »Aber nicht alle sind so.«

»Doch«, protestierte Evelyn und erzählte, wie der Typ am Strand sie immer wieder derartig angelächelt habe, sie hätte sein Lächeln sogar im Rücken gespürt.

»Wie sollen die Typen denn sonst mit uns flirten, wenn sie nicht mehr lächeln dürfen?«, fragte Sophia.

»Sie dürfen schon lächeln, aber bitte schön entspannter. Und wenn einer etwas von mir will, kann er doch kommen und sagen: ›Hey, darf ich dich zu einem Kaffee einladen?‹ Das finde ich klarer. Der verspannte Charmezirkus geht mir voll auf den Zeiger. Erst recht im Büro.«

»Schlimmer finde ich die Reaktionen der Männer, wenn ich ihr Spiel nicht mitmache, ich fühle mich dann wie abgestellt. Gerade bei Empfängen mit Politikern passiert mir das immer wieder. Von den wenigen anwesenden Businessfrauen habe ich übrigens noch nie Unterstützung bekommen. Sie suchen regelrecht nach dem Lächeln dieser Männer.«

Frauenfreundliche Arbeitsplätze

Das Mutter-Klischee hat zur Folge, dass den Frauen deshalb ein gesellschaftlicher Bewegungsspielraum genommen wird, weil sich ihre Körper jederzeit mit der Gebärfähigkeit befassen könnten. Und Kinder gehören laut Klischee nicht dorthin, wo Männer ihren Anstrengungen nachgehen. Warum eigentlich nicht? Bei mehr betriebseigenen Kindergärten würden Kinder ihre Väter öfter sehen. Die Tatsache, dass viele mögliche Veränderungen verhindert werden, hat mit dem Erhalt männlicher Macht zu tun. Könnten Frauen ihre Kinder in die Firmen mitnehmen, würden sie mehr Aufmerksamkeit erhalten als die Männer. Sie würden auch einflussreicher werden, weil die Berufswelt nicht mehr überwiegend den Interessen der Männer und einer geringeren Anzahl von Frauen gerecht werden müsste.

Bei einer Gleichstellung wäre es aber das Mindeste, wenn Männer ihre Welt den Müttern und Kindern öffnen und diese entsprechend umgestalten würden. Die Auflösung des Mutter-Klischees würde bedeuten, dass die Gleichstellung der Frau im Beruf nicht bei ihrer Rolle als Mutter aufhören darf. Auch die Frauenquote darf hier keine Grenze ziehen. Die Männer müssen auf die Frauen zugehen und ihnen einen angemessenen beruflichen Rahmen anbieten, in dem sie als komplette Menschen anwesend sein und arbeiten können, egal ob sie potenziell werdende oder tatsächliche Mütter sind.

Eine angemessene Wertschätzung der Frauen, die jederzeit Mütter werden können, würde im Zuge einer notwendigen Einführung genderaffiner Arbeitsplätze zahlreiche Innovationen erfordern:

- Durchdachte Genderwohlfühllounges, in denen sich Frauen entspannen und dennoch arbeiten können. Solche Räume sollten sich abseits von männlichen Einrichtungen befinden. Es kann nicht angehen, dass der einzige Raum in einer Firma, in den sich eine Frau zurückziehen kann, eine Toilettenkabine ist. Auch den Männern täten alternative Entspannungsbereiche gut.
- Eine gesetzliche Auflage, dass Firmen intern Kinderbetreuungen und Kinderzentren schaffen, damit die Kinder in der Nähe ihrer Mütter sind.
- Medizinische und psychologische Beratungsstellen für Frauen in puncto Gleichstellung; ähnliche Einrichtungen sollten für Männer vorhanden sein.
- Reform der Mutterschaftsurlaubs- und Mutterschaftsgeld-Gesetzgebungen. Da Unternehmen diese Leistungen direkt an Mütter geben, kommt es zu Diskriminierungen: Firmen stellen deswegen von vornherein weniger Frauen ein. Alternativ sollte eine Auflage konzipiert werden, wonach Pauschalabgaben in einen staatlich verwalteten Mutterschaftspool einbezahlt werden, durch den Mütter unterstützt, aber auch Verluste von Arbeitgebern ausgeglichen werden können, die auf die Arbeitsleistungen von Müttern verzichten müssen.
- Aufwertung von Gleichstellungsbeauftragten als Führungskräfte. Dass dem bislang nicht so ist, weist auf einen umfassenden Verständnismangel bei Männern hin, die das Genderthema eher als modischen Gag betrachten, für den man hin und wieder einen Event veranstalten kann, anstatt eine stringente Strategie ins Leben zu rufen, durch die Frauen und Mütter gefördert werden.
- Die Einführung einer Regelung, dass Frauen in einem gewissen Rahmen jederzeit auch ohne besondere Entschuldigung oder ärztliche Atteste von zu Hause ihren Job erledigen dürfen.

- Genderbezogene Beratungsstrategien für Männer, um ihren Umgang mit Frauen und spezifische Probleme ihrer Männerrolle zu überdenken. Das bedeutet auch die Teilnahme an genderbezogenen Kursen.
- Seminare zur Wiedereinführung der Sinne und weiblicher Maßstäbe im Beruf.
- Staatliche Förderungen für Unternehmen, die substanzielle Gender- und Gleichstellungsstrategien umsetzen wollen.
- Bildungskonzepte gegen die Geschlechtertrennung, die Diskriminierung der Frauen und die Auflösung der Geschlechterrollen.

Das Arbeits-Klischee –
und männerverstärkende Gefallfrauen

Ein Freund erzählte mir von einem Vorfall, der sich in der Kantine einer deutschen Universitätsklinik ereignet hatte – er trübte die Freude einer Kollegin über eine verliehene Auszeichnung. Seit Jahren leitete sie als einzige Ärztin mit anderen Wissenschaftlern ein Forschungsprojekt. Aufgrund ihrer ausgezeichneten Leistungen hatte sie als Leiterin der Arbeitsgruppe mit ihrem Team ein Stipendium zugesprochen bekommen. Noch nie war einer Ärztin an dieser Klinik diese Ehrung zuteilgeworden. Kurz nach der Vergabe des Stipendiums saß sie mit dem Freund beim Mittagessen in der Krankenhauskantine. Ein Oberarzt kam vorbei, klassischer Macho, der immer einen Spruch parat hatte. Jetzt sagte er: »Ich gratuliere Ihnen zum Stipendium! Das haben Sie sicherlich nur bekommen, weil Sie eine Frau sind.«

»Und was sagte deine Kollegin dazu?«, fragte ich nach.

»Ihr verschlug es die Sprache. Sie war so verletzt, dass ihr die Tränen kamen. Ich habe versucht, mich für den Oberarzt zu entschuldigen. Doch sie meinte nur, dass ich jetzt mal live miterlebt hätte, wie es einem als arbeitende Frau unter Männern ergehen kann. ›Wenn sie uns nicht rausschmeißen können, dann ekeln sie uns raus.‹«

Der Freund erzählte auf meine Bitte hin noch mehr aus dem Alltag in der Universitätsklinik, noch mehr über die Diskriminierung von Frauen. Der Chef, ein Mann, habe sechs Oberärzte und eine Oberärztin unter sich, dazu zwanzig Assistenzärztinnen und zehn Assistenzärzte. Von den Assistenzärzten würden fast ausschließlich die Männer gefördert, trotz weiblichen Überschusses. Ähnliches würde er auch von anderen Universitätskliniken kennen. Dabei seien Kontaktpflege und Männerseilschaften äußerst hilfreich. Frauen hätten meist viel weniger Kontakte. Zum Schluss sagte er: »Männer werden bevorzugt, weil sie Männer sind. Frauen haben nur eine Chance, wenn sie viel besser sind als die Männer, was ihnen aber zunehmend gelingt.«

»Genau solche Vorfälle habe ich viele erlebt«, rief Evelyn, nachdem ich die Geschichte im Pfarrsaal vorgetragen hatte. »Wenn eine Frau Erfolg hat, wird ihr unterstellt, dass sie das dem Gesetz, also der Quote zu verdanken hat, nicht ihren Leistungen. Oft schwingt bei den Typen noch mit, dass sie sich womöglich hochgeschlafen hätte.«

Es entspann sich eine hitzige Debatte über Vorurteile gegen Frauen in der Arbeitswelt. Einige Teilnehmerinnen standen vor Wut auf und liefen auf und ab. Sie nahmen kein Blatt vor den Mund. Hier eine Wiedergabe einiger gekürzter Aussagen:

»Männer fördern sich gegenseitig im Job«, merkte Sophia vehement an. »Sie schanzen sich gegenseitig Privilegien zu, und wenn man ihnen das vorhält, streiten sie das rundweg ab. Solche Lügner sind das!«

»Sie können ungerechte Situationen oder sogar geschäftsschädigende Umstände einfach so hinnehmen, als wäre das völlig normal. Das könnte ich nie«, ereiferte sich Isabelle.

»Stimmt. Von dieser Nach-mir-die-Sintflut-Einstellung vieler Männer unterscheiden wir Frauen uns wirklich«, fügte Martha hinzu.

»Unverständlich, warum Männer es nötig haben, Frauen im Job oder zu Hause so zu deckeln. Man könnte doch auch schön zusammenhalten«, sagte Evelyn.

Cristins Kommentar: »Sie trauen uns Frauen einfach nichts zu. Weder strategisches Geschick noch Macht.«

»Manchmal machen mir die Männer aus unerfindlichen Gründen Angst«, entfuhr es Yvonne. »Es ist so eine diffuse Furcht. Dass sie mich am liebsten wegsperren oder sogar töten wollen, nur weil ich für sie als Frau eine Konkurrenz darstelle.«

Diese Angst vor dem Getötetwerden, da war sie wieder – ein klassisches Beispiel für ein Seelentattoo, das sich verselbstständigt hatte. Sicherlich würde kaum ein Mann tatsächlich in Erwägung ziehen, eine weibliche Konkurrentin zu ermorden. Doch in ihrer Geschichte haben Frauen das jahrhundertelang so erlebt. Auch heute noch hören sie fast täglich von Morden an Frauen. Es ist also kein Wunder, dass das Gehirn in bestimmten Situationen eine derartige Assoziation wachruft und damit die mit ihr verbundenen Gefühle. Man kann mit solchen Empfindungen allerdings nicht umgehen, indem man sie als absurd oder unrealistisch abtut. Sobald man etwas fühlt und denkt, ist es Bestandteil der persönlichen Realität, unabhängig davon, ob die auslösende Situation wirklich damit zu tun hat. Diese Gefühle sollte man wahrnehmen, in ihrem Kontext vergegenwärtigen und aufgeschlossen betrachten und schließlich loslassen. Es ist ein selbsttherapeutischer Vorgang, auf den ich später noch kommen werde.

Auf meine Bitte hin schilderte Yvonne ihre Angst vor dem Getötetwerden noch ein wenig ausführlicher.

»Nachts in Albträumen«, erzählte sie, »spuken manchmal Männer in meinem Kopf herum. Ohne mit der Wimper zu zucken, üben sie körperliche Gewalt aus, um mich in die Schranken zu weisen oder meinen Willen zu brechen. Natürlich sind das haltlose Vorstellungen. Kennt ihr die auch?«

»Schon«, bestätigten fast alle.

»Und wie verhaltet ihr euch, wenn ihr das feststellt?«

Nach einer kurzen Pause sagte Sophia: »Ich gebe den Män-

nern von vornherein nach, sodass sie mir gar nicht erst gefährlich werden können.«

»Ich verhalte mich von vornherein vorsichtiger, um den
Mann nicht zu schwächen«, meinte Martha.

»Oder ich fange sogar an, einen Typen, vor dem ich mich
fürchte, zu unterstützen«, sagte Isabelle.

»Unterstützen als Vorbeugung gegen Probleme. Kenne ich
auch, bringt aber nichts.« Das war Sophia. »Man rackert sich
ab. Aber die Typen reagieren dennoch nicht.«

Was die Gesprächsteilnehmerinnen offenbarten, ähnelte einem
psychologischen Vorgang, der als Helfersyndrom bekannt wurde. Der Münchner Psychoanalytiker Wolfgang Schmidbauer
hatte Ende der Siebzigerjahre das suchtartige Helfen als psychologische Erkrankung erforscht. Er erkannte, dass der neuroti-
sche Charakter des Helfens sich ausprägt, wenn ein Kind nur
dann Beachtung bekommt, wenn es bestimmte Leistungen erbringt. Die Aufmerksamkeit häufig abwesenden Vaters erhalten
Mädchen zum Beispiel oft nur, wenn sie etwa sehr diszipliniert
sind. Oder wenn sie, wie im Fall von Evelyn, dafür sorgen, dass
der Vater sein richtiges Besteck beim Abendbrot vorfindet.

Eine abgewandelte Form des Helfersyndroms, eine Art
»Untermauerungssyndrom«, zeigt sich bei berufstätigen Frau-
en und ist ein altruistisches Verhalten, das insbesondere bei ihnen vorgesetzten Männern an den Tag gelegt wird. Sie wollen
den Männern alles recht machen und kommen dadurch nicht
dazu, ein ihrer weiblichen Individualität entsprechendes Benehmen zu entwickeln. Der Druck, sich der vorherrschenden
männlichen Umgangskultur in Firmen anzupassen, ist so hoch,
dass sie permanent damit beschäftigt sind, diese zu unterstützen und sogar zu untermauern. Dabei verlieren sie unmerklich
den Bezug zu sich selbst und die eigene Wertschätzung. Alles
wird zur Priorität erklärt, nur nicht die eigene Person.

Bei einer Frau, die mich nach meinem Frauenexperiment kontaktierte, fiel mir dieses Phänomen besonders auf. Die Yogalehrerin schrieb mir, dass sie ihre erfolgreiche Yogaschule aufgeben wolle, sie fühle sich aus einem unerfindlichen Grund völlig überfordert und »unendlich schwach«. Nach einer Reihe von Gesprächen stellte sich heraus, dass sie diese Kraftlosigkeit erstmals an sich bemerkt hatte, nachdem sie sich einen Partner für ihr Studio gesucht hatte, dem sie sich zunehmend unterordnete. Zudem beriet sie viele Yogaschüler bei ihren privaten Sorgen. Sie traf sich mit ihnen zum Kaffee, blieb nach den Kursen noch lange mit ihnen im Studio. Diese Frau war nicht in der Lage, etwas für sich zu tun, ohne sich schuldig zu fühlen. Sie erzählte mir von Albträumen und Fantasien – sie handelten davon, dass ihr männlicher Partner ihr das Yogastudio wegnehmen, dass er sie verdrängen wolle. Vielleicht hatte sie damit sogar recht. Aber sie war nicht dazu fähig, sich konstruktiv zu sammeln und ihn mit seinem Treiben zu konfrontieren, da sie sich ständig in ihrem Untermauerungssyndrom verstrickte. Selbst in den Gesprächen mit mir fing sie immer wieder an, mich zu beraten, wollte mir einen Möbeltransport organisieren, Yogastunden kostenlos geben oder andere Gefälligkeiten für mich erledigen. Und nicht nur mir, auch ihrem Studiopartner hatte sie ihre Unterstützung bei einem Umzug angeboten, sie hoffte dadurch, dass anschließend wieder »Friede in ihrem Seelenkarton herrschen« würde. Von außen betrachtet, war sie eine vollkommen freie Frau, innerlich war sie aber in einem engen Käfig eingepfercht. Er bestand daraus, Männern einen Gefallen zu tun, damit sie sich besser fühlte.

Ohne es zu bemerken, beginnen viele Frauen daher, mit kleineren und größeren Aktionen die männlichen Klischees und Rituale in Unternehmen zu verstärken. Damit versuchen sie die Aufmerksamkeit und das Wohlwollen der Männer auf sich zu lenken, von denen ihre berufliche Zukunft abhängt. Sie beobachten genau, ob und inwieweit sie von den Männern unterstützt werden. Den Dank aber, den sie sich erwarten, erhalten sie kaum, ihr immenser Aufwand wird in den seltensten Fällen ausreichend beachtet. Daher versuchen diese Frauen noch mehr zu leisten. Sie opfern unzählige Wochenenden, um an Fortbildungsseminaren teilzunehmen, einzig und allein zur Verbesserung ihrer Qualifikationen, die ja gewinnbringend für die Männer sein sollen. Am Ende wundern sie sich, dass diese trotzdem nicht mehr auf sie reagieren.

Solche Frauen opfern Teile ihrer weiblichen Identität. Sie springen sogar über den Schatten ihrer weiblichen Geschlechterrolle. Durch diese doppelte Selbstaufgabe ist es für altruistische Frauen nicht leicht, wieder zu sich zu finden. Das kann nur über einen authentischen Neuanfang klappen, über das Erkennen und Akzeptieren dessen, was jede Frau menschlich (und nicht als Geschlechterrolle) ausmacht. Und über ein Begreifen, dass Männer diese Form weiblichen Entgegenkommens nicht als Hilfe wahrnehmen, sondern als Anbiederung oder sogar als ungebetene Einmischung, die man sich vom Hals halten muss. Männer wollen gar keine Hilfe, im Extremfall empfinden sie das sogar als Bedrohung, denn es widerspricht der männlichen Geschlechterrolle, Unterstützung zu brauchen und anzunehmen – noch dazu von einer Frau. Das würde Schwäche signalisieren – ein schon erwähnter neuralgischer Punkt.

Wenn sich Frauen über längere Zeit hilfsbereit verhalten, kann das Männern richtig auf die Nerven gehen. Sie fühlen sich bedrängt, weisen die Frauen zurück und reagieren mit dem Gegenteil des Erwarteten: mit Aufmerksamkeitsentzug nämlich. Das aktiviert bei vielen Betroffenen eine Kindheitsprägung: Das alte Seelentattoo aus der Verbindung mit dem Vater wird beispielsweise mit der aktuellen Berufserfahrung verknüpft, denn das Verhalten vieler Frauen gegenüber männlichen Kollegen (und Lebenspartnern) ist davon beeinflusst, wie der eigene Vater Aufmerksamkeitsansprüche erwidert hat. Hatte ein Mädchen es schwer, vom Vater beachtet zu werden, kann sich eine Persönlichkeit herausbilden, die die Schweizer Psychologin Julia Onken »Gefalltochter« (»Ich gefalle, also bin ich«) oder »Leistungstochter« (»Ich bin leistungsfähig und erfolgreich, also bin ich«) nennt.

Ein weiterer bedeutender Komplex beim Arbeits-Klischee ist das Sozialverhalten. So wurde festgestellt, dass sich Mädchen und Frauen aufgrund ihrer Konditionierung viel leichter auf vorgegebene soziale Verhaltensanforderungen einlassen können. Die Genderforscherin Alyssa Croft von der Universität British Columbia in Vancouver sagt hierzu, dass Männer und Frauen bereits von Kindheit an unterschiedlich auf sozial vorgegebene Verhaltensweisen reagieren, die Mädchen eher auf äußere Veränderungen genderbezogener Erziehungsweisen (sie lassen sich eher ein und passen ihr Verhalten an), die Jungen tun das nicht. Crofts Erklärung: »Weil die Stereotypen, welche das männliche Verhalten dominieren (die Geschlechterrollen), viel rigider sind als die der Frauen.«

Daraus lässt sich schließen, dass genderbezogene Entwicklungen im Berufs- sowie im Privatleben eher durch Verhaltensänderungen der Frauen eine Chance haben als durch solche von Männern. Ansatzpunkte wären die in der weiblichen Kindheit liegenden Beziehungsprägungen mit Männern, besonders jene mit dem Vater oder äquivalenten Bezugspersonen. Es lohnt sich daher, die dazugehörigen Seelentattoos zu analysieren und bewusst zu machen.

Im weiteren Verlauf unseres Seminars beschwerte sich Evelyn abermals darüber, dass Männer weibliche Freundlichkeit und Kontaktaufnahme im Job »als sexuelle Aufforderung wahrnehmen und womöglich bei nächster Gelegenheit zur Tat schreiten würden«. Nicht nur, um männlicher und härter zu wirken, sondern auch als Prävention hätte sie sich einen betont kühlen Ton angewöhnt. »Durch mein reserviertes Verhalten signalisiere ich einem Mann von Beginn an, dass da nichts läuft. Aber das ist anstrengend, weil ich eigentlich nicht so verschlossen bin. Ich flirte gerne, bin eher ein warmherziger Mensch, und manche Typen in der Firma finde ich auch ganz schnuckelig. Doch da geht gar nichts.«

Fast alle beklagten sich daraufhin über einen der schwierigsten Aspekte in der Zusammenarbeit mit Männern, nämlich dass sie sich über ihr Verhalten gegenüber den Frauen absolut nicht im Klaren seien.

»Sie scheinen überhaupt nicht zu reflektieren, dass wir Frauen sind«, sagte Anne. »Das hat zur Folge, dass die wenigen Frauen bei uns in der Softwarefirma dazu neigen, sich den männlichen Verhaltensweisen anzupassen, quasi als Tarnung.«

Gesetze allein befreien nicht

Das Arbeits-Klischee der Geschlechter lässt sich in einem Satz definieren: Frauen gehören nicht in die Männerwelt von Büroräumen und Werkshallen. Nur zur Erinnerung: Erst seit 1977 darf eine Frau ohne Zustimmung ihres Mannes in Deutschland arbeiten. Bis 1959 konnte der Ehemann den Anstellungsvertrag seiner Frau selbstständig kündigen. Die Frau hatte also nicht nur einen Vorgesetzten in der Firma, sondern auch noch einen zu Hause. »Der Hang zur Unmoral, der jeder Frau latent innewohne, bedürfe der Kontrolle und Umsicht eines ›männlichen‹ Familienoberhauptes«, so gibt die Geschlechterforscherin Gabriele Sobiech alte Statuten wieder.

Die Frau störte also mit ihrer Weiblichkeit in der Berufs-welt der Männer und wurde möglichst aus dieser ausgegrenzt. Die im Gott-Klischee beschriebene Überordnung der Männer und ihre im Steinzeit-Klischee hervorgehobene Unterschied-lichkeit wird im Arbeits-Klischee mit Differenzen in der Leis-tungsfähigkeit ergänzt. Männern wird von vornherein mehr berufliche Kompetenz zugetraut als Frauen. Allein dieses Vor-urteil trägt dazu bei, dass der Druck auf Frauen steigt und sie dadurch benachteiligt sind.

»Stellt euch vor, ihr hättet mit Menschen zu tun, die alle glauben, dass ihr nicht so kräftig und leistungsfähig seid wie sie«, sagte Anne, die Abteilungsleiterin einer Softwarefirma. »Wie würde man sich dabei fühlen?«

Ich versuchte, mir das vorzustellen, und kam zu dem Schluss, dass es ziemlich anstrengend sein musste, etwas zu bewerkstelligen, was einem andere nicht so richtig zutrauten. Später, bei einer Bergwanderung in den Alpen, machte ich ei-nen Selbstversuch. Ich bat den Freund, mit dem ich unterwegs war, mir während des ganzen Tages Gründe zu nennen, war-um diese Wanderung für mich viel schwieriger sei als für ihn. Innerhalb kürzester Zeit war ich derart erschöpft, dass ich fast doppelt so viele Pausen brauchte wie er.

Ungefähr zur gleichen Zeit schickte mir eine ältere Frau aus einer Kurklinik fast täglich Briefe. Sie erzählte darin von ihrem Leben. Im Zentrum stand ihr Kampf gegen männliche Vorur-teile. »Ich arbeitete zwanzig Jahre lang in Kanada im Manage-ment eines Tankstellenunternehmens«, schrieb sie. »Da gab es nur Männer, die mir nichts zutrauten. Autofahrer, Lastwagen-fahrer, Mechaniker, Säufer. Ich glaube, das war es, was meine Gelenke krank gemacht hat. Dieser ständige Kampf, mich be-weisen zu müssen. Und nie die wirkliche Bestätigung zu be-kommen. Es war eine Qual. Jetzt liege ich mit Rheuma in der Klinik, plage mich mit Pflegern ab. Das Gleiche in Grün. Wenn eine Pflegerin kommt, sehe ich, dass auch sie gegen Vorurteile der Männer um sie herum ankämpft, die ihr einfach weniger zutrauen würden. Diese Frauen werden dann besonders trotzig, vermännlichen oder ordnen sich unter.«

Auch in der Frauengruppe sprachen wir noch weiter über das mangelnde Zutrauen seitens männlicher Mitarbeiter.

»Und was macht das mit euch? Was hat das für Konsequenzen?«, fragte ich.

»Dass ich das Gefühl habe, mehr leisten zu müssen, um an das Level eines Mannes heranzukommen«, sagte Sophia. »Der Betriebsarzt hat mir sogar mal ein Mittel gegeben, damit ich leistungsfähiger bin, und dabei gesagt: ›Das wirkt, ist vor allem gut für Frauen, Streicheleinheiten fürs Gehirn, versuchen Sie's mal.‹«

Mittel, die leistungsstärkend auf das Gehirn wirken, nennt man Neuro-Enhancer. Zwar ist die Nutzung dieses Gehirndopingmittels noch nicht weit verbreitet, in einer entsprechenden Untersuchung des Robert-Koch-Instituts hat sich aber gezeigt, dass berufstätige Frauen zu einem Drittel mehr als berufstätige Männer ihre Leistungsfähigkeit mit Pillen zu verbessern versuchen. »Chronischer Stress schadet nicht nur Herz und Magen, sondern auch dem Gehirn«, sagt Isabella Heuser, Direktorin der Psychiatrischen Klinik an der Berliner Charité. »Frauen, die sich gesund ernähren und sich geistig und körperlich bewegen, brauchen keine Neuro-Enhancer.«

Der Geschlechterforscher Heinz-Jürgen Voss attestiert den Menschen aufgrund seiner Forschungen eine »unendliche Geschlechtervielfalt«: »Durch den Blick auf die Prozesshaftigkeit und die sich damit darstellende Vielfältigkeit zeigt sich, dass sich alle Menschen voneinander unterscheiden. Es gibt also so viele Geschlechter, wie es Menschen gibt. Das gilt selbstverständlich auch für die Geschlechtsidentität.« Die französische

Neurobiologin Catherine Vidal bestätigt Ähnliches für die Welt der Gehirne. Dennoch gehen die Geschlechter miteinander um, als könnten die Frauen nur das eine und die Männer nur das andere.

Die Geschlechterdifferenzierung führt in Unternehmen trotz gesetzlicher Gleichstellungsverordnung – oder gerade wegen ihr – immer wieder zu Spannungen. Einst haben die Geschlechter von vornherein in unterschiedlichen Bereichen gearbeitet, gemäß der ehernen Regel des Gott-Klischees waren die Männer die Chefs, die Frauen die Sekretärinnen, Buchhalterinnen oder Putzfrauen. Heute kollidiert der Gleichstellungsprozess mit dem Unterschiedszwang der Geschlechterrollen. Wie soll man etwas gleich machen, was allgemein als unterschiedlich gilt? Mit dem Ergebnis, dass sich die Ärztin, die das Stipendium erhalten hatte, sagen lassen musste: »Das haben Sie sicherlich nur bekommen, weil Sie eine Frau sind.«

Der Klischeedruck auf Männer und Frauen ist in der Berufswelt so stark, dass selbst dort, wo gar keine Unterschiede vorhanden sind, welche erzeugt werden. Die Zusammenarbeit beider Geschlechter muss im Sinne der Rollen konfliktbehaftet bleiben. Würde man den Rollen diese aufgesetzten Formen der Unterscheidung wie einen unsichtbaren Vorhang wegziehen, würden sich Menschen gegenüberstehen. In meinen Augen eine wunderbare Herausforderung und Vision.

Archaische Ängste und Kurzschlüsse

Die Zusammenarbeit von Mann und Frau ist heute mehr denn je problematisch. Da ihre Gleichstellung gesetzlich verordnet ist und sich nicht homogen entwickelt hat, nehmen viele Männer das als Übergriff wahr und empfinden die Frauen als Eindringlinge in ihr Hoheitsgebiet.

Hinzu kommt, dass die Männer in ihrer Not und in Ermangelung ausreichender Praxis und Erfahrung die Geschlechterunterschiede aus privaten Bereichen auf die Berufswelt übertragen. Der Vorgang findet weitgehend unbewusst über Seelentattoos statt. Unmerklich vermischt sich dadurch Privates und Berufliches, obwohl dies laut Arbeits-Klischee getrennt sein sollte. Aber auch Frauen projizieren wegen fehlender Erfahrungen private Verhaltensmuster und Erwartungen in ihre Bürosituation. Ebenfalls sind dafür Seelentattoos und Altkonditionierungen verantwortlich. So lassen sich die teilweise irrationalen und bisweilen extremen Ängste von Frauen erklären, dass Männer sie körperlich fertigmachen könnten. Folgender Eindruck eines Angst erzeugenden und geschlechtertypischen Rollenverhaltens ergibt sich aufgrund des Arbeits-Klischees:

1. der Mann, der Chef / die Frau, die Untertanin
2. der Mann, der Täter / die Frau, das Opfer
3. der Mann, der Wertvolle / die Frau, die weniger zum Überleben der Familie beiträgt als der Mann

Diese Degradierung kompensieren berufstätige Frauen mit der Annahme männlicher Verhaltensweisen, durch eine Vertaffung und mehr Leistungen.

Die Betriebswissenschaftlerin Elena Schälike ist eine talentierte Mathematikerin, die jung damit begann, Firmen weltweit zu beraten. Als Jugendliche besuchte sie eine Schule, in der mathematisch hochbegabte Kinder gefördert wurden. Dort kamen sechzig männliche Schüler auf sechs weibliche.

»Dabei wusste ich, dass viele Mädchen in Mathe exzellent waren«, erzählte sie mir während einer Skype-Sitzung. »Aber viele Eltern gehen immer noch davon aus, dass Mathe nichts für Mädchen ist.«

Als Elena Schälike später mit ihrem damaligen Lebenspartner ein Unternehmen aufbaute, wunderte sie sich über die Reaktion in der medialen Berichterstattung: Sie und ihr Partner hatten das Projekt gemeinsam entwickelt, doch in der Presse wurde fast immer nur ihr Lebensgefährte erwähnt.

»Das war keine Ausnahme. Solche Situationen erlebte ich immer wieder. Saß ich in einer Besprechung mit gleicher Qualifikation neben einem Mann, so hatten seine Worte beim Gegenüber mehr Gewicht als meine.«

Nach der Trennung von ihrem Mann lernte sie die Zusammenarbeit von Männern und Frauen in verschiedenen Kulturen kennen, wobei ihr mathematisches Talent abermals nicht immer von Vorteil war: »Rechnete ich Männern vor, was sie nicht verstanden, war am Ende meistens ich diejenige, die die Probleme bekam. Ich wurde dann zu den weiteren Projektbesprechungen nicht mehr eingeladen.«

Eine verblüffende Erfahrung machte die Mathematikerin in Uganda, wo sie eine Vereinigung von Berufsschulen beim Fundraising und bei den Finanzen beriet. Dabei erfuhr sie, dass in dem Land Behinderte und Frauen gleichermaßen Ansprüche auf Sonderförderungen bei ihrer Ausbildung hätten. Verantwortlich waren dafür die weltweit gültigen Maßstäbe für die Verwendung von Geldern aus der internationalen Entwicklungshilfe. Der männliche Nachwuchs wurde dagegen nicht unterstützt, er war auf sich selbst gestellt. Die Folge war ein starker Rückgang hochqualifizierter männlicher Arbeitskräfte. Heute wird in Uganda ungefähr die Hälfte der Führungspositionen von Frauen bekleidet.

Auf die Frage, welche Eindrücke sie allgemein im Verhalten von berufstätigen Männern und Frauen gewonnen habe, sagte Elena Schälike: »Die Männer denken eindeutig mehr an sich selbst. Bei ihrer Karriere ist das persönliche Fortkommen zentral. Für Frauen steht das Business als Ganzes eher im Vordergrund. Dazu zählen auch das Wohl der Mitarbeiter und wie sehr sich die Firma mit dem Nachhaltigkeitsgedanken auseinandersetzt. Das habe ich überall und immer wieder beobachten können.«

Heute betreibt die Finanzmanagerin ein Unternehmen, das Fußballwetten mathematisch analysiert. In ihrer weltweit agierenden Firma stellt sie bevorzugt Frauen ein: »Weil die mehr die Übersicht behalten.« Und was sie besonders schätzt: »Frauen betrachten das Business als Familie, bei den Männern dreht sich alles um die eigene Selbstverwirklichung. Zudem sind Frauen sachlicher. Aber genau damit ecken sie bei den Männern auch an.«

»Frauen sind sachlicher als Männer?«, hakte ich nach.

»Ja. Frauen stellen persönliche Befindlichkeiten zurück, wenn es um die Firma als Familie geht.« Schließlich fügte Elena Schälike noch hinzu: »Aufgrund meiner mathematischen Fähigkeiten kann ich finanzielle Zusammenhänge sehr schnell durchschauen. Immer wieder wurde ich engagiert, um die Bilanzen von Regierungsstellen oder Firmen auf korruptionsspezifische Anhaltspunkte zu untersuchen. Dabei habe ich den Eindruck gewonnen, dass Korruption ein männliches Phänomen ist. Kaum habe ich eine wirklich korrupte Frau erlebt, zumindest nicht unter den Rädelsführern.«

Das Paar-Klischee – der Für-immer-und-ewig-Traum

Wiederholt erzählte Sophia von ihrer Verzweiflung, dass sie von ihrem Chef trotz ihrer Qualifikationen keine anspruchsvollen Aufgaben übertragen bekam.

»Ich weiß gar nicht, warum ich all diese Managementkurse und Fortbildungen gemacht habe«, sagte sie. »Das war anscheinend alles für die Katz! Für das, was ich zu tun bekomme, bin ich total überqualifiziert.«

Bei der Projektvergabe zog sie immer das kleinere Los. Zu gerne hätte sie interessantere Aufgaben übernommen, Aufgaben, an denen sie wachsen und sich reiben konnte. Doch die wurden meistens ihren männlichen Kollegen zugeschoben.

Evelyn riet Sophia, ihren Chef direkt auf dieses Problem anzusprechen, wies aber auch auf die möglichen Folgen hin: »Ich hatte mal eine Kollegin, die das getan hat – danach hatte sie bei ihrem Vorgesetzten einen noch schwereren Stand, gilt als die Unzufriedene.«

»Aber im Privaten ist es mit den Männern auch nicht gerade einfach«, bemerkte Dagmar lakonisch.

»Davon kann ich ebenfalls ein Lied singen.« Sophia kam jetzt so richtig in Fahrt. »Was glaubst du, wie viele Register ich ziehen musste, um mein Ziel zu erreichen. Ich habe mich praktisch, energisch, aber auch weich gegeben, mutierte in jede Richtung …«

»Warst du dabei noch normal?«

»Was ist denn schon normal? Also, ich tauchte im Mini auf, ein anderes Mal trug ich ein affines Businessoutfit. Es half alles nichts. Ich habe mich immer wie das fünfte Rad am Wagen gefühlt. Am Männerwagen.« Sophia lachte hämisch auf, dann wandte sie sich direkt an Evelyn: »Du bist in deinem Unternehmen Marketingchefin geworden – wie hast du es geschafft, dass du so weit gekommen bist?«

»Es gab da eine Phase, in der ich ziemlich aggressiv war, obwohl ich immer versucht habe, weiblich zu bleiben. Dennoch habe ich mir gesagt, entweder bekomme ich den Posten, oder ich gehe. Es gab noch einige andere Anwärter, auch solche, die weniger qualifiziert waren als ich. Es war ein ziemlich schwerer Kampf, und fast hätte man mir die Stelle nicht gegeben.«

»Sag schon, was war dein Wundermittel?«

»Das ging ohne Wundermittel. Ich habe nur sehr klar und deutlich gesagt, was ich will. Hinzu kam: Die Entscheidung fiel während eines Projekts, das ich geleitet habe und bei dem sie mich nicht entbehren konnten. Ich glaube, das war meine Chance. Manchmal habe ich den Eindruck, dass Frauen im Umgang mit männlichen Kollegen immer solche sogenannten Hebel brauchen. Wenn das tatsächlich so ist, dann muss ich sagen, dass ich für solche taktischen Spielchen nicht besonders geeignet bin. Aus diesem Grund sitze ich auch hier mit euch in diesem Seminar zusammen.«

Sophia legte ihren Kopf zur Seite, dann erklärte sie: »Bei mir gab es leider keine solche Chance. Die Typen, mit denen ich zu tun hatte, die haben sich verhalten wie disziplinierte, ja, wie …« Sie suchte nach dem richtigen Wort.

»Wie was?«, fragte Julia nach.

»Wie Zuchtpferde.« Es entstand eine kleine Pause. »Als Männer kann man sie kaum noch bezeichnen«, fügte Sophia hinzu.

»Trotz aller negativen Erfahrungen musst du stark und distanziert bleiben«, sagte jetzt die Finanzmanagerin Martha. »Aber nicht so, dass der Typ sich brüskiert fühlt, das bloß nicht. Das ist ein Drahtseilakt, und ich verstehe gut, wenn man keine Lust dazu hat. Leider ist er kaum zu vermeiden, wenn man weiterkommen will.«

»Aber ich will mich nicht verstellen!«, protestierte Sophia.

Im Laufe dieses Gesprächs erinnerte ich mich an die Aussagen einer Freundin, die ich einmal auf dieses Thema angesprochen hatte. Sie gibt Kurse für Männer und Frauen, die einen Hochseesegelschein erwerben wollen, wobei die Männer eindeutig in der Überzahl sind. Marion, eine Frau Ende dreißig, bei der immer eine Sonnenbrille in den von der Sonne gebleichten Haaren steckte, hatte sich für das Segeln auf dem Meer entschieden, weil sie einmal eine genauso gute Skipperin werden wollte wie ein Mann. Das hatte sie mir erzählt, als ich fragte, warum sie unbedingt Hochseeseglerin werden wollte.

»Und wie sieht es bei den anderen Frauen aus, die einen Kurs bei dir belegen?«

»Im Vordergrund steht bei ihnen die Verantwortung«, erwiderte Marion. »Sie wollen handlungsfähig bleiben, falls der Mann, mit dem sie gerade Urlaub auf einer Yacht machen, auf hoher See über Bord geht oder einen Schlaganfall hat. Davor haben viele Mitseglerinnen Angst: allein auf dem Schiff, fünf Stunden vom nächsten Hafen entfernt, mit einem handlungsunfähigen Mann an Bord.«

Die Frauen verfügen auf diesen Schiffen über dieselben Qualifikationen wie die Männer, wenn sie Marions Segelkurs, in dem es darum geht, am Ende eine Hochseeyacht steuern zu können, absolviert haben. »Doch wenn ich später mit den Frauen sprach, waren sie oft enttäuscht«, erzählte Marion. »›Jetzt habe ich den Skipperschein‹, sagten sie, ›und ich muss immer noch den Anker runterlassen. Mein Mann lässt das Ruder nicht los. Als würde er mir nichts zutrauen.‹«

Mit den Schiffen, dachte ich, ist es wie mit den Autos, der Mann behauptet mit aller Macht seinen Platz hinter dem Steuer.

Marion lachte, als ich ihr den Gedanken laut mitteilte, dann sagte sie: »Das stimmt, aber Männer haben auch den Mut zur Lücke.«

»Wie soll ich das verstehen? Ein Beispiel!«

»Kannst du haben. Nimm das Einparken im Hafen. Die Lücke ist zu schmal, für alle anderen ist das offensichtlich, aber der Mann und Kapitän will sich und seiner Crew – und den zuschauenden Frauen – trotzdem beweisen, dass er es schaffen wird. Ist die Lücke zu klein, rummst es natürlich – erst recht, wenn der Wind das Schiff zur Seite drückt. Schuld hat dann aber nicht der Skipper, sondern die benachbarten Yachten müssen für den Fehler des Ruderführers herhalten. Oder die Ehefrau an Bord, die nicht richtig gespurt und etwa die Fender nicht richtig rausgehängt hat, also diese Plastikbälle, damit das Schiff bei einer Karambolage weich aufprallt.« Marion grinste.

Sie sagte, dass ihr der Hang, anderen die Schuld zuzuweisen, fast nur bei Männern aufgefallen sei. »Sie geben ungern zu, wenn sie was falsch gemacht haben. Das empfinden sie als entwürdigend. Die Frauen dagegen lassen sich auf unberechenbare Wagnisse gar nicht erst ein. Sie sind vernünftiger. Frauen fragen, Männer wissen.«

Frauen treffen, laut Marion, erst dann Entscheidungen, wenn sie etwas komplett verstanden und analysiert haben. »Oder sie treffen gar keine Entscheidung. Das war schon bei meiner Ausbildung zur Skipperin zu beobachten: Eine Frau will die Theorie zu 120 Prozent begreifen, einem Mann reichen 80 Prozent, den Rest holt er sich aus der Praxis. Die Männer denken sich, ja, das wird schon irgendwie gehen, und das denken sie sogar in den unmöglichsten Situationen, in denen alles danach ausschaut, dass man es aus Sicherheitsgründen lieber gar nicht tun sollte.«

Offenbar legen Männer im Berufsalltag ein ähnliches Verhalten an den Tag wie jenes, das sie in Autos oder auf Schiffen praktizieren. Sie sind es gewohnt, selbst am Steuer zu sitzen. Aus diesem Grund geben sie nur sehr ungern an eine Frau ab. Selbst wenn sie noch so hervorragend qualifiziert ist – die Frau hat in ihrer Vorstellung auf dem Beifahrersitz zu bleiben. Das Paar-Klischee besagt, dass die Frau so etwas wie eine Begleiterin des Mannes auf dessen Lebensweg ist. Der Mann managt das Leben des Paares, die Frau steht an seiner Seite. Aber auch nicht mehr. Gemäß diesem Klischee ist sie so etwas wie eine Mitreisende.

Nachdem ich die Geschichte von Marion in der Frauengruppe erzählt und erste Bemerkungen zum Paar-Klischee gemacht hatte, brach es aus Sophia heraus: »Das Rudersyndrom! Jetzt ist mir alles klar, mein Chef hat schlichtweg Angst, ich könnte ihm das Steuer entreißen. Womit er ja nicht unrecht hat. Er war immer genervt, weil ich bei jeder Besprechung gut vorbereitet war. Er konnte mir nichts mehr erklären.«

»Vielleicht hat ihn das überfordert. Oder er befürchtete, es selbst nicht besser zu wissen«, mutmaßte Evelyn.

»Womöglich erinnert ihn dein Verhalten auch an seine Mutter, sollte sie stets mehr gewusst haben als er. Und die könnte ihn dann ja so seelentattoomäßig von innen kontrollieren«, überlegte Cristin. »Gewagt, gewagt.«

Marion hatte mir noch Szenen geschildert, die offenbaren, wie unterschiedlich Männer und Frauen an die gleichen Probleme herangehen können: Einmal war sie mit ihrem Ehemann aufs Meer hinausgefahren, sie wollten die Adria durchqueren. Doch aus einem unerfindlichen Grund verspürte Marion eine Unlust, fast sogar einen körperlichen Widerstand, diese Überfahrt zu machen. Bereits eine Stunde lang segelten sie auf dem Meer, als sie ihrem Mann von diesem unguten Gefühl berichtete. Sie bat ihn umzukehren. Zuerst entspann sich ein kleiner Streit, weil er nicht verstehen konnte, dass sie erst nach einer Stunde mit ihrem Unbehagen herausgerückt war. Doch dann gestand er, dass er die ganze Zeit über ein ähnlich unwohles Gefühl gehabt habe. Beide beschlossen umzukehren. Auf der Rückfahrt fragte sie ihn, warum er sie nicht gleich zu Anfang in ihrer Einschätzung bestätigte. Er meinte daraufhin, dass es ihm peinlich gewesen sei, dieses Unbehagen zuzugeben, das in der Konsequenz auf eine Umkehr hinauslaufen musste. »Das ist wie Aufgeben«, hatte er ihr gesagt, worauf Marion antwortete: »Wieso ist das ein Aufgeben? Wir können dazu auch sagen, wir treffen gemeinsam eine Entscheidung und machen einfach was Neues.« Ihr Mann gab dann zu: »Wenn du das so ausdrückst, fühle ich mich gleich viel besser.«

Als sie zurück im Hafen waren, erfuhren sie von der Hafenpolizei, dass entgegen der Wetterprognose gerade ein Sturm das Meer aufwühlte, einer der größten, der je über der Adria getobt hatte.

»Wären wir weitergesegelt, hätten wir mit relativer Sicherheit Schiffbruch erlitten!« Mit diesen Worten beendete Marion ihre Erzählung.

Monogamie und Lust im Job

Weltweit wird promotet, dass nur Menschen, die als Paar durchs Leben gehen, glücklich werden können. Das Paar-Klischee besagt, dass ein Leben zu zweit doppelt glücklich macht. Das erste Beziehungsvorbild ist in der Regel ein Paar. Meist ein Mann und eine Frau – Vater und Mutter. Nicht allzu selten sind es aber auch zwei Männer oder zwei Frauen. Das Wort »Paar« ist aus dem mittelhochdeutschen *par* entlehnt, was als Adjektiv

»gleich« bedeutete und im substantivischen Gebrauch »Gefährte« – ein ideales Wort für dieses zwischenmenschliche Ideal. Wegen dieses Traums streben wir also schon in jungen Jahren nach einer Paarbeziehung, die tiefer in uns verwurzelt ist als jede andere Beziehungsform. Und im Job soll sie plötzlich nicht mehr stattfinden dürfen? Nur weil dort Privates vom Beruflichen getrennt sein muss? Doch kann bei einer Gleichstellung diese Trennung noch funktionieren? Ich denke nicht. Es gibt keine Praxis dafür.

Was Männer und Frauen im Beruf miteinander erleben, unterscheidet sich nur wenig von der häuslichen Paarbeziehung: Beide Geschlechter verbringen viel Zeit zusammen und obendrein innerhalb derselben Räume. Allerdings existiert für Mann und Frau in der Berufswelt keine eigenständige Beziehungsform. Männer untereinander verbinden sich über Kollegialität und Freundschaft, Frauen und Männer aber kennen nur die Paarbeziehung. Sie haben in der Geschichte fast nie zusammengearbeitet, und falls doch, dann nie auf gleicher Ebene. Die Frauen waren den Männern in fast allen Arbeitsbereichen untergeordnet und ausgeliefert. Das sind die Seelentattoos, die wachgerufen werden, wenn beide Geschlechter auf Augenhöhe gemeinsam tätig sein sollen. In Ermangelung alternativer Beziehungsformen übertragen viele Männer und Frauen unbewusst Rituale, Verhaltensweisen und Klischees aus ihren Paarbeziehungen ins berufliche Miteinander. Das Paar-Klischee aus dem privaten Bereich setzt sich in der Arbeitswelt fort.

Das Lebensglück hängt also nach gesellschaftlichen (und auch religiösen) Vorstellungen davon ab, den richtigen Partner fürs Leben zu finden: Eine der ersten Paarregeln ist, dass die Frau vom Mann »auserkoren« wird – nicht umgekehrt. Durch diese Vorschrift begründen sich die Kontaktschwierigkeiten von berufstätigen Frauen. Es gibt keine eingespielten Verhaltensweisen, wie Frauen Männer im Arbeitsumfeld miteinander umgehen könnten. Wenn das Hofieren für ein näheres Kennenlernen im Privaten vom Mann ausgeht, macht es einen schlechten Eindruck, falls eine Frau von sich aus Anstalten macht, einen Mann kennenlernen zu wollen. Heißt es doch, dass der Mann vorwiegend den Ton angibt.

Ein Paar, hat es sich gefunden, baut sich dann ein gemeinsames Leben auf, wobei es sich nach außen hin abschottet, insbesondere wenn aus einem Paar eine Familie wird, also Kinder hinzukommen. Es entsteht Trennungsangst: Erfüllt der andere die gemeinsame Vorstellung von der Familie, oder will er lieber aus ihr ausbrechen? Die Furcht davor, wieder Single zu sein und aus der Familie ausgestoßen zu werden, keimt auf und beginnt das Verhalten innerhalb der Paarbeziehung zu beeinflussen. Eifersucht entsteht. Sind zwei Menschen erst einmal ein Paar, so treten sie fast nur noch als solches auf und fangen an, in der Wir-Form von sich selbst zu sprechen. Wenn Paare nicht zusammenhocken wollen, verabredet sich die Frau mit ihren Freundinnen, der Mann mit seinen Kumpels. Allerdings begegnet er im Job anderen Frauen, genauso wie Frauen im Job nicht nur auf den eigenen Mann treffen. Und dort verbringen beide oft mehr Zeit miteinander als mit dem eigenen Lebensgefährten.

Diese Entwicklung widerspricht dem Paar-Klischee, wie es bisher gelebt wurde. Dennoch übertragen sich, wie gesagt, Erwartungshaltungen und Identifikationen aus diesem Klischee auf die beruflichen Beziehungen. Je nach Situation und Konflikt ist es daher aufschlussreich, sich den eigenen Bezug zum Paar-Klischee anzusehen. Dabei ist es irrelevant, welche Paarbeziehung man selbst lebt oder nicht lebt. Entscheidend ist das Ideal, das man von einer Paarbeziehung in sich trägt. Dazu gehört auch, welches Vorbild man als Kind hatte und wie die diesbezügliche Konditionierung stattgefunden hat. Im Folgenden werden Beispiele aufgeführt, die zeigen, in welchen Formen sich das Paar-Klischee für Frauen wie für Männer auf den Beruf übertragen kann:

1. Das glückliche und lebendige Paar. Es hat keine Kinder, es will und braucht zunächst auch keine Familie. Übersetzung des Klischees auf das soziale Umfeld im Beruf: schnelle Identifikation und Fixierung auf einen bestimmten Vorgesetzten. Erwartungen und Umgang mit ihm wie mit einem Lebenspartner, aber unter Ausschluss von Liebe und Sex. Sehr hohes Frustpotenzial, weil die Vollkommenheit dieser Erwartung niemals erfüllt wird, es sei denn, eine Liebesbeziehung beginnt.

2. Das Familienpaar: Es hat Kinder oder strebt eine Familie an. Übersetzung des Klischees auf den Beruf: starke Identifikation nicht nur mit dem Chef, sondern auch mit den Kollegen, überhaupt mit der gesamten Firma. Soziale Erwartungen aus der Familie werden auf das Jobumfeld übertragen. Zunächst gute Eingliederung, doch nach einer gewissen Zeit hohes Frustpotenzial, da die nüchternen und kühlen Beziehungen in der Firma nicht mit den Vorstellungen von einem familiären Zusammenleben übereinstimmen.

3. Das Antipaar: Ein überzeugtes Leben als Single. Mögliche Übertragung im Job: Es werden einzelne Beziehungen begonnen, gepflegt und beendet. Die Folge ist eine gewisse Abkapselung. Es entsteht keine Tiefe. Das Frustpotenzial ist relativ gering. Oft entwickelt sich die Karriere daher gut, aber mit einem sehr geringen Gefühl der Erfüllung. Je nach sozialer Begabung der betroffenen Frau kann es jedoch auch sein, dass sich die Karriere aufgrund der mangelnden Beziehungstiefe nicht weiterentwickelt. Häufiger Jobwechsel und hohe Burn-out-Quote, da der lebenserfüllende Aspekt gänzlich fehlt.

4. Das unglückliche Paar: Beide Partner bringen es nicht übers Herz, sich zu trennen. Übertragung in der Firma: Man sollte die Firma eigentlich längst verlassen haben. Die Schmerzgrenze des Leidens ist bereits überschritten. Doch aufgrund von Schuldgefühlen, Verlust- und Existenzängsten kommt man nicht von der Firma weg.

Passend zum Paar-Klischee erzählte mir Vera einmal von der Beziehung zu ihrem Mann, die sie furchtbar »plage«, sie wisse überhaupt nicht mehr, wie es weitergehen solle. Die Berlinerin, Anfang vierzig, wirkte gestresst, kurzatmig, und ihre graue Gesichtsfarbe ließ darauf schließen, dass sie wirklich nicht besonders glücklich war. Ihr Mann war als Grafiker ausgebildet und hatte immer selbstständig gearbeitet. Mittlerweile gestaltete er Homepages, aber mit mäßigem Erfolg. Die Beziehung war eigentlich von Anfang an »unrund« gelaufen, auch weil Vera durch ihren Posten im Topmanagement einer Firma für Asset Management (Vermögensverwaltung) viel mehr verdiente als er. Zudem war sie beruflich viel auf Reisen. Zu Beginn kompensierten beide die Unstimmigkeiten mit exotischen Urlaubszielen. Das funktionierte allerdings eher schlecht als recht, weil das Ungleichgewicht auch in den Ferien deutlich wurde: Sie bezahlte die Rechnungen, und viele Orte kannte sie bereits durch ihre Geschäftsreisen. Damals lebten sie in London, dort kam das erste Kind auf die Welt. Die Beziehung geriet durch die Geburt des Sohnes in eine Sackgasse. Sie beschlossen, dass sie in dem Unternehmen weiter tätig sein und er sich zu Hause um das Kind kümmern sollte. In kurzen Abständen brachte sie das zweite und das dritte Kind zur Welt. Leider gestaltete sich ihre Paarbeziehung von Geburt zu Geburt schwieriger.

Vera arbeitete gern und kam mit den Männern im Job auch ganz gut klar. Immer wieder musste sie mit Flirtsituationen umgehen. Sie sagte, dass ihr dies meistens sogar Spaß gemacht habe.

»Ich hatte irgendwann plötzlich Lust, mit einem Kollegen eine Affäre anzufangen. Aber ich traute mich nicht«, erzählte sie. »Umso mehr ich mir das verbat, desto mehr stritt ich zu Hause mit meinem Mann. Er war für mich der Schuldige.«

Dann griffen die Streitereien auf die Männer in der Firma über. Sie kämpfte plötzlich gegen ihren Chef, wurde aggressiv und entwickelte Kontaktschwierigkeiten. Sie vermisste, dass sie nicht mehr in der Lage war, freie kollegiale Freundschaften aufzubauen.

Als Grund für den Wunsch nach einer Liebschaft sowie für den eigenen Widerstand gegen diese gab sie an, dass ihr Mann zu Hause das Regiment übernommen habe. Er verhalte sich so, als würde er die Familie wie eine Firma leiten. Sie mochte immer weniger heimkommen, doch sie sehnte sich nach ihren Kindern. Im Bett lief schon lange nichts mehr. Sie ging mehr und mehr auf Abstand zu ihrem Mann. Bis heute wisse sie nicht, wie sie das Dilemma beenden könne, sagte sie. Darüber reden könne sie mit ihrem Mann nicht, sonst wäre er »tief gekränkt«.

»Mittlerweile ist er finanziell fast völlig von mir abhängig, aber das Kräfteverhältnis in unserer Beziehung ist so, als wäre ich die Ehefrau und er würde ein großes Unternehmen leiten. Unser Zuhause ist für mich zu einem Ort geworden, als würde ich dort einen zweiten Job absolvieren, noch dazu einen schlechten. Es fühlt sich nicht mehr geborgen an, es ist kein Heim, wo ich mich entspannen kann.«

Ich fragte sie, wie sie denn gern leben würde, und sie gestand, dass sie davon träume, eine Singlefrau zu sein.

Nach mehreren Gesprächen und Beratungssitzungen gelang Vera schließlich die Trennung von ihrem Mann, und sie begann ein Dasein als Single. Eines Tages berichtete sie während einer Skype-Sitzung (sie sah energiegeladen aus, ihr Gesicht strahlte förmlich): »Seit ich allein lebe, ist es mir egal, ob ich engere Berufsfreundschaften habe oder nicht. Ich fühle mich rundum gut, so wie es ist. Der Druck, der auf mir gelastet hat, ist völlig weg. Manchmal flirte ich sogar ein wenig. Und selbst mit meinem Chef verstehe ich mich auf einmal wieder super. Einfach so.«

Es schien tatsächlich so zu sein, als hätten sich die Konfliktfelder ihrer Paarbeziehung auf ihren Beruf übertragen. Und als diese Probleme gelöst waren, entspannte sich der Umgang mit den Kollegen.

Das erste Vorbild in unserem Leben ist die Mutter. Das zweite ist nicht der Vater. Zuvor rangiert noch eine Kombination aus Mutter und Vater, aus Frau und Mann. Das zweite Vorbild ist daher das Paar. Innerhalb dieser Kernprägung sind wir zerrissen. Sie besteht aus Monogamie und Lust. Dieser Zwiespalt wurde früher durch die männliche Dominanz und die weibliche Unterwerfung in der Beziehungsstruktur ausgeglichen. Mit neuen Genderentwicklungen fällt dieses ehemals künstlich hergestellte Gleichgewicht weg. Es ist nicht mehr vorhanden.

Das Klischee besagt in seiner althergebrachten Überlieferung zudem, dass der Mann arbeitet und die Frau sich zu Hause um alles andere zu kümmern hat. Auch weist es ein weiteres Ungleichgewicht zwischen Mann und Frau auf: Im Gegensatz zu den Frauen dürfen Männer flirten und sich Seitensprünge leisten. Bei Frauen verstößt ein solches Verhalten gegen den Klischeekodex. Nicht von ungefähr etablierte sich für Männer das »älteste Gewerbe der Welt«, die Prostitution. Obwohl Frauen erwiesenermaßen ebenso viel sexuelle Lust haben, sind äquivalente Institutionen für Frauen kaum existent.

Innerhalb einer Paarbeziehung werden die Geschlechterklischees in ihrer Essenz sichtbar. In vielen Paargemeinschaften und Familien geben auch heute noch die Männer den Ton an, sagen den Frauen, was wo und wie zu tun ist. Würde eine Frau einem Mann vergleichbare Vorschriften machen, so empfände er dies entsprechend dem Paar-Klischee als unpassend und entsprechend den Gott- und Steinzeit-Klischees als unmännlich. Dennoch haben Frauen ungeachtet dessen begonnen, in der Familie ebenfalls den Ton anzugeben, genauso in der Arbeitswelt. Die Frauen im Pfarrsaal hatten den tiefen Wunsch, in ihrem Job Männer zu führen, ohne sie in ihrem Stolz zu verletzen. Verkrampfungen blieben dabei nicht aus, zahlreiche Konfliktsituationen waren dadurch immer wieder entstanden.

Das Paar-Klischee sorgt dafür, dass die Gleichstellung zwischen Männern und Frauen nicht funktioniert, insbesondere ist das im Berufsleben zu beobachten. Voraussetzung, dass dies dennoch gelingt, ist eine gelungene, befriedigende und glückliche Beziehung auf Augenhöhe im Privaten. Doch über viele Epochen hinweg wusste man die Gleichstellung eines Paares zu verhindern. Das Paar-Klischee sollte eine soziale Schlüsselfunktion bekommen. Das Paar war nämlich nicht nur Beziehungsideal, sondern auch bevorzugtes Kontrollinstrument für staatliche und religiöse Organe. Einzelne Menschen sind nur schwer zu überwachen, größere Gruppen ebenfalls. Ein Paar aber kann man wunderbar in Schach halten, indem man seine Moral und seine Sexualität reguliert. Die beste Methode dabei ist, dem Paar eine Doktrin aufzuerlegen, mit der es rund um die Uhr beschäftigt ist: Es ist die Doktrin eines Miteinanders. Wem es gelingt, Paare im Griff zu haben, der hat den gesamten Staat – oder die Religionsgemeinschaft – unter Kontrolle. Man musste den Paaren also nur vorschreiben, wie sie zu leben haben. Einer der ersten Staatsmänner, der die Paarbeziehung zu regulieren versuchte, war Konfuzius. Über fünfhundert Jahre vor Christus beschrieb der eigentlich als weltoffen und weise geltende chinesische Philosoph und Politiker, warum die Struktur einer Familie so wichtig für das Wohl eines Staates sei. Sein Leitsatz war: »Wenn du dich gut verhältst, verhält sich auch das Dorf gut, daraus resultierend der Staat.« Konfuzius regelte das Familienleben, indem er die Frauen »drei Gehorsamkeitsprinzipien« unterwarf, und mit diesen beeinflusste er viele Kulturen.

Konfuzius sagte, eine Frau müsse
1. gehorsam sein gegenüber dem Vater, wenn sie jung ist,
2. gehorsam sein gegenüber ihrem Ehemann, wenn sie verheiratet ist,
3. gehorsam sein gegenüber ihrem erwachsenen Sohn, wenn sie verwitwet ist.

Konfuzius' Philosophie wurde populär, als sich die monotheistischen Religionen etablierten. Der Glaube an einen einzelnen allmächtigen Gott, obendrein ein Mann, hat die Unterwerfung der Frauen gefördert. Dies zeigt auch ein Vergleich mit den fünf Leitsätzen, die ich nach einigen Genderseminaren im Paar-Klischee erkannt habe:

Die fünf Paardoktrinen
Paardoktrin Nr. 1: »Vermischt euch nicht!«
Sie lässt erahnen, wie schwer sich Frauen und Männer damit tun, sich in Familien und im Berufsleben als ebenbürtig anzuerkennen und beispielsweise gemeinsame Rituale zu entwickeln.
Paardoktrin Nr. 2: »Seid treu bis an euer Lebensende.«
Hierbei wird der Aktionsradius von Frauen eingeschränkt, auch unabhängig von sexuellen Assoziationen Kontakte für ihr eigenes Wohlbefinden oder Weiterkommen frei knüpfen zu können.

Paardoktrin Nr. 3: Die maskuline Linie.

Verlässt ein Chef seinen Posten, folgt ihm ein anderer Mann, nicht etwa eine Frau. In der Konfuzius-Familie ist das der Sohn der verwitweten Mutter.

Paardoktrin Nr. 4: Männer sagen, wo es langgeht.

Sie zeigt, wie es Frauen in Unternehmen ergeht, die den Ton angeben wollen. Konfuzius lässt Frauen überhaupt keinen unabhängigen Spielraum. Gleichstellungsbeauftragte berichten, dass Frauen oft ein »gummiartiges Gefühl« in der Zusammenarbeit mit Männern haben. Sie werden zwar angehört, und es werden gemeinsame Beschlüsse gefasst, doch dann macht der Mann wider jeglicher Logik und Abmachung etwas anderes.

Die Paardoktrin Nr. 5: »Bleibt ein Leben lang zusammen!«

Viele Frauen haben große Ängste, sich aus einer unangenehmen Situation zu lösen, sich vom Ehemann zu trennen oder den Job zu wechseln. Sie fürchten, ohne es näher benennen zu können, existenzielle Konsequenzen (siehe Sophia). Eine Frau, die ihren Job wechseln will, ist in vielen Fällen in ähnlicher Weise stigmatisiert wie eine Frau, die ihren Mann verlassen will. Bei Männern existiert ein solches Tabu nicht. Im Gegenteil: Bei ihnen gilt es als sportlich, nach ein paar Jahren das Unternehmen zu wechseln, um aufzusteigen.

Die Widerstände, im Berufsalltag wirkliche Paarbeziehungen zu bilden, sind offenbar sehr groß. Solche Beziehungen könnten dann ja wie Pech und Schwefel zusammenhalten. Würden in Firmen viele solcher Paare arbeiten, würde das möglicherweise die Unternehmensstabilität gefährden, da diese auf der männlichen Vorherrschaft aufbaut. Folglich bestehen Hemmungen, im Job zwischen den Geschlechtern private Beziehungen zuzulassen, kollegiale Freundschaften, vielleicht sogar Flirt- und Liebesbeziehungen – was aber nur natürlich wäre.

Unnatürlich wäre, die Sinne, die Gefühle und das Innere eines Menschen vom Leben abzuspalten. Bei Menschen, die sich weitgehend nur noch mit ihrer äußeren (Berufs-)Rolle identifizieren, kann das Paar-Klischee zu schwerwiegenden Folgen für die eigene Lebensqualität führen. Menschen, die sich im beruflichen Umfeld hinsichtlich ihrer Beziehungen unfrei fühlen, ihre privaten Sinne und Gefühle nicht so leben können, wie sie es wollen, werden auch privat unglücklich. Sie beginnen ihre wirklichen Bedürfnisse zu kompensieren und entwickeln psychosomatische Beschwerden. Weder privat noch beruflich können sie auf leichte und entspannte Weise menschliche Nähe zulassen. Doch für eine realistische und authentische Einschätzung zwischenmenschlicher Situationen ist auch im Beruflichen die Fähigkeit notwendig, das Gefühl menschlicher Nähe leben zu können.

Karrierefrauen beklagen sich, dass sie im Privatleben keine engen Beziehungen mehr mit Männern entwickeln können. Die private Beziehung wird mit Anfordernissen überlastet, die sie niemal zu leisten vermögen. Das Paar-Klischee, das sich einst vom Privaten ins Berufliche übertragen hat, schlägt nun ins Private zurück. Beim Abendessen sprechen Paare miteinander in einem Ton, als säßen sie in einem Meeting. Urlaub, Hobby, Sexualität und Ausleben der Sinne werden zu einem wenig spontanen Programm.

Letztlich führt immer alles dorthin zurück, wie wir zu uns selbst stehen – zu unserem Menschsein in seiner Vollständigkeit. Wenn es im Beruf nicht möglich ist, dies zu leben, leidet auch das restliche Sein.

Um die Übertragung des Paar-Klischees auf die Berufswelt trotz Frauenquote und Gleichstellung aufrechtzuerhalten, werden Anstrengungen unternommen, die in ihren Folgen oft fatal sind. Ohne dass wir es bemerken, wird das zwischengeschlechtliche Zusammensein in der Arbeit zum Krampf und schließlich zum Kampf. Frauen versuchen ihr Bestes zu geben, so wie es das Paar-Klischee von der »pflichtbewussten, guten Ehefrau« fordert. Während sie damit in die alte Rolle der abhängigen (und schwachen) Frau zurückfallen, ohne sich dessen jedoch bewusst zu sein, wundern sie sich gleichzeitig über ihr tiefes Frustempfinden. Da sie ein solches nicht spüren wollen, werden sie unberechenbar.

Umgekehrt leben viele Männer im Job das aus, was sie zu Hause nicht mehr können: ihr altes Selbstbild vom Familienoberhaupt. Nur dürfen die Männer den Frauen im Arbeitsumfeld keine Blumen mehr schenken. Gleichzeitig wollen Frauen aufsteigen, was beinhaltet, dass sie im Beruf Familienoberhaupt nach männlichem Vorbild werden und als solches behandelt werden wollen – was die Männer aber – das ist naheliegend – nicht zulassen. Denn wo würden sie dann selbst bleiben?

Auflösung des Paar-Klischees

Aufgrund ihres eigenen Abgrenzungsverhaltens gegenüber Männern erscheinen Frauen im Job männlicher, als sie sind. Sie füllen ihre Weiblichkeit nicht mehr mit gefühltem Leben. Sophia befand sich in einer solchen Lage. Ein typisches Phänomen war bei ihr aufgetreten, das sie im Pfarrsaal beklagte. Sie war vereinsamt. Viele Frauen, die dabei sind, Karriere zu machen, sehen sich mit diesem Problem konfrontiert. Sie sind Singles, weil sie glauben, dass andere Beziehungsformen bei ihrem Job nicht möglich sind. Die Schuld daran liegt aber nicht bei ihnen selbst, das rigide Paar-Klischee hat das verursacht.

Damit die zwischengeschlechtlichen Beziehungen im Beruf besser harmonieren, muss Bewegung ins Paar-Klischee kommen, muss dieses aufgebrochen werden. Wir benötigen neue Beziehungsideale, die sowohl im Privaten als auch im Beruflichen von Männern und Frauen gelebt werden können, ohne dass dabei Teile des Innenlebens abgespalten werden. Die dafür erforderliche »Beziehungsrevolution« wird von den Frauen ausgehen. Sie müssen den Männern deren Weiblichkeit zugestehen, um so die Grenzen des Paar-Klischees zu öffnen. Seine Auflösung spielt eine Schlüsselrolle in der Öffnung der Geschlechterrollen.

Ein Weg, der sich bei Übungen in meinen Seminaren und in Einzelberatungen als erfolgreich erwiesen hat, ist die Spiegelung des anderen in dem Bereich, den das Gegenüber verdrängt. Damit meine ich das, was der andere nicht auslebt oder von sich zeigt, was aber dennoch da ist. Wir spüren diese Bereiche sehr oft intuitiv und verbinden mit ihnen eine Beklemmung oder ein gewisses Frust- oder Distanzgefühl, ohne genau zu wissen, warum. Trotzdem reagieren wir darauf. Auf die von uns empfundene Unerreichbarkeit eines Menschen meldet sich in uns ein übersteigertes Bedürfnis, diesen dennoch für uns zu gewinnen. Auf Uneinsichtigkeit ein starker Überzeugungswille, auf das Gefühl, nicht geliebt zu werden, ein besonders starkes Bedürfnis nach Anerkennung. Es ist wichtig, sich bei all diesen Empfindungen, die andere Menschen in uns auslösen, immer wieder zu vergegenwärtigen, dass wir dabei weitgehend auf Seelentattoos in uns selbst reagieren. Nehmen wir die vermeintliche Unerreichbarkeit eines anderen wahr, so empfinden wir dabei das, was wir in unserem Leben als unerreichbar erfahren haben. Es ist also durchweg etwas, das sich in uns selbst abspielt. Und dann liegt unsere Chance. Wir können auf uns selbst reagieren, wir können unser Erleben eines anderen Menschen verändern, indem wir an unserer eigenen Reaktion arbeiten und damit neue Impulse in uns hineinsenden. Ich will dies kurz anhand von einigen Beispielen fragmentarisch darstellen:

Die Spiegelungsmethode

Verhalten Mann	Empfohlene Reaktion Frau (Beispiele)
Unerreichbar	Das ursprüngliche Erreichenwollen aufgeben. Bei sich selbst hinsehen: Warum will ich dieses oder jenes bei ihm erreichen? Warum will ich ihn vom Herz her erreichen? Das eigene Herz öffnen. Die eigene Unerreichbarkeit auflösen. Sich selbst erreichbar machen.
Uneinsichtig	Ihn nicht mehr zu überzeugen versuchen. Ihn lassen. Den Kontakt reduzieren. Ihn von sich aus fragen und kommen lassen. Nicht auf die Uneinsichtigkeit hinweisen.
Ausbleibende Unterstützung	Bei sich selbst hinsehen, warum Unterstützung von einem Mann gebraucht wird. Wenn möglich, sich selbst unterstützen. Abhängigkeiten und Erwartungen auflösen. Unter Frauen unterstützende Strukturen bilden.
Dumme oder verletzende Sprüche	Ihn zunächst nicht offen beschuldigen, ihn auch nicht darauf hinweisen. Bei sich selbst hinschauen, warum sie verletzen. Treten die Verletzungen öfter oder regelmäßig auf, in die eigene Stärke gehen und ihm vom Herzen her kurz und knapp und ohne Schuldzuweisung darüber in Kenntnis setzen, dass man eine solche Behandlungsweise nicht duldet.
Flirten	Weder darauf eingehen noch negativ reagieren. Bei sich selbst bleiben. Solange keine Übergriffe stattfinden, ihn in Ruhe lassen. Beachten Sie, dass aber alles ein Übergriff ist, was Sie als einen solchen empfinden. In dem Fall klar und betont freundlich darauf hinweisen: »Ich fühle mich nicht wohl bei Ihrem Verhalten, ich fordere Sie auf, damit sofort und für immer aufzuhören.«

Das Liebe-Sex-Klischee –
und wie man sich Erotik gefügig macht

»Zum Paar-Klischee gehören aber auch Liebe und Sex«, rief Evelyn.

Sophia stimmte ein: »Ja, Liebe und Sex gehören zum Paarsein wie Reis und Nudeln in eine Küche.«

Wir beschlossen, Liebe und Sex wegen ihrer großen Bedeutung als eigenes Geschlechterklischee zu behandeln. Bei diesem Thema wurde es im Pfarrsaal sehr schnell lebendig.

»Mit Männern im Job korrekt umgehen, wie soll das gehen? Manchmal scheint es so, als würde ihre Vorstellung von einer Geschlechtergrenze nur mit Sex zu tun haben«, bemerkte Martha. »Ist es nicht egal, wie eine Frau aussieht und wie sie gekleidet ist?«

Es war mittlerweile Mittag geworden. Maria hatte sich wieder zu uns gesetzt, sie hatte einen Topf Suppe mitgebracht.

»Ich kenne das gar nicht, dass man als Frau mit Männern im Job überhaupt umgeht«, sagte sie. »Allein schon dieses Wort: *umgehen*. Die gehen mit uns um! Und wir reagieren praktisch immer nur auf die Männer.«

Evelyn wagte nun eine Frage, die sie Maria schon einmal gestellt hatte, die Erwiderung hatte sie aber nicht befriedigt: »Gibt oder gab es denn zwischen dir und dem Pfarrer wirklich gar nichts?«

Maria antwortete auch dieses Mal eher philosophisch: »Die Frage ist, wann etwas aufhört, nichts zu sein. Das ändert sich doch immer.« Nach einer kleinen Pause fügte sie hinzu: »Stellt euch vor, ich würde mit dem Pfarrer auf gleicher Ebene stehen …, als Priesterin zum Beispiel. Das wäre fast gleichzusetzen mit der Abschaffung des Zölibats!«

Im Raum war es plötzlich ganz still geworden. Warum stellte die alte und weise Frau eine Verbindung zwischen Gleichstellung und Sexualität her, warum trotz ihres römisch-katholischen Bezugs? Und dann schwang noch jene Frage im Raum, die sich keine der Teilnehmerinnen zu vertiefen traute, obwohl sie immer noch nicht klar beantwortet war. Alle schauten gebannt zu Maria.

»Ich weiß schon, was euch durch den Kopf geht. Aber er hat mich nie so angesehen, wie ihr es womöglich vermutet. Und genau das empfinde ich als irgendwie verletzend.«

»Wieso?«

»Es wäre für mich normal, dass man mich auch sexuell begehrt. Damit meine ich nicht unbedingt einen Partner, das können ebenfalls Menschen sein, mit denen man viel Zeit verbringt. Es muss ja nicht immer gleich was daraus entstehen. Und außerdem: Was ist schon Sex, es ist ja nichts, was man von allem anderen separieren kann.«

»Was meinst du damit?«

»Es ist nicht nur dann Sex, wenn es direkt passiert.«

»Du erstaunst mich«, sagte Evelyn. »Das Leben als Haushälterin eines Pfarrers habe ich mir irgendwie anders vorgestellt. Aber sag mal, wie lange arbeitest du schon hier? Und hast du durch diese Tätigkeit überhaupt Zeit für Sex, für Liebe gehabt?«

»Ich habe keine festen Arbeitszeiten. Hier ist alles und nichts Arbeit. Bei mir ist nichts getrennt. Manchmal macht der Körper einfach, was er will. Ich spreche hier nur für mich, übertragt das bitte nicht auf den Herrn Pfarrer!« Jetzt lachte Maria, ihre hellwachen Augen funkelten. »Aber man kann auch eine Frau sein, ohne Sex haben zu müssen und ohne einen Mann haben zu müssen. So wie Sex ohne Beziehung und ohne Mann geht. Ich bin weder heilig noch ohne erotische Gefühle geboren worden. Natürlich empfinde ich mich als sexuellen Menschen.«

Früher, so erzählte sie weiter, habe sie einige Liebesbeziehungen gehabt, immer seien es Männer gewesen, mit denen sie gleichzeitig zusammenarbeitete. »Es gab kaum andere Möglichkeiten, zumal ich fast nur gearbeitet habe.«

»Wie sah das aus, kannst du uns das näher beschreiben?« Julia, die Pädagogin, fragte das.

Maria ließ sich das nicht zweimal sagen. In jungen Jahren sei sie Näherin in einer Schneiderwerkstatt gewesen. Da sie die meiste Zeit gemeinsam in einem Raum verbrachten, hätten sie sich irgendwann ineinander verliebt, der Schneider und sie. »Die Beziehung ging aber nach kurzer Zeit wieder auseinander, weil es sich dann doch nicht als praktizierbar erwies, zusammen zu arbeiten und sich zu lieben.«

»Wieso nicht?«, fragte Sophia. »Klingt eigentlich ideal.«

»Ich konnte es nicht ertragen, dass mein damaliger Partner nicht zwischen Chef und Liebhaber unterscheiden konnte. Er setzte sein Chefgebaren einfach fort, kommandierte mich herum, jeden Abend musste ich die Schneiderwerkstatt aufräumen und putzen, sein Wurstbrotpapier wegräumen, das vom Mittag noch neben seiner Nähmaschine lag. Mit einem Finger hätte er es selbst in den Papierkorb befördern können. Stattdessen setzte er sich zum Fernsehen nach nebenan und schaute Fußball. Und zwischendrin wollte er noch, dass wir uns liebten. Für mich ging das gar nicht. Für die Liebe haben Mann und Frau auf gleicher Ebene zu stehen. Beim Sex noch viel mehr.«

Maria begründete das Scheitern ihrer damaligen Beziehung mit einem Mangel an Respekt. »Eine Liebesbeziehung basiert nicht nur auf einem gegenseitigen Liebesgefühl, sie braucht auch Verständnis füreinander. Und da müssen sich beide anstrengen, das kommt nicht von allein, nur weil man sich liebt.«

Später, fuhr Maria fort, sei sie Sekretärin in einem Bauunternehmen gewesen. Dort habe sie das Gleiche erlebt. Eine Beziehung mit einem Mann, der sein Chefgebaren nicht ablegen konnte, wenn sie ganz privat miteinander zusammen waren. Auch nicht im Bett. »Mit dem habe ich es dann nicht mehr ausgehalten. Ich kam mir vor, als hätte man mich auf ein Stück Fleisch reduziert.«

Maria wurde jetzt sehr ernst. Sie vertraute uns an, dass sie zu dieser Zeit von dem Bauunternehmer schwanger geworden war. »Ich war sehr verzweifelt. Ich war mir darüber im Klaren, dass das Kind mich für lange Zeit an den Mann fesseln würde. Ich wollte nicht, dass der Vater meines Kindes quasi mit einem Chef aufwächst.«

Sie verschwieg ihm die Schwangerschaft. In den ersten Wochen hatte sie sich an ihre Mutter erinnert und an deren Beziehung zum Vater. Während er die Mutter nach seiner Rückkehr aus dem Krieg wieder an den Herd zwingen wollte, forderte er gleichzeitig Sex bei ihr ein. Einmal hatte sie, die Tochter, ein Gespräch zwischen ihren Eltern mit angehört. »Die haben wohl gedacht, ich verstehe sowieso nicht, wovon sie sprechen, weil ich so jung war. Aber meine Freundinnen und ich hatten uns schon lange gegenseitig berichtet, wie die Liebe funktioniert. Mein Vater sagte zu meiner Mutter: ›Wenn das heute Nacht nichts wird, dann kannst du gleich gehen.‹«

»So was gab's. Und so was gibt's heute noch«, sagte Yvonne leise.

»Ja. Dann die Geräusche und anschließend ihr Weinen. Als mein Vater schlief, ist meine Mutter aufgestanden. Sie hat ihre und meine Sachen in einen Koffer gepackt. Ich erinnere mich bis heute an mein damaliges Gefühl.« Maria schwieg ein paar Momente lang, dann sagte sie: »Ich ging, als ich wusste, dass ich schwanger war, wieder regelmäßig in die Kirche und erzählte beim Beichten einem Pfarrer von meinem Leid. Ich konnte nicht länger schweigen, sagte ihm, dass ich ein Kind erwarten würde.« Der Priester begleitete sie bei ihren Abtreibungsüberlegungen, dadurch wurde sie freier, fand zu sich und konnte sich am Ende über ihr Kind freuen. »So bin ich bei der Kirche gelandet. Mein jetziger Chef ist übrigens nicht der Priester von damals.« Maria lächelte versonnen. »Aber im Laufe der Zeit habe ich auch gemerkt, dass ich meinen Körper nicht ignorieren kann.«

»Hattest du mit dem Pfarrer vielleicht eine Affäre?«, platzte es aus Sophia heraus.

»Nein. Nie«, sagte Maria ehrlich.

»Absichtlich nicht oder hat es sich einfach nur nicht ergeben?«

»Wir haben nie eine gemeinsame Basis dafür gefunden.«

»Was würdest du uns nach deinen Erfahrungen raten?«

»Liebt, wie es kommt, keine Arbeit soll dazwischenstehen.«

Das Liebe-Sex-Klischee verstärkt die Wirkung des Paar-Klischees auf unsere Beziehungen und besonders auf die berufliche Zusammenarbeit. Liebe und Sex könnte man als »Fühler« des Paar-Klischees bezeichnen. Wo letzteres unterdrückt wird, scheinen Liebe und Sex dennoch durch. Liebe und Sex aus dem Berufsleben auszugrenzen, entspricht daher einem der ältesten und am tiefsten in uns verwurzelten Klischees, und das erzeugt entsprechende Spannungen.

Die kärgliche Typologie der Liebe-Sex-Beziehungen

Das Liebe-Sex-Klischee kategorisiert die Beziehungsformen der Geschlechter. Und ähnlich wie das Paar-Klischee überträgt es seine Mechanismen in die Jobwelt. Gemäß dem Klischee gibt es folgende Liebe-Sex-Beziehungen:

1. **Beziehung mit Liebe und Sex**
Das ist die glückliche Liebesbeziehung, sie ist die Königin bei den Geschlechterbeziehungen. In einem perfekten Kokon soll sie ein Leben lang andauern, und das gelingt, indem man sich ständig liebt und häufig genug Sex hat. An diesem Anspruch zerbrechen die meisten Beziehungen.

2. **Beziehung mit Liebe, aber ohne Sex**
Die unbefriedigende Liebesbeziehung, sie ist die heilige Schwester der Königin. Nicht wenige Paare sagen, sie würden auch ohne Sex glücklich sein und sich lieben. Das mag hier und dort stimmen. Doch oft wird bei dieser Beziehungsform die Liebe vor das sexuelle Bedürfnis geschoben als Ausrede, um sich vor der eigentlich anstehenden Trennung zu drücken.

3. **Beziehung nur mit Sex und ohne Liebe, schlicht: die Sexbeziehung**
Obwohl viele Menschen diese Beziehungsform pflegen, oft als geheime Affäre, gilt sie selbst heute noch als verpönt und nicht wirklich salonfähig.

4. **Beziehung ohne Liebe und ohne Sex, Variante 1**
Diese Beziehungsform nannte man bisher Freundschaft, Bekanntschaft, auch: platonische Beziehung. Einer der Gründe, warum befreundete Frauen und Männer keinen Sex miteinander haben, ist, dass sie dann ihre Beziehung umbenennen müssten. Es würde plötzlich ein anderes Geschlechterklischee gelten: die Macht des Paar-Klischees. Daher halten sich Mann und Frau nur dann für befreundet, wenn man sich auf keinen Fall liebt oder miteinander schläft.

5. **Beziehung ohne Liebe und ohne Sex, Variante 2**
Hier ist die Arbeitsbeziehung gemeint. Das Liebe-Sex-Klischee gebietet, dass man sich als Paar, das in der gleichen Firma arbeitet, weder im Job noch außerhalb der Büroräume lieben oder sexuell begegnen soll. Schon Anzeichen davon gelten als äußerst verwerflich.

Fast alle Menschen leben ihre Beziehungen nach diesen Liebe-Sex-Mustern. Dabei ist es selten, dass es Paaren gelingt, alle oder zumindest einige dieser Klischeeformen unter einen Hut zu bringen.

Die Liebe-Sex-Stereotypen üben den größten Druck auf die Arbeitsbeziehungen von Männern und Frauen aus, da es dem Klischee zufolge heißt, dass man sich einzig und allein auf die berufliche Tätigkeit und auf nichts anderes konzentrieren soll. Vielfältige Genderkonflikte sind unausweichlich. Besonders Berufstätige unter dreißig sind davon betroffen. Gemäß einer Studie der Oxford University ist bei dieser Altersgruppe die beste Zeit für Sex gegen fünfzehn Uhr. Nur dürfen sie da keinen Sex haben. Ist das der Grund, warum Manager um die Mittagszeit ins Bordell gehen? Was aber ist mit den Frauen?

Die anderen Altersgruppen sollten, laut der britischen Untersuchung, in aller Herrgottsfrühe sexuell tätig werden. Dem Arbeitsleben würde das kaum guttun: Die Mitarbeiter würden zwar befriedigt, aber unausgeschlafen ins Büro kommen. Auffällig ist, wie die Studie gezeigt hat, dass es erhebliche Widersprüche gibt zwischen den idealen Zeiten, wann man am besten Sex haben sollte und wann man zu arbeiten hat. Über die ideale Arbeitszeit gibt es kaum Untersuchungen, es wird wohl davon ausgegangen, dass man ständig einsatzbereit sein sollte. Das Fehlen derartiger Studien ist auch ein Hinweis darauf, mit welcher Rücksichtslosigkeit das Berufsleben über das Privatleben gestellt wird – zumindest laut den Geschlechterklischees bei den Männern. Denn das Private ist ja eher weiblich. Gleichstellung würde also nicht nur eine Chancengleichheit von Frauen und Männern bedeuten, sondern ebenfalls eine angemessene Angleichung der Wertschätzung unserer jeweiligen Lebensbereiche.

Das Gefühl und die Geschlechterfuge

Seelentattoos bilden sich natürlich auch in unserer Sexualität aus. Begegnet eine Frau einem Mann, so entstehen anlässlich der ersten Eindrücke unweigerlich entsprechende Klischees. Hinsichtlich des Liebe-Sex-Klischees dreht es sich dabei immer um diese Frage: Ist Liebe und/oder Sex ausgeschlossen oder möglich? Entscheidungskriterium für diesen Selektionsmechanismus ist in den seltensten Fällen unser natürliches Liebesbedürfnis beziehungsweise unsere pure Lust, sondern unsere Konditionierung.

Jeder Mensch verfügt über ein umfangreiches Archiv von Liebe-Sex-Klischees. Maria war nach ihrer Beziehung mit dem Bauunternehmer über lange Zeit nicht in der Lage, eine sinnliche und freie Beziehung zu einem Mann aufzubauen. Dabei hatte sie noch Glück, dass sie nie Opfer eines sexuellen Übergriffs geworden ist, denn 40 Prozent der Frauen in Deutschland haben nach ihrem sechzehnten Lebensjahr körperliche und/oder sexuelle Gewalt erlebt, das jedenfalls besagt eine Prävalenzstudie der Bundesregierung zu Gewalt. Dieser Genderdatenreport weist aus, dass immer noch sehr viele Frauen im häuslichen Bereich Opfer von brutaler Gewalt werden. Besonders gefährdet sind Frauen, wenn sie sich aus Beziehungen lösen wollen. Viele verlassene Männer schlagen offenbar hart zu. Kein Wunder, warum die Furcht vieler Frauen so groß ist, sich überhaupt aus einer Beziehung mit einem Mann zu lösen. Lieber leben sie mit einem unbequemen Mann weiter, als das Risiko einzugehen, dass dieser ausrastet. Die WHO, die Weltgesundheitsorganisation, bezeichnet Gewalt gegen Frauen als eines der größten weiblichen Gesundheitsrisiken.

Die Beziehungen zwischen Männern und Frauen im Beruf sind bislang noch ungeübt. Über Gewalt gegen Frauen im Jobumfeld gibt es kaum Untersuchungen. Eine solche Gewalt würde auch leicht auffallen. Bleibt die viel schwieriger nachzuweisende psychische Gewalt. Die eindeutig schwächere Position im Umgang mit Männern im Arbeitsalltag haben zweifellos die Frauen, da sie sich hierbei auf Neuland befinden. Die Männer verfügen schon seit Langem über eingeübte Rituale und Mechanismen, mit denen sie sich sicher fühlen. Dieses Ungleichgewicht ist einer der Gründe für die größere Verletzlichkeit von Frauen in einer beruflichen Umgebung. Trotz Gleichstellung gibt es diesen Schiefstand. Die psychischen Probleme vieler weiblicher Berufstätiger wurzeln darin, dass die Männer ihrer integrativen Verantwortung gegenüber Frauen in dieser Hinsicht nur ungenügend oder gar nicht nachkommen. Ihnen ist weithin nicht klar, dass sie hier aufmerksamer sein sollten und warum sie es sein sollten.

Die größte Empfindlichkeit kommt dabei dem emotionalen und sexuellen Bereich zu. Da das Paar-Klischee immer wieder aus dem privaten in das berufliche Umfeld durchdrückt, werden die tiefsten Gefühle tangiert, die Menschen füreinander empfinden können. Diese Gefühle umfassen auch die Bedürfnisse nach Zuneigung – in der Summe Liebe und Sex.

Die Liebe-Sex-Seelentattoos verhindern das Zustandekommen von Liebes- oder Sexbeziehungen, aber forcieren diese zugleich. Wo sie das tun, ob zu Hause oder im Büro, ist den Tattoos egal. Die seit Jahrtausenden in uns abgespeicherte Konditionierung bewirkt, dass wir Vorstellungen in uns tragen, die darauf abzielen, dass zwischen Männern und Frauen Paarbeziehungen entstehen müssen, dass sie sich zu lieben haben und miteinander schlafen sollen. Paarbeziehungen, in denen Liebe und Sex nicht stattfinden, sind demnach keine Paarbeziehungen. Die Altkonditionierungen legen weiterhin fest, dass der sexuelle Vorgang nicht nur generell vom Mann auszugehen hat, sondern von ihm sogar eingefordert werden kann.

In zahlreichen Gesetzen hat man festgehalten, dass eine Ehefrau zum Sex verpflichtet war. Kam sie dieser ehelichen Pflicht nicht nach, war das ein Scheidungsgrund. Die Gesetzgeber sprachen Ehemännern sogar das Recht zu, ihre Frauen zu züchtigen, wenn sie sich ihnen nicht hingeben wollten.

Dass die Frauen den Männern emotional und sexuell zur Verfügung stehen mussten, war einer der Kernbestandteile zwischengeschlechtlicher Tradition. Diese Konditionierung forciert noch heute den Eindruck sexueller Begierde und vermeintlicher Liebesgefühle, obwohl diese möglicherweise gar nicht vorhanden sind. Man denkt zwar, man sollte vielleicht Sex miteinander haben – und verwechselt dabei eine empfundene innere Sensation mit einem wirklichen Verlangen. Oder man denkt, man müsste Liebe oder Sex haben, weil die Beziehungsform dies voraussetzt.

Vielen Paaren in längeren Beziehungen geht das so. Sie sind nicht zusammen, weil sie sich lieben, sondern weil sie denken, dass sie sich lieben müssen. Wenn man schon so lange zusammen ist, dann hat man sich auch zu lieben. Ebenso bilden sie sich ein, dass sie noch Sex haben müssten – eben weil man in einer Liebesbeziehung Sex hat. Dieser Mechanismus hört nicht in dem Moment auf, wo Frau und Mann eine Firma betreten. Hier ist alles nur umgekehrt: Mann und Frau denken, dass sie keine Gefühle füreinander empfinden dürfen, weder seelische noch körperliche. Sie hindern sich daran, ihre Gesichtszüge zu entspannen, ihre Körper zu relaxen, ihre Sprache in sich entstehen zu lassen, bloß um ja keine sinnlichen Empfindungen aufkommen zu lassen. Sie pressen ihre inneren Regungen in die schmale Bandbreite der Geschlechterklischees.

Bis ins 18. Jahrhundert hinein wurde das Wort »fühlen« ausschließlich für körperliche Gefühle verwendet. Erst danach bezeichneten die Menschen damit ihre inneren Regungen; sie vergrößerten auf diese Weise ihre Möglichkeiten, sich auch über ihr Innenleben treffsicherer verständigen zu können. »Gefügig machen« wird wiederum der Vorgang genannt, die körperlichen und seelischen Gefühle dem Willen eines anderen Menschen zu unterwerfen und in dessen präzise Vorstellungen zu pressen (»gefügig« ist ein Wort, das sich von »Gefühl«, aber gleichermaßen von »Fuge« herleitet). Einem Mann gefügig sein zu müssen, ist insofern für eine Frau ein äußerst erniedrigender Prozess. Wenn ein Mann einer Frau gefügig zu sein hat, fühlt er sich ebenso schlecht. Er wusste es nur nie. Im Unterschied zu den Männern haben sich Frauen früher (und selbst heute noch) aus existenziellen Gründen damit abgefunden, in ihrem Leben einem Mann (oder mehreren Männern) gefügig zu sein. Das betraf und betrifft besonders die Liebe und den Sex.

Noch Mitte des vergangenen Jahrhunderts hing das gesellschaftliche Standing von Frauen davon ab, ob sie verheiratet waren oder nicht, ob sie Kinder zur Welt gebracht hatten oder nicht. Sogar heute erleben viele Frauen ihre Identität dadurch, dass sie mit einem gesellschaftlich angesehenen Mann verheiratet sind oder zumindest eine intime Beziehung mit ihm haben, denn dann werden sie an seiner Seite wahrgenommen. Und manche Männer sehen es immer noch als einen unverzichtbaren Statusaspekt an, mit einer Frau aus gutem Hause verheiratet zu sein.

Am zweiten Tag unseres Frauenseminars brach Elfriede zum ersten Mal ihr Schweigen. Die hagere Frau hatte bisher immer so kerzengerade auf ihrem Stuhl gesessen, als würde sie besonders gespannt zuhören. Elfriede war der dritte Neuzugang, bislang hatte sie sich allenfalls in den Pausengesprächen eingebracht. Nun brach ihre Geschichte regelrecht aus ihr heraus. Sie sprach mit einer leisen, aber eindringlichen Stimme, bei der man nie genau wusste, ob sie einen brüchigen oder schneidenden Klang hatte. Manchmal wirkte es so, als würde ihre Stimme weinen, als hätte sie einen inneren Weg gefunden, sich von einem empfundenen Schmerz abzukoppeln. Elfriede redete mit norddeutschem Akzent, seltsam langsam, fast so, als würde sie jedes Wort auf die Waagschale legen wollen. Sie war vor Kurzem sechzig geworden und begann ihre Erzählung mit dem Satz: »Sobald meine beiden Kinder volljährig waren, ließ ich mich von meinem Mann scheiden.«

Das sei so vereinbart gewesen, antwortete sie auf eine Nachfrage von Regina. Elfriede war von ihren Eltern schon als Teenager mit ihrem zukünftigen Mann Thomas bekannt gemacht worden. Das war irgendwann in den Siebzigerjahren gewesen, in einer Zeit, die sich modernen und aufgeschlossenen Lebensweisen zuwandte. Beide kamen aus angesehenen Arztfamilien. Elfriede hatte sich in Thomas aufgrund eines Hochzeitsversprechens seinerseits Hals über Kopf verliebt. Sie hatte vor Thomas nie eine Beziehung mit einem anderen Mann gehabt, aber vor ihrer Hochzeit auch nie etwas mit ihrem Mann. In der Hochzeitsnacht wurde sie von Thomas über seine Bedingungen für ihr zukünftiges Intimleben aufgeklärt. Er teilte ihr mit, dass er ihr maximal einmal pro Monat Sex zugestehen würde. Nicht mehr. Zudem wolle er zwei Kinder haben, so wie es seiner Familientradition entspreche. Die Folge war, dass sie lediglich Sex hatten, als sie die Kinder zeugten. Zufälligerweise hatte es immer sofort geklappt.

Völlig schockiert hatte Elfriede unmittelbar nach der Hochzeit aus dem ehelichen Korsett ausbrechen wollen und ihrer Mutter vom sofortigen Scheidungswunsch berichtet. Diese drohte jedoch ihre Tochter »öffentlich anzuprangern«, sollte sie eine solche »Schmach über die Familie bringen«.

Das Leben mit Thomas fand über die Kindererziehung hinaus nur noch als Begleiterin bei gesellschaftlichen Verpflichtungen statt. Über zwanzig Jahre hinweg führte Elfriede eine

Paarbeziehung, in der sie eher die Erfüllungsgehilfin ihres Mannes als eine gleichwertige Partnerin war.

»Seit meiner Scheidung versuche ich nun das nachzuholen, was ich vorher verloren habe«, beendete die Sechzigjährige ihre Geschichte. »Mir sind die Hintergründe und Motive meines Mannes für seine sexuelle Haltung bis heute unerklärlich. Es war nie möglich, mit ihm darüber zu sprechen. »Dass es oft so geht, liegt daran, dass die Frau (ich) der vollen Überzeugung ist, der ›Fehler‹ liege bei ihr.«

Innerer Schrei

Der Preis für jede Form einer Paar-Partnerschaft ist ein Gefügigsein, wenngleich in einer mehr oder weniger ausgeprägten Variante. Wären jedoch die Grenzen zwischen Arbeit und Liebe nicht kategorisch getrennt, sondern mehr fließend, würde das Gefügigsein für manche Partner sicher weniger hart ausfallen. Sie könnten sich abseits der Paarstruktur freier entfalten. Frauen wie Elfriede hätten womöglich größere Chancen, bereits viel früher praktikablere Berufswege zu finden. Das würde ihre Unabhängigkeit vergrößern und damit die Möglichkeit, sich aus ungewünschten Abhängigkeiten im Paarleben zu lösen.

Elfriedes Erzählung hatte eine intensive Wirkung auf die Frauengruppe im Pfarrsaal. Mehrere Frauen versuchten sogleich, ihre abstrakten Ängste vor Männern in Worte zu fassen. Yvonnes nächtliche Albträume über ihre Ermordung durch einen Mann kamen erneut zur Sprache, andere Frauen berichteten von Vergewaltigungsfantasien. Sie würden von Männern gepackt, bedrängt, bedroht, man würde sie zehn Stockwerke hinunterwerfen, wenn sie nicht gefügig seien. Die imaginierten

Angriffe waren fast immer in dem Moment wie ein Spuk verschwunden, in dem die Frauen einen lauten Schrei ausstoßen konnten. Vorher hätten sie eine Art innerer Lähmung überwinden müssen, als wären ihre Stimmen blockiert. Sie fühlten sich deswegen schwach und unterlegen. Sie befürchteten aber auch, dass ihr Schreien den Angreifer noch wilder und rasender machen würde. Doch nachdem sie sich ihr Herz aus dem Leib gebrüllt hätten (manche Frauen hatten im Traum oder in ihren Fantasien auch richtig zugeschlagen), fühlten sie sich plötzlich stark, sicher und selbstbewusst. Auf die Frage nach der inneren Blockade verglichen einige der anwesenden Mütter sie mit dem Schmerz und dem Widerstand bei einer Geburt.

In ihren grausamen Träumen und Fantasien hatten sie sich gegen die alte Vorstellung vom überlegenen Mann durchgesetzt. Hinderlich waren ihnen dabei das Liebe-Sex-Klischee und die damit verbundenen Seelentattoos von der Gefügigkeit einer Frau. Mit ihrem Schrei oder mit ihrer Vorstellung, sich körperlich wehren zu können, waren sie ein Stück selbstständiger geworden.

Seitdem wir über Sex sprachen, war Yvonne, die Assistentin eines Politikers, ständig gereizter geworden. Jetzt ergriff sie das Wort: »Bei den Veranstaltungen, an denen ich teilnehmen muss, stehen wir normalerweise in getrennten Gruppen herum. Hier die Frauen, dort die Männer. Immer wieder versuchen wir Frauen, uns gezielt zu verteilen. Sonst denken die Männer, dass wir klüngeln. Doch wenn wir uns dann zu ihnen stellen, müssen wir erfahren, dass sich ihre Gesprächsthemen meistens um Gerüchte drehen. Wie ödet mich solches Intrigengeschwätz an! Komme ich zu einer solchen Männergruppe, gucken sie mich an und plustern sich auf, wollen mir imponieren. Oder sie wechseln das Thema und versuchen die charmante Nummer.«

Yvonne hatte in München Betriebs- und Kommunikationswissenschaften studiert und promoviert. Ihr Traum war es, eines Tages eine Werbeagentur aufzubauen. Da sie bereits sehr jung Mutter wurde, bekam sie lange keinen Job, mit dem sie ihre Mutterschaft vereinbaren konnte. Ihr blieb nur die Teilzeitarbeit. Zuerst arbeitete sie als Kellnerin, später, nachdem ihr Mann sie verlassen hatte, als Sekretärin. Zum Zeitpunkt unseres Frauentreffens war ihr Sohn Sascha fünfzehn – sie hatte ihn nach der Trennung zusammen mit anderen Frauen in einer Wohngemeinschaft aufgezogen. Jetzt leitete sie das Vorzimmer eines renommierten Politikers. Die finanzielle Unterstützung für Sascha musste sie immer wieder vom Vater gerichtlich einfordern.

Yvonne sagte: »Wozu heiraten? Wozu mit einem Mann arbeiten? Es funktioniert nicht. Frauen sollten sich zusammentun und ihr eigenes Ding machen. Ob Männer mitspielen dürfen, können wir dann sehen.«

»Wo kommt deine radikale Haltung her?«, fragte Evelyn.

Die Einstellung aller Teilnehmerinnen war im Verlauf des Seminars immer klarer geworden. Sie erkannten, dass sie sich mehr um sich selbst kümmern und unabhängiger werden mussten. Das ständige Ausrichten nach den Geschlechterklischees hatte sie erschöpft, obwohl wir uns erst durch sechs Klischees hindurchgearbeitet hatten, vier standen noch aus. Wobei sie jedoch nicht übersahen, dass die Männer ihrerseits mit Problemen zu kämpfen haben. Die Frauen im Pfarrsaal begannen deshalb zu differenzieren: Waren sie sauer auf die Männer, so richtete sich ihr Groll jetzt gegen die Männerrolle und nicht mehr so sehr gegen den Mann selbst. Einige Teilnehmerinnen empfanden sogar ein neues Mitgefühl mit den Männern.

Evelyn meinte noch: »Ich finde eine radikale Einstellung angebracht. Aber bei alldem, was wir bislang geklärt haben, haben wir auch erkannt, dass die Männer von ihrer Rolle geradezu erdrückt werden. Eine radikale Reaktion kann diese im Zweifelsfall verstärken. Was heißt, dass wir unabhängig von den Rollen werden müssen, nicht nur von den Männern. Die sind doch ohne Rolle total süß, und das sollten wir ihnen zeigen.«

Es stimmte, was Evelyn sagte. Die Männerrolle wird nicht allein durch die Männer selbst genährt, sondern ebenso durch sie bewundernde Frauen oder solche, die bestimmte Rollentypen favorisieren. Und eine offensive Ablehnung der Männerrolle durch Frauen kann ebenso zu ihrer Verfestigung führen. Denn was bleibt einem Mann übrig, als sich auf sich und seine Rolle zurückzuziehen, wenn er angegriffen wird? Erst durch den Freiraum, der durch das Loslassen der Geschlechterrollen auf beiden Seiten entsteht, kann er seine Schale ablegen – falls er sie erkennt und falls er will. Für die Lethargie und das Desinteresse der Männer an der eigenen Weiterentwicklung brachte dagegen keine der Teilnehmerinnen Nachsicht auf. Und da sich Yvonne ohnehin in Rage geredet hatte, ließen wir sie jetzt so richtig loslegen.

Aufbau von Genderdruck, aber ohne Ventil

Sie wurde immer wütender, während sie sprach und vor dem Fenster auf und ab ging. »›Na, wie war denn das Seminar?‹, fragte mich mein Vorgesetzter, also dieser Politiker, nachdem ich drei Tage lang einen Fortbildungskurs besucht hatte, weil ich mal was anderes machen wollte, als immer nur im Vorzimmer zu hocken, Kaffee zu kochen, sein Chaos mit den Terminen in den Griff zu bekommen, seine Belege zu ordnen, sein …« Yvonne schrie mittlerweile. Sie war völlig außer sich und beschrieb ihre Verzweiflung, wie erniedrigend es sich anfühlte, sich nach Studium und Promotion über Wochenendseminare vom Sekretärinnen- zum Assistentinnenjob hocharbeiten zu müssen. Weil sie plötzlich so laut wurde, erschrak sie über sich selbst und schaute kurz zu den anderen Frauen. Die nickten ihr aufmunternd zu – und sie legte noch eins drauf:

»Dieser Mann, mein Chef, er trägt tadellose Anzüge. Führt eine tadellose Ehe. Er ist ein sauberer Politiker. Kommt immer pünktlich. Aber wenn er schlechte Laune hat, diktiert er mir endlose, meist überflüssige Aktennotizen! Das ist die eine Art, wie er Druck ablässt. Ins Diktiergerät reinquatschen und sich dabei bossig fühlen, weil ihm das Power vermittelt. Diktieren ist Chefsache. Die andere Druckablassmethode ... Egal. Glaubt mir, ich will aus diesem Vorzimmer. Aber ich hab jetzt schon so viele Fortbildungskurse gemacht – und nichts hat sich bewegt. Ich kann den Frust von Sophia total verstehen. Die lassen uns einfach nicht hoch. Trotz Quotengesetz. Die Fortbildungen sind nur Makulatur, damit es uns so vorkommt, als würde da was passieren.«

»Was ist die andere Methode, wie er Druck ablässt?«, fragten die Frauen.

»Er schreit nicht. Er lächelt immer. Er sagt mir, wen ich abwimmeln soll. Er lässt bloß die hübschen Frauen zu sich ins Büro. Journalistinnen soll ich nach dem Aussehen aussuchen. Wenn eine nicht hübsch genug ist, delegiert er den Termin an seinen Stellvertreter. Und das ist noch nicht alles.«

»Komm, rück schon raus.«

»Okay. Er geht in der Mittagspause in den Puff. Manchmal mehrmals pro Woche.«

»Teuer«, sagte Dagmar.

»Zur Domina. Diese Gänge kann ich an den Spesenbelegen überprüfen, sie sind fingiert als Restaurantbesuche. Da soll ich dann männliche Gesprächspartner draufschreiben. ›Weibliche sind weniger spesentauglich‹, sagt er immer und lächelt dabei so pseudotolerant. ›Erkennt die Kostenstelle nicht an. Das Finanzamt auch nicht. Könnte ja was anderes im Spiel sein, etwas mit 'ner Frau.‹«

»Wie kommst du darauf, dass er zu einer Domina geht? Steht auf den Belegen, oder?«, fragte Sophia. Alle mussten laut lachen.

»Aus Versehen hat sich ein Beleg von einem SM-Shop in seine Zettelwirtschaft verirrt. Er hatte eine Peitsche gekauft.«

»Vielleicht benutzt er die bei seiner Frau?«

»Mit der läuft nichts mehr … Also, ich sag's, aber das bleibt unter uns, ja?«

»Versprochen«, bejahten alle unisono.

»Seine Frau hat schon mehrmals ihr Herz bei mir ausgeschüttet. Sie macht sich Sorgen um ihren Mann, weiß jedoch nicht, was los ist. Sie fühlt nur etwas Unbestimmtes. Auf Parteiveranstaltungen hat das angefangen. Seine Frau muss da oft mitkommen, weil die anderen auch ihre Gattinnen dabeihaben. Wie bei Elfriede. Das gebietet die Etikette. Aber beim Empfang hängen die Männer zusammen, und die Frauen müssen irgendwie die Zeit totschlagen. Wie auch immer, Fakt ist, dass ich sein Doppelleben decken muss. Er tut so, als wäre er der liebe Gott. Dabei ist er eher der Teufel!«

»Den Sex mit sich als Gott gesteht er nur einer Prostituierten zu«, sagte Sophia. »Zu komisch.«

»Hey, aber was macht dich so wütend, dass du völlig außer dir bist?«, fragten jetzt mehrere.

In diesem Moment kamen Yvonne die Tränen. »Wir sind doch alle nichts als Sexobjekte. Letztlich ist es das, worauf es hinausläuft. Auch in der Arbeit. Und im Job beäugen wir Frauen uns gegenseitig: Welche von uns ist bei den Männern am meisten begehrt?«

»Da sprichst du etwas Wahres an«, meinte Evelyn. »Immerhin hast du erlebt, dass sich dir seine Frau anvertraut hat. Das zeigt doch ein Quäntchen Solidarität.«

»Ich komme da nie raus.« Yvonne war wieder in ihrem Element. »Wie soll ich meine Agentur aufbauen, wenn ich das Gefühl habe, dass mich Umstände einengen, die ich nicht bestimmen kann. Es brauen sich immer wieder Situationen zusammen, die ich gar nicht will. Und als Ursache dafür sehe ich niemand anderen als die Männer.«

»Was hat das mit dem zu tun, was du von deinem Chef mitkriegst?«, fragte Martha.

»In mir drin existiert eine direkte Verbindung zwischen dem, was ich so alles im Beruf erfahre, und meinem Privatleben. Das ist wie beim Blick ins Dunkle aus dem Fenster, automatisch denke ich da, dass mich jemand beobachtet. Meinem Freund gegenüber werde ich immer misstrauischer, überlege, was der wohl am Stecken hat. Ohne dass ich es will, schere ich inzwischen alle Männer über einen Kamm.« Yvonne holte tief Luft, wollte mehrmals weitersprechen, brach aber immer wieder ab.

»Ein Mann, alle Männer … denkt man dann gleich. Wie reagiert denn dein Freund darauf, der spürt das doch sicher, oder?«, fragte Anne.

»Spüren? Das ist untertrieben. Martin sagt immer, ich wirke so in mich zurückgezogen. Und einmal hat er mich gefragt, ob ich einen anderen habe. Wir haben uns danach furchtbar gestritten. Und dann …«

»Was dann?«

»Dann wollte er mit mir schlafen. Ich habe gemerkt, dass es ihm dabei allein darum ging, bestätigt zu bekommen, dass alles wieder in Ordnung ist. Aber ich wollte nicht. Meinen Körper hergeben, nur damit er sich vorgaukeln kann, dass der Haussegen nicht schief hängt? *No way*!«

»Ich möchte mal wissen, wie viele Frauen mit ihrem Typ bloß deswegen schlafen und nicht, weil sie wirklich Lust haben«, sagte Martha.

»Wisst ihr, was am schlimmsten ist? Wenn mich mein Freund fragt, was wir denn für ein Problem hätten. Ich muss ihm dann sagen: ›Keines.‹ Er denkt dann, dass ich lüge, doch würde ich nicht lügen, wenn ich ihm irgendetwas erzählen würde? Wir haben ja auch gar kein wirkliches Problem. Es ist nur diese Scheiße mit dem Politiker, mit meinem Chef, dass ich das alles weiß und nichts sagen darf.«

Ich fragte: »Wie fühlst du dich gerade?«

Sie schaute zu Boden und sagte kaum hörbar: »Wie an die Wand gedrängt. Ausgehebelt. Will nicht mehr mitspielen. Und muss dennoch Dinge tun, die ich nicht machen will. Dieses Männerding im Beruf infiziert mein ganzes Leben. Ich hab jetzt Angst, dass mich mein Freund genauso betrügt wie mein Chef seine Frau. Über das mit meinem Boss darf ich aber nicht reden. Dann käme ja alles raus. Ich lüge also seine Frau an, obwohl wir befreundet sind. Doch selbst meine Freundschaft mit ihr verläuft heimlich. Er weiß nichts davon. ›Falls meine Frau anruft, sagen Sie ihr, mein Flug hat Verspätung‹, gibt er mir als Auftrag, was er kaum tun würde, wüsste er, dass seine Frau mir ihr Herz ausschüttet. Ich weiß dann sofort, wovon er spricht. Ich glaube, ihm ist gar nicht bewusst, was ich alles schnalle. Aber ich kann nicht darüber reden. Alles ist so geheim bei diesen Polittypen. Meinen Respekt habe ich vor solchen Männern verloren. Ich will nicht verallgemeinern, doch es entsteht so ein kleines widerwärtiges Gefühl in einem, wenn man so viel mitkriegt. Zuerst ahnt man es nur, schließlich weiß man es. Und schon findet die Verallgemeinerung statt. Ich bin bereits drauf und dran, mich von meinem Freund zu trennen. Aber wie soll ich ihm das sagen? Es geht nicht!«

»Ein beschissenes Gefühl, wenn man alles mit sich selbst ausmachen muss«, bemerkte Cristin trocken.

»Du bist fast schon Beziehungstyp Nummer fünf, leider«, kommentierte Julia die Geschichte.

»Sekretärinnensyndrom«, warf Evelyn gewohnt schnoddrig ein.

»Willst du mich jetzt beleidigen? Ich bin Assistentin und Büromanagerin«, rief Yvonne aufgebracht.

»Sei ehrlich. Du machst ihm doch den Kaffee, oder?«

»Ja.«

»Also Sekretärin. Gesteh's dir ein, das macht es einfacher, das Gefälle zwischen Erwartung und Frust ist dann niedriger.«

»Du hast einen Doktortitel und wirst jetzt Büromanagerin genannt?«, fragte Sophia.

»Ja, das ist richtig.«

Isabelle mischte sich ein: »Das ist die Fata Morgana, die die Männer für uns bereithalten, nichts als heiße Luft. Sie geben unseren Jobs einfach einen wohlklingenden Namen.«

»Also habt ihr keinen Tipp, wie ich das durchbrechen kann?«, fragte Yvonne.

»Doch«, warf Evelyn ein. »Man müsste mit dem Typen ins Bett gehen. Ihn umgarnen, umflirten. Das ist die Verhandlungsmasse, die er versteht. Untereinander funktioniert für diese Männer die Kontaktpflege am Biertisch oder beim Golf. Mit den Frauen geht es übers Persönliche. Aber mein Vorschlag war nicht ernst gemeint …«

Wir leben in einer Zeit mit neuen Formen von sexueller Prohibition. Sexualtherapeuten und Verhaltensforscher weisen darauf hin, dass wir für ein glückliches Ausleben unserer Sexualität Muße brauchen. Und das innere Gefühl von einem weiten Raum. Wie aber soll eine gesunde und befriedigende Sexualität entstehen, wenn der berufliche Stress in jede Pore dringt. Und laut Klischee heißt es dann noch paradoxerweise: Liebe und Sex müssen dem Beruflichen fernbleiben. Und wie sieht es umgekehrt aus? Liegt ein Paar eng umschlungen im Bett und das Smartphone summt und klingelt, traut die Frau sich aus lauter Existenzangst nicht, es abzuschalten. Männer hingegen unterbrechen das Liebesspiel, um nachzusehen, wer sich gemeldet hat. Sie überspringen einen Teil des Vorspiels, um Meister Eros zu bleiben, merken aber nicht, dass der Eros sich längst verabschiedet hat. Wo und wann soll ein Mensch denn heute fühlen, leben, seine Sinne frei und glücklich fliegen lassen?

Die Folge dieser widersinnigen Verkrampfungen sind private und berufliche Beziehungsstörungen, einher geht damit die Funktionalisierung unseres Sexuallebens. Sex ist oft genug unpassend, der Zeitpunkt ständig der falsche. Unser Gefühlsleben wird dadurch reglementiert. Dem steht eine exzessive Übersexualisierung durch die im Internet allgegenwärtige Selbstbefriedigungsindustrie gegenüber. Männer masturbieren vor dem Computer, haben ein Sexualleben, dessen schönste Seiten im Geheimen, in der Wortlosigkeit, im Verdrängten und innerhalb kleinster Zeitoasen ausgelebt werden. Nach außen hin geben sie sich rollenkonform: Sie sind die coolen Superguys, ideal für jede Frau. Allerdings brauchen und wollen sie zu Hause keinen Sex mehr, weil sie ihn bereits anderweitig erfahren haben. Sie leben ihn dort aus, wo sie alles unter Kontrolle haben: gegen Bezahlung im Internet, bei einer Escortlady im Hotel während der Geschäftsreise.

Wissenschaftler attestieren den Frauen im Vergleich zu Männern einen niedrigeren emotionalen oder sexuellen Druck. Der US-Neurologe Benjamin Hayden hat herausgefunden, dass der emotionale Druck bei Männern durch eine mangelnde innere Balance entsteht. Ständig verdrängen sie (aufgrund ihrer Geschlechterrolle) Gefühle. Das machen Frauen weniger, da ihnen die weibliche Geschlechterrolle das Ausdrücken von Gefühlen nicht verbietet. Und der sexuelle Druck hat laut Haydens Erkenntnissen nichts mit der maskulinen Libido zu tun. Sexueller Druck baut sich in ähnlicher Weise auf wie der emotionale – indem kleinere Sinnesreize nicht mehr gelebt und zugunsten des allgemeinen Funktionierens verdrängt werden. Stattdessen spielen dann, ähnlich wie bei einem Süchtigen, immer größere Reize eine Rolle.

Eine Befreiung vom Liebe-Sex-Klischee im Berufsumfeld bedeutet nicht Sodom und Gomorha im Büro, sondern ein Zulassen von Herzlichkeit und menschlicher Nähe. Zugleich beinhaltet es das Zulassen von Gefühlen und das Erlernen eines konstruktiven Umgangs mit ihnen, ohne sie wie sonst üblich wegzuschieben. Indem diese natürlichen menschlichen Züge mehr Raum in den Büros bekommen, entspannen sich sowohl sexueller als auch emotionaler Druck.

Das Ausleben unserer eigenen Persönlichkeiten, der weiblichen wie der männlichen, muss also wieder mehr stattfinden. Die vielen kleinen Befriedigungen, die daraus folgen, machen uns insgesamt stabiler und zufriedener. Hierfür ist es notwendig, dass man sich die Liebe-Sex-Aspekte beider Geschlechterrollen individuell bewusst macht – und sie auflöst.

Ähnlich wie bei der Umwandlung des blockierenden Mutter-Klischees braucht es für einen menschlichen Umgang mit unserer Sinnlichkeit Räume und Infrastrukturen in Unternehmen, die den Übergang vom Privaten ins Berufliche sanfter gestalten. Durch sie sollte es möglich sein, Mensch zu sein mit allem, was dazugehört. Durch eine entsprechende Beratungskultur sollte dieses neue Ambiente unterstützt und langfristig begleitet werden.

Das Klischee vom Fühlen, Wissen und Leisten – und das Märchen vom Prinzen

Elena, eine sechsunddreißigjährige Rechtsanwältin, war spezialisiert auf Urheberrechtsschutz. Sie wuchs als Älteste zusammen mit drei Brüdern auf. Dem Vater gehörten mehrere Metzgereibetriebe. Obwohl die Möglichkeit bestand, wollte sie nicht ins familieneigene Unternehmen einsteigen. »Zu viele Männer«, sagte sie, die bislang völlig in unserem »Klischee«-Seminar geschwiegen hatte, »und ein Vater, der mir ständig alles erklären wollte.« Auch dass Elena ihre eigene Anwaltskanzlei aufmachte, war den vielen Männern im Justiziariat ihres ehemaligen Arbeitgebers geschuldet, die sie nicht mehr ausgehalten hatte. »Es war kaum anders als zu Hause«, beschrieb sie die dortigen Verhältnisse. Mit ihrer Festanstellung verlor sie auch die finanzielle Sicherheit. »Dennoch fühle ich mich heute besser.« Elena wohnte mit ihrer Freundin zusammen.

»Mein Vater erklärte mir das Leben«, erzählte sie. »Später fing jeder meiner Brüder an, mir das Leben zu erklären, ganz gleich, ob es überhaupt etwas zu erklären gab.« Am unerträglichsten empfand sie daheim die großen Tiraden, wenn losgelegt wurde, warum es wichtig sei, vernünftig zu sein, warum man nicht zu emotional sein dürfe. »Manchmal kam es mir vor, als feilten sie an mir ihr männliches Selbstbildnis spiegelverkehrt zurecht. Als wäre ich blöd und dumm. Als würde ich überhaupt nichts kapieren. Ich habe mich missbraucht gefühlt.«

Ihre Mutter sei eine sehr zurückhaltende Frau gewesen, sie selbst sei von ihr »Prinzessin« genannt worden. Als ich sie unterbrach und fragte, ob ihre Brüder denn Prinzen gewesen seien, meinte Elena, sie hätte ihrer Mutter diese Frage auch gestellt, doch daraufhin hätte diese den Zeigefinger an ihre Lippen gelegt und der einzigen Tochter leise ins Ohr geraunt: »Es gibt nur einen Prinzen im Leben, Liebes, und der ist noch nicht da. Den wirst du hoffentlich einmal treffen. Wenn du ihn siehst, weißt du es sofort. Du wirst es spüren, tief in dir drin.«

Seitdem empfinde sie, Elena, Männer als unerreichbar. Sosehr sie auch versuche, die Männer zu verstehen, ihr fehle da irgendetwas, um zu begreifen, was in ihnen vorgeht. Das war der Grund, warum sie schließlich begann, sich mit Frauen auszutauschen.

Sie hatte zudem nie verstanden, warum ihre Brüder mit dem Vater in die Fleischerei gehen durften und sie nicht. Was man dort zu leisten habe und zu sehen bekomme, so hatte ihr Vater einmal gesagt, das sei nichts für Mädchen. »›Dafür fühlen Mädchen wie du zu viel‹«, waren seine Worte gewesen. »Damals war ich zwölf. Ich habe ihm entgegnet, ich könne nicht einsehen, warum ich beim Anblick von Fleisch und Blut mehr Gefühle haben solle als der Andreas, der Johann und der Michael. Und warum solle es denn schlecht sein, wenn man beim Anblick von Fleisch und Blut etwas fühle? Oder sogar weine? Da schwiegen dann alle, da war es mit dem Erklären vorbei. Ich hatte ja sowieso nur beim Wurstmachen mithelfen wollen. Doch das verboten sie mir. Meine Mutter flüsterte mir zu: ›Jetzt weißt du, warum du eine Prinzessin bist. Du wirst das Haus hüten.‹ Von diesem Moment an hatte ich keine Lust mehr auf einen Mann.«

Ähnliche Erfahrungen durchzogen Elenas weiteres Leben. In der Schule erklärten ihr die Lehrer, was sie wissen müsse. Und obwohl sie gute Noten hatte und alles verstand, glaubten ihre Klassenkameraden, ihr noch zusätzlich Dinge erläutern zu müssen. Auf diese Weise wollten sie sich bei ihr einschmeicheln. Wenn sie mit ihren Freundinnen weinte oder lachte, kicherte oder sich über die Rosen im Schulbeet freute, schauten die Jungen im Pausenhof zu ihnen mitleidig herüber. »Heulsuse«, das habe man ihr ein paarmal entgegengeschleudert, und zwar immer dann, wenn sie es den Jungs nicht gestattete, ihr die Schultasche zu tragen. Einmal hatte sie es zugelassen, dass einer aus ihrer Klasse ihre Tasche trug und das löste ein Kribbeln in ihr aus. Sie dachte: Ist das jetzt dieses Verliebtsein, von dem alle reden? Ist das jetzt der Prinz? Aber nachdem dieser Junge auf dem Weg zur Bushaltestelle ihr vom tollen Auto des Vaters vorgeschwärmt hatte und von coolen Rappern, ohne ihr einen Abschiedskuss auf die Wange zu drücken, wurde ihr eine Reihe von Dingen über Prinzen und Prinzessinnen klar. »Ich schrieb diese Sachen auf einen großen Zettel und hängte ihn mir neben einem Poster von Lady Gaga übers Bett:

Elenas Prinzentheorie

Echte Prinzen
tragen keine Taschen,
erklären nichts, ohne dass sie gefragt werden,
können auch Gefühle zeigen,
und wer keine Gefühle zeigen kann, ist für mich kein
Prinz.
Und Yipiiieee ☺ ich mag Prinzessinnen lieber,
weil die erklären mir nichts.
Mit ihnen kann ich so sein, wie ich will,
und fühlen, wie ich will.

»So kam es, dass ich mich nur noch mit Frauen traf«, fuhr Elena fort.

»Darfst du oder kannst du unter Männern nichts fühlen?«, fragte Evelyn.

Elena holte zur Beantwortung der Frage etwas weiter aus: »Meiner Erfahrung nach kann ich die Männer allein über den Verstand erreichen. Mit Logik dringt man besser zu ihnen durch. Um aber im logischen Kräftemessen der Männer als gleichberechtigt akzeptiert zu werden, muss man selbst ein Mann sein – oder so tun, als ob man einer sei. Natürlich kann man mit ihnen über alles reden. Natürlich lassen sie mich was sagen, klar. Doch jedes Mal, wenn ich meine Argumente dargelegt habe, konstruieren Männer sofort Gegenargumente. Selbst wenn's keine gibt. Sie wollen mich von ihrem Wissen überzeugen – wieder einmal.«

Elena sagte, sie habe »oft genug versucht, an dem System zu drehen«. In der Rechtsabteilung der Firma, in der sie zuvor gearbeitet hatte, leitete der Chefjustiziar die kniffligsten Probleme immer an Männer weiter, damit diese sie bearbeiteten. »Das war aber eher etwas Banales und längst nicht das Schlimmste. Was ich jedoch am wenigsten ertrug, war das Verständnis über unser Tun. Als klug galt nur der, der alles mit dem Kopf zu lösen versuchte und dabei nichts fühlte. Die Rechtswissenschaften sind nach meiner Vorstellung aber nicht bloß ein Resultat unserer mentalen Leistung, sondern ebenso Ergebnis unserer Empathie und unseres Gerechtigkeitsgefühls. Auch wenn einige denken, dass das Recht nach bestimmten Prinzipien und Normen funktioniert, kann es nicht sein, dass man sich deswegen wie fremdgesteuerte und gefühllose Roboter begegnen muss. Als Chefin einer Kanzlei gestalte ich heute mein Arbeitsklima selbst. Das macht mich freier. Die knochentrockenen Typen sind jetzt nicht mehr meine Kollegen, sondern einzig meine männlichen Mandanten. Komischerweise gehen Frauen kaum Rechtsstreitigkeiten ein. Ich weiß nicht, warum – vielleicht streiten sich Frauen weniger, Scheidungen ausgenommen.«

»Du hast noch nicht erzählt, was dir wirklich zu schaffen machte.« Isabelle hatte genau zugehört, sozusagen zwischen den Zeilen gelesen, und wartete auf eine weitere Ausführung.

»Stimmt, das hab ich vergessen zu erzählen. Das Allerschlimmste war ein neuer Mitarbeiter, ein Rechtsreferendar. Der musste sich mir gegenüber ständig beweisen. Gleichzeit hatte er etwas Anbiederndes. Das wiederum machte mich aggressiv. Ein paarmal wurde ich versehentlich verletzend. Ich sagte: ›Ja, das haben Sie aber gut gemacht, soll ich jetzt für Sie eine Liste mit Bonuspunkten führen?‹ Da lief er hochrot an und rannte davon.«

»Was nervte dich konkret an ihm?«, fragte Vera.

»Er wollte so wahnsinnig gut sein, das Gut-sein-Wollen strömte aus seinen Poren. Das hielt ich nicht mehr aus. Es führte mehr und mehr dazu, dass ich im Job nicht nur ihm gegenüber, sondern generell ausfallend wurde, und hinterher bereute ich es. Der Typ betonierte sich mit seinem Verstand zu. Er konnte einfach nichts von mir als Frau annehmen. Dabei war er ein netter Kerl.«

Ob wir es fühlen oder nicht: Wir fühlen

Das für die Männerrolle so wichtige Wort »Leistung« oder der nicht minder entscheidende Ausdruck »etwas leisten« bedeutete ursprünglich, »eine Aufgabe zu erledigen«, und stand im Zusammenhang mit dem Erreichen eines Ziels. Der Begriff »Wissen« wiederum bezeichnete einst eine wirkliche Erfahrung, eine, die man mit eigenen Augen erlebt hatte. Heute gilt Wissen zumeist als etwas, das man sich durch Bücher oder Zeitungen angeeignet hat. Man muss heutiges Wissen nicht mehr erfahren haben, es reicht, wenn man es sich anliest. Das ist zwar auch eine Leistung, aber keine aktive, bei der man selbst etwas einbringt.

»Wissen« und »leisten« waren im ursprünglichen Sprach-verständnis mit einem inneren Engagement verbunden, die Worte beschrieben Erfahrungshandlungen, die von Neurobio-logen heute so dringend angemahnt werden. Nur solche Er-fahrungsqualitäten sind in der Lage, alte Muster (oder Seelen-tattoos) durch neue zu ersetzen oder sie zumindest zu ergänzen, damit neue Reaktionsweisen auf Ereignisse wie die Begegnung mit dem anderen Geschlecht möglich werden. Menschen, die das lediglich verstandesmäßig zu erreichen versuchen, werden wenig Erfolg haben – es sei denn, sie verstellen sich, was aber sehr anstrengend ist.

Die Qualität unseres Erlebens wird mehr und mehr eine maßgebliche Rolle spielen, da sich das Wissen und Leisten und das damit verbundene Fühlen zunehmend äußerlichen Be-trachtungsweisen unterordnen. Wer davon spricht, dass er fühlt, dem wird oft ohne weiteres Nachfragen abgenommen, dass er fühlt. Wer angelesenes Wissen zitiert, dem attestiert man leicht, dass er das Wiedergegebene auch tatsächlich er-fahren hat, dass er ein weiser Mensch ist. Wer eine Leistung erbringt, erhält Achtung – selbst wenn diese Leistung völlig sinnlos ist und kein Ziel verfolgt. Bei alldem entgeht den Men-schen die Menschlichkeit.

Statt Wissen kann man im Business auch von Know-how sprechen, und dieses stellt einen entscheidenden Faktor im be-ruflichen Wertesystem dar. Derjenige, der mehr weiß, hat ei-nen Vorsprung. Männer untereinander genießen bereits Vor-teile, wenn sie Wissen signalisieren, das sie gar nicht besitzen. Es reicht, wenn sie vom Wissen erzählen. Doch dieses an-genommene Wissen, das keiner wirklichen Erfahrung oder Einsicht entspricht, ist ein weiteres Merkmal des Geschlech-terklischees »Fühlen, Wissen und Leisten«. So werden Frauen pauschal herabgesetzt, wenn es heißt, dass sie weniger wissen als Männer. Zeigt sich dieser Unsinn nicht so offensichtlich, ist eine solche Praxis dennoch in der schlechten Angewohnheit vieler Männer verankert, Frauen auf herablassende Art die Welt erklären zu wollen. Für dieses Phänomen gibt es sogar ein Wort: *Mansplaining*. Durch einen Essay der amerikanischen Publizistin Rebecca Solnit wurde es rasch im Internet verbreitet. Die Kombination aus *man* (Mann) und *explaining* (erklären) drückt aus, wovor Elena bereits in ihrer Familie flüchtete: Das weithin verbreitete Verhalten allwissender Männer, die einer Frau die Welt darlegen wollen und dabei völlig übersehen, dass sie längst selbst Bescheid weiß.

Am Mansplaining ist zu erkennen, wie es um das Verhältnis der Geschlechter mittlerweile bestellt ist: Beide denken, sie wissen alles. Die Männer aber meinen, sie wüssten mehr als Frauen, die würden sowieso kaum etwas richtig verstehen. Im Mansplaining zeigt sich nicht nur die männliche Unkenntnis über den Wissensstand der Frauen, es wirft auch ein Licht auf die Haltung von Männern gegenüber Frauen. Der Begriff wäre nicht so aktuell, würde er nicht eine weitere Relevanz besitzen: Nahezu symptomatisch signalisiert er die männliche Ignoranz, den Frauen zuhören zu können, bei Frauen Wissen zu vermuten, Frauen als gleichwertige Gesprächspartner zu schätzen. Wie sollen Menschen auf Augenhöhe zusammenarbeiten, wenn die einen (die Männer) den anderen (die Frauen) von vornherein absprechen, dass sie ausreichend viel wissen?

Könnten unsere Gefühle und unsere Empathie nicht ein Bindeglied in diesem Konflikt sein? Wie sieht es beim Fühlen in der Arbeit aus? Empfindungen haben, wie schon mehrfach betont, im beruflichen Umfeld angeblich nichts zu suchen. Diese Vorstellung wird gleichsam wie eine Religion zelebriert: Man verhält sich in der Folge im Büro schlichtweg gefühlsamputiert. Es wird davon ausgegangen, dass Gefühl und Verstand voneinander getrennt existieren. Dabei sind unsere Gefühle bestimmend bei der Bildung unserer Seelentattoos und der Klischees. Sie spielen eine Schlüsselrolle bei unserer Meinungsbildung und Entscheidungsfindung. Sie beeinflussen unmittelbar unsere Handlungen. Ob wir es wollen oder nicht, wir fühlen. Wer Gefühle negiert, kann sie allenfalls verdrängen oder verleugnen. Das bedeutet aber nicht, dass sie verschwunden sind. Sie stauen sich auf, und irgendwann kommen sie unvermutet an die Oberfläche.

Die Vorstellung von einer angeblichen Spaltung unserer wichtigsten Gehirnbereiche ist eine der Hauptursachen vieler Missverständnisse zwischen den Geschlechtern. Männer werfen sich gegenseitig Weiblichkeit vor, wenn sie zu viele Gefühle zeigen. Es heißt dann schnell, dass ein Mann, der Gefühle zeigt, genauso rasch seine Schwächen offenbaren würde. Solche Annahmen werden sogar forciert, da Gefühle »am Arbeitsplatz Nachteile schaffen«, wie der Wirtschaftspsychologe Gerhard Blickle behauptet. Der Universitätsprofessor weist darauf hin, dass Gefühle im Arbeitsbereich die »Kontinuität der Zusammenarbeit« schädigen können. Nimmt man eine solche Aussage ernst – und sicherlich machen das viele Unternehmen –, kann daraus nur gefolgert werden, dass Empfindungen den Arbeitsprozess unterbrechen oder aufhalten. Doch was genau wird dabei aufgehalten? Wäre es nicht sowieso besser, man würde das unbeirrte Weiterverfolgen häufig überflüssiger oder sogar falscher Ziele stoppen? Unabhängig davon stimmt es nicht, dass Gefühle etwas blockieren. Sie stellen nämlich unter anderem die Triebkraft unserer Motivation dar.

Arbeitspsychologen weisen zudem auf die Notwendigkeit von Berechenbarkeit, Verlässlichkeit und Klugheit hin, wenn ein Mitarbeiter in seinen Soft Skills, in seiner Teamfähigkeit oder seiner sozialen Kompetenz, als hochqualifiziert bewertet werden will. »Sinnvoll ist eine freundlich distanzierte Haltung«, so Blickle. Was er mit *freundlich distanziert* genauer meint, bleibt offen. Deutlich wird dadurch aber, dass die psychologische Beratung von Unternehmen offenbar mehr auf das Funktionieren und Eingliedern von Menschen abzielt, darauf, sie gefügig zu machen, als auf die volle Entfaltung ihrer Fähigkeiten.

Mit Gefühl und Verstand backen Frauen besser

Glücklicherweise wissen weder die Männer noch die Frauen mehr. Wie viel ein Mensch über eine Sache weiß, hängt nicht von seinem Geschlecht und nicht einmal unbedingt von seinem erlernten Wissen ab. Bis heute ist das nachhaltige Wissen eng mit der einstigen Bedeutung des Wortes verknüpft, mit einer gefühlten Erfahrung. Wissen ist daher geschlechtsunabhängig. Die Gehirnleistungen der Geschlechter sind gleichwertig. Doch will man Unterschiede unbedingt herbeireden, müsste man den Frauen Vorteile zusprechen: In der Kindheit vollzieht sich bei ihnen die Hirnreifung nämlich schneller als beim männlichen Geschlecht. Frauen sind deswegen früher als Männer in der Lage, substanzieller über Erfahrungen zu reflektieren. Das führt zu den oft in Kindergärten und Schulen beobachteten besseren Leistungen der Mädchen.

Was die Gefühle betrifft, hält man die Frauen für emotionaler als Männer. Was ähnlich unsinnig ist wie die Sache mit dem Wissen. Frauen können nur freier ihre Gefühle ausleben, weil sie ihnen in der Kindheit nicht abtrainiert wurden. Die Männer dagegen haben mit Gefühlen von dem Moment an Probleme, da sie ein Mann werden mussten. Gefühle entsprechen nicht dem männlichen Rollenklischee.

Unternehmer bestätigen die als gleichwertig einzuschätzende Leistungsfähigkeit der Geschlechter. So stellt der Londoner Buchverleger Michael O'Mara seit Jahren ausschließlich Frauen ein, und zwar aus zwei Gründen. Seiner Meinung nach sind Frauen in der Zusammenarbeit kreativer und teamfähiger, außerdem gehen sie an ihre Aufgaben pragmatischer, fokussierter und sachlicher heran.

O'Mara, der die meistverkaufte Frauenbiografie der Welt verlegt hat (*Diana, ihre wahre Geschichte*), geht sogar noch einen Schritt weiter in seiner Feststellung: »Frauen bewahren einen kühleren Kopf, haben einen klareren Blick fürs Wesentliche und verlieren dabei nicht den Fokus auf die Gesamtsituation. Viele Männer sind schnell zu verunsichern. Dann bekomme ich es mit Egoproblemen zu tun. Der Firmenwagen, der Schreibtischstuhl, der kleiner ist als der des Kollegen.« Frauen hingegen falle es leichter, so O'Mara weiter, mit männlichen Autoren so zusammenzuarbeiten, dass diese deren Kritik besser annehmen können – diese würden weniger gekränkt reagieren und sich in ihrer Eitelkeit weniger verletzt fühlen.

Die Organisatoren von Initiativen, die von freiwilligen Helfern getragen werden, beschreiben ebenfalls eine »pragmatische und multitaskingfähige Herangehensweise von Frauen an komplizierte Probleme«. Männlichen Mitarbeitern gehe es oft nur darum, ihre eigene Position zu behaupten. Das erzählte mir eine in Berlin lebende Aktivistin und Koordinatorin von Hilfsprogrammen. Zufälligerweise konnte ich im Frühjahr 2014 selbst erfahren, wie in Kiew nach den von Regierungsmilizen an Demonstranten verübten Massakern auf dem Maidan-Platz in einer Hilfsorganisation von rund zweihundert ausschließlich weiblichen Freiwilligen der erste männliche Helfer dazustieß – und sofort wurden Grabenkämpfe ausgefochten. Der Mann setzte voraus, Chef eines Teams zu werden während die Frauen bislang nicht in einer hierarchischen Struktur gearbeitet hatten. Es gab keine Chefinnen. Da zudem in diesen mörderischen Zeiten für die Bildung einer Organisationsstruktur keine Zeit gewesen war, hatte die Initiative eine sachbezogene und an den Prioritäten der Probleme orientierte Struktur entwickelt. Angesichts dieser Improvisation waren sie äußerst effektiv.

Auch die während der Flüchtlingskrise im Sommer 2015 entstandenen Hilfsinitiativen setzten sich mehrheitlich aus Frauen zusammen. Eine Münchner Flüchtlingsaktivistin beschrieb ihre Erfahrungen so: »Die Frauen machten sofort etwas Praktisches. Die Männer beratschlagten ewig lange über die richtige Strategie. Dabei schlugen sie sich die Köpfe ein und verhedderten sich. Mit dem Ergebnis, dass das gemacht wurde, was der Stärkste aus der Gruppe vorgab, nicht das, was für die Situation am besten gewesen wäre. Bis ein paar Egomanen endlich mal was gebacken bekamen, hatten wir Frauen den Flüchtlingen schon etwas zum Essen gebracht und Kleidung für sie gesammelt.«

Der Ursprung der Differenzierung zwischen einer emotionalen oder verstandesbezogenen Interpretation unserer Fähigkeiten liegt in unseren Altkonditionierungen. Noch nie war es in der Geschichte opportun, eine Gesellschaft mit Gefühl zu führen. Nicht von ungefähr hat die Entscheidung von Bundeskanzlerin Angela Merkel, Millionen Flüchtlinge nach Deutschland zu lassen, für so viel Aufregung gesorgt. Mit der digitalen Kommunikation haben gefühlte Erfahrungen als Leitmotiv oder Entscheidungsgrundlage drastisch abgenommen. Stattdessen hält man sich immer mehr an sogenannte Strategien oder computergesteuertes Pseudowissen. Auch in den sozialen Netzwerken verschieben sich die Wissensprioritäten: Akzeptables Wissen ist immer weniger das, was tatsächlich stattfindet, objektiv richtig ist oder authentisch erlebt wird, sondern das, was möglichst viele Menschen mit einem Like versehen. Es ist die Wirklichkeit einer narzisstischen Gefallsociety. In ihr spie-

175

len demokratische Polarität und die Vorbildwirkung unterschiedlicher Parteien immer weniger eine tragende Rolle.

Dabei hat sich der Maßstab für die Qualität unseres Wissens stark verändert. Früher war Wissen begrenzt. Den Zugang zu Wissen hatten nur Menschen, die die Zeit und die Mühe auf sich nahmen, Bücher zu lesen. Um ein Buch in Händen zu halten, musste man einigen Aufwand betreiben. Heute ist Wissen in unermesslicher Fülle per Mausklick verfügbar. Zur immensen Wissensvielfalt ist aber auch eine Wissensbeliebigkeit gekommen: Fast jeder kann nach kurzer Google-Recherche fast jede x-beliebige These untermauern und sich wie ein kleiner Spezialist ausgeben. Umso bedeutender werden Ideen und Visionen und keine Verhaltenstheorien.

Fordern nun Betriebs- und Wirtschaftspsychologen eine »freundlich distanzierte Haltung« ein, so plädieren sie für eine der eingeschränktesten Formen unseres menschlichen Daseins, für ein Leben auf der Basis flacher Klischees (allein mit dem Verstand kommt man beim Arbeiten weiter, Gefühle hindern einen daran). Die Wirklichkeit in vielen Unternehmen sieht genauso aus. In ihnen herrscht eine Kultur der Zusammenarbeit, in der Gefühle und damit letztlich die Menschlichkeit ausgegrenzt werden.

»Mein Ratschlag wäre, nicht zu versuchen, der bessere Mann zu werden.« Das schlägt Alexandra Jaschinski, die als langjährige und erfolgreiche Personalleiterin Erfahrungen in verschiedenen Konzernen gesammelt hat, den Frauen in einer solchen Situation vor. »Die Frauen sollten stattdessen selbstbewusst die eigene Authentizität, Kompetenz und Persönlichkeit zeigen und sich somit treu bleiben. Solche weiblichen Führungskräfte sind eine sinnvolle und notwendige Ergänzung für die bislang weitestgehend männlich dominierten Chefetagen.«

Das Macht-Klischee – wenn das Gute zum Bösen wird und das Böse zum Guten

Julia hatte bei unseren Gesprächen mehr zugehört, als dass sie sich eingemischt hätte. Sie war eine der stillsten in unserer Runde. Seit zehn Jahren leitete sie ihre Schule, in der sie vorher zwanzig Jahre lang als Lehrerin unterrichtet hatte. Davor war sie Schülerin dieser Schule in Süddeutschland gewesen. Als sie ihre Tochter auf die Welt brachte, lief der Vater davon. Julia liebte Offenheit und einen gefühlvollen, wertschätzenden Umgang. »Diese Eigenschaften sind mein Lebenselixier«, hatte sie mir einmal nachts gechattet.

Beim Thema Macht wurde sie in unserer Runde plötzlich hellhörig. Sie berichtete von einem Vorfall, der sich vor Kurzem im Rahmen von Umbaumaßnahmen an ihrer Schule zugetragen hatte. Während einer Konferenz hätte sie sich nicht mehr anders zu helfen gewusst, als »ihre Wesensart zu verlassen«, wie sie sagte. Der Grund war, dass die Männer aus dem Bautrupp sie weder zu Wort kommen ließen, noch dass sie sich von ihnen ernst genommen fühlte. Bereits bei der Begrüßung sei sie sich neben den hünenhaften Bauspezialisten eher klein und unscheinbar vorgekommen.

»Was ist denn deine Wesensart?«, fragte Sophia neugierig.

»Ich bin harmoniebedürftig, mag keine Streitereien, bin mehr fürs Weichere im Umgang miteinander. Ich will Wertschätzung in der Arbeit. Und abends brauche ich das Gefühl, das war ein angenehmer Tag.«

In jenem Meeting mit den Bauleuten spürte sie jedoch, dass sie sich mit Weichheit nicht bei ihnen durchsetzen konnte. Sie musste aber die Kontrolle erlangen, um das Projekt steuern zu können. Die Männer, die sich um die Pläne am Besprechungstisch gruppiert hatten, waren Koryphäen ihres Fachs, darunter ein Architekt, ein Bauunternehmer, ein Stadtentwickler, ein Beamter des Schulreferats, ein Statiker ... Julia stand vor der Entscheidung, entweder »Mäuschen zu spielen«, also den Männern das Fachgespräch mitsamt Verantwortung zu überlassen und einfach zuzuhören, oder ebenbürtig mitzureden. Obendrein war sie schließlich die Chefin. Durch diese Funktion hatte sie nicht nur das Sagen, sie fühlte auch, dass da »irgendetwas aus ihr rauswollte«.

»Die Herren führten das Gespräch, als wäre ich nicht anwesend«, berichtete sie. »Wenn ich etwas sagte, erwiderten sie irgendetwas Beruhigendes, als würde ich eine von der dummen Sorte sein, die nicht kapiert, wovon sie sprechen. Das ging mir furchtbar gegen den Strich. Immerhin diskutierten wir Baumaßnahmen, die ich in meiner Funktion als Schulleiterin zu verantworten hatte.«

Nachdem die Diskussion eine Weile fortgeschritten war, begann sie eine innere Wut in sich zu spüren. Immer wieder diese Beschwichtigungen ihr gegenüber!

»Keine Sorge, wir machen das schon«, sagte einer.

Und was ist, wenn du es falsch machst, überlegte sie im Stillen.

»Sie sind bei uns in guten Händen«, meinte ein anderer auf eine ihrer Nachfragen hin.

Sie merkte, wie sich ihre Fäuste unter dem Tisch ballten. Dann geschah das, was sie mit *Verlassen ihrer Wesensart* beschrieben hatte: »Etwas in mir stand auf.« Dieses Etwas wollte größer sein als die sitzenden Männer, diese überragen. Einer erhob sich sofort nach ihr. »Bleiben Sie sitzen!«, herrschte sie ihn an. Dann schlug sie ihre geballte Faust mit voller Wucht auf den Tisch.

»Jetzt reicht's!«, rief sie. »Ich fordere Sie auf, mich unverzüglich in das Gespräch einzubeziehen und meine Fragen klar zu beantworten. Vielleicht sind Sie es nicht gewohnt, dass eine Frau die Verantwortung und die Leitung innehat. Aber nicht Sie haben hier die Federführung, meine Herren. Ist das klar?«

Als sie die schockierten Gesichter sah, senkte sie ihre Stimme und wiederholte: »Ihnen ist das nun hoffentlich klar!« Danach erläuterte Julia, was sie in Erfahrung bringen wollte. Obwohl Bauprojekte nicht zu ihren normalen Aufgaben als Lehrerin gehörten, hatte sie sich auf die Faktenlage der zu besprechenden Punkte genauestens vorbereitet. Von den immer erstaunter dreinschauenden Männergesichtern ließ sie sich nicht irritieren und blieb bei ihrer neuen Haltung. »Jetzt bin ich am Drücker.« Es war ein fantastisches Gefühl. Aber es war ihr fremd. »Ich habe ein solches Machtgebaren sonst immer verabscheut. Umso überraschter war ich, wie gut es sich anfühlte, auf den Tisch zu hauen.«

Nach der Besprechung hätten ihr einige der Männer Komplimente gemacht, erzählte sie uns begeistert. So etwas hätten sie noch nie bei einer Frau erlebt. Und »es wäre wichtig, sich als Frau durchzusetzen«.

»Erst viel später wurde mir klar, dass ich bei diesem Projekt eine neue Seite von mir entdeckt hatte. Meine innere Löwin. Dabei hatte ich meine Wesensart gar nicht verlassen. Genau das Gegenteil war geschehen. Ich hatte meine innere Stärke hervorgekehrt. Stärke war immer Männersache. Aber jetzt hatte ich erkannt, dass Stärke auch weiblich ist. Da war etwas Neues in mir belebt geworden, ein Raum in mir, der bisher leer war und unerkannt. Den hatte ich plötzlich ausgefüllt.«

Julias Erzählung regte die anderen Frauen dazu an, über Macht und innere Stärke zu sprechen. Es stellte sich heraus, dass es für sie noch einiges zu entdecken gab.

Das Wort »Macht« bezeichnete einst so etwas wie »Können« oder »Vermögen«. Macht kommt also vom Können, wobei heute jemand als mächtig charakterisiert wird, der andere

Menschen beherrscht. Innerhalb der Genderklischees wird assoziiert, dass Macht von Männern ausgeübt wird. Staatsmänner haben Macht. Chefs haben Macht. Das Klischee besagt außerdem, dass Männer Macht über Frauen haben dürfen. Manche Menschen fühlen sich auch einer Macht unterlegen, obwohl diese äußerlich gar nicht sichtbar ist.

Überträgt man das Wort »Macht« in seiner historischen Bedeutung auf das Verhältnis der Geschlechter, so könnte man sagen, dass Männer ihre Macht gegenüber Frauen durch ihr erlerntes Können oder Wissen ausgebaut haben. In ländlichen Gegenden Europas sowie in zahlreichen islamischen Ländern werden Frauen bis heute daran gehindert, zu studieren und sich zu bilden. Besonders religiöse Umfelder üben eine massive Unterdrückung der Frauen zugunsten der Männer aus, indem sie den Männerrollen Macht und den Frauenrollen Ohnmacht zuweisen. Und das von Geburt an.

Das Stockholm-Syndrom der Frauen – weibliche Macht als Chance

Im Vorfeld des Seminars wiesen die Frauen in Chats weit von sich, dass Männer Macht über sie ausüben würden. Sie äußerten, dass auch sie selbst Macht ausübten. Indem sie dem Mann ihre Aufmerksamkeit entzögen, auf dessen Lächeln oder Kontaktansätze nicht reagierten, indem sie ihn keines Blickes würdigten und vieles mehr.

Besser über einen Sachverhalt Bescheid zu wissen, kann durchaus dazu beitragen, Macht zu bekommen. Dazu bedarf es aber immer des Gegenübers, das sich dem Mehrwissenden unterwirft. Das bedeutet, zuhören zu können, bereit zu sein, etwas dazzulernen, etwas annehmen zu wollen. Viele Männer lehnen jedoch Wissen, das von Frauen ausgeht, reflexartig ab. Daraus entsteht immer wieder eine Schieflage. Und wenn eine Frau dieses Verhalten bei vielen Männern erlebt hat, beginnt sie auf einmal, selbst zu glauben, dass sie weniger weiß und kann als ein Mann – und deswegen weniger mächtig ist als dieser.

Dagmar gab eine persönliche Begebenheit preis. Vor vielen Jahren hatte sie in einem Handwerksbetrieb gearbeitet. Ihr Chef war ein Macho, der gern sexistische Witze riss. Einmal hatte sich eine Mitarbeiterin verrechnet. Aus irgendeinem Grund stand unter einem Posten statt einer zweistelligen eine sechsstellige Zahl. Der Chef tönte daraufhin: »Ich habe mal einen Satz geprägt, der Wahres beinhaltet: ›Frauen werden dumm geboren, dann dümpeln sie mit Dämmergehirn durch ihr Leben, schließlich sterben sie, auch wieder dumm.‹«

»Das hat der wirklich gesagt?«, fragte Sophia. »Und wie haben die Mitarbeiter reagiert?«

»Alle haben gelacht. Auch die Frauen. Oder sie haben die Augen verdreht. Aber das war's schon. Was soll man in so einer Situation machen?«

»Nicht zu lachen wäre das Mindeste.«

Ein Grund, Männern die Macht zu überlassen, mag im Harmoniebedürfnis von Frauen liegen, wie Julia es angedeutet hat. Oder sie befürchten, ohnehin den Kürzeren zu ziehen. Eine solche Form vorauseilender Unterwerfung wird bei Frauen in Arbeitsumfeldern häufig beobachtet. Das berichten auch Gleichstellungsbeauftragte. Frauen geraten leicht in Misskredit, wenn sie sich einem Mann gegenüber »als zu wissend« geben. Also nehmen sie sich selbst zurück und den Mann lieber in Schutz – nicht anders, wie es oft genug in einer Paarbeziehung geschieht.

Im Rahmen unserer Debatte über das Macht-Klischee fiel uns auf, wie sehr die Frauen darauf achteten, Männern gegenüber gerecht zu sein. Dies äußerte sich durch die Wiederkehr folgender typischer Stellungnahmen:

1. »Die Männer üben doch keine Macht über uns aus.«
2. »Sie sind gar nicht so böse, wir müssen achtgeben, dass wir sie nicht zu schlecht wegkommen lassen.«
3. »Sie haben es ja auch nicht einfach.«
4. »Wir sind selbst schuld daran.«
5. »Wir Frauen sind auch nicht besser.«

Tatsächlich solidarisierten sich einige Frauen, die sich soeben noch wegen ihrer benachteiligten Situation über die Männer beschwert hatten, in auffälliger Weise mit ihnen. Als müssten sie aus irgendeinem Grund unbedingt Wohlwollen zeigen. Die Art und Weise, wie kritische Gespräche über die Macht von Männern plötzlich ins Positive kippten, führte schließlich zur Überlegung, ob es sich dabei nicht um eine abgewandelte Version des Stockholm-Syndroms handeln könnte. Mit dem Begriff wurde ursprünglich der paradoxe Verhaltenswandel einer Geisel bezeichnet, die auf einmal Sympathie für ihren Geiselnehmer empfindet und Wut auf die Polizei oder ihre Befreier. Dieser psychologische Umkehrmechanismus fiel erstmals bei einer Geiselnahme 1973 in einer Kreditbank in Stockholm auf. Bekannt wurde er dann durch die Reaktionen der amerikanischen Millionärstochter Patricia Hearst, die 1974 entführt wurde. Die Wirklichkeitsverzerrung, in der man seine Tyrannen und Täter intensiver erlebt als die außerhalb der Wahrnehmung wirkenden Helfer, setzte Patricia Hearst derart zu, dass sie ihren Entführern schließlich sogar bei späteren Banküberfällen aktiv half. Der britische Psychiater William Sargant schrieb dazu: »Bei einem Menschen, dessen Nervensystem einem ständigen Druck ausgesetzt ist, kann eine paradoxe Gehirnaktivität auftreten – das Böse wird zum Guten und das Gute zum Bösen.«

Diese Umkehr führt mitunter dazu, dass Frauen untereinander Macht ausüben wollen und gleichzeitig – ohne dass es ihnen bewusst ist – Männer bevorteilen. Anne, die in einer

Softwarefirma arbeitete, war überzeugt, dass die wirkliche Gefahr für Frauen von den Frauen selbst drohe. Unter arbeitenden Frauen würde sich eine Art Verdrängungskampf breitmachen.

»Frauen ziehen sich gegenseitig runter«, sagte sie. »Frauen, die zusammenarbeiten, unterstützen sich wenig. Ich sehne mich nach mehr Solidarität unter Frauen, so wie ich es von früher kenne, als ich noch ein Mädchen war. Da haben wir zusammengehalten, alles gemeinsam besprochen, da waren wir ein Team. Seit es die Frauenquote gibt, macht sich unter Frauen eine Hackordnung breit. Das höre ich auch von anderen berufstätigen Frauen. Die Brutalere ist die Mächtigere.«

»Ausführlicher erklären!«, rief Sophia.

Anne ließ sich nicht lange bitten. »Frauen in Männerdomänen betreiben einen jobmäßigen Überlebenskampf. Da sie glauben, gegen Männer nicht so leicht anzukommen, machen sie sich gegenseitig fertig. Das ist für sie ungefährlicher, gegen Frauen zu kämpfen. Hinzu kommt, dass es für viele eine große Rolle spielt, von Männern respektiert und anerkannt zu werden. Nur das bringt Frauen scheinbar weiter ...«

Julia unterbrach Anne, ihr lag etwas Wichtiges auf der Zunge: »Genau! In meinem Bereich fällt mir immer wieder auf, dass andere Schulleiterinnen weibliche Lehrkräfte viel härter als männliche herannehmen, wenn sie einen Fehler gemacht haben. Ein Beispiel: Zwei Lehrer, eine Frau und ein Mann, haben beide ihre Schulklasse allein gelassen. Die Frau wird deswegen von der Direktorin richtig in die Mangel genommen. Das geschieht an manchen Schulen durchaus coram publico, also vor allen Kollegen. Der Mann dagegen kommt mit einer knappen Mitteilung weg. Wenn überhaupt.«

»Wie fällt denn so eine Kritik aus, also von Cheffrau zu untergebener Frau? Ist dir dabei etwas Besonderes aufgefallen?«, fragte Evelyn.

»Es wird schnell sehr persönlich und kann dann auch ziemlich fies sein. Ein schlechtes Klima zwischen zwei Frauen kann sich zudem lange hinziehen und die anderen richtig belasten.«

»Worauf führst du das zurück?«

»Frauen sind wie die Mitglieder einer Familie. Gegen eine Frau zu kämpfen ist für eine Frau ein Heimspiel. Bei einem Mann gibt es so viele unbekannte Aspekte – die eben alle mit den Geschlechterrollen zu tun haben. Ich glaube, die Hemmschwelle unter Frauen ist deswegen niedriger. Vor Männern haben sie mehr Respekt.«

Ganz so gut gehe es allerdings den männlichen Kollegen an ihrer Schule auch nicht, meinte Julia noch. Manche Männer seien nämlich der Meinung, der Lehrerberuf sei etwas für Weicheier. Erfolgreiche Männer hielten daher nicht viel von diesem Beruf. Frauen dagegen könnten es eher akzeptieren, wenn ein Mann ein Lehrer ist.

Die Frauen im Pfarrsaal beschäftigten sich nun mit der Frage, wie es Frauen vielleicht doch noch gelingen könnte, innerhalb der Männerdomäne Beruf ebenbürtig mitzumischen. Vielen erschien es als einzige Alternative, ihre weiblichen Seiten zu verleugnen oder andere Frauen gar nicht erst an sich herankommen zu lassen.

Frauen beginnen in solchen Fällen eine Genderkraft zu erzeugen, die männliche Macht installiert, indem sie Weiblichkeit ausgrenzt. Sie geben das auf, was für sie wichtig sein könnte:

weibliche Unterstützung, eine Rückzugsmöglichkeit in die Welt der Frauen und nicht zuletzt die Weiblichkeit als elementaren Aspekt einer neuen Lebensanschauung. In einer solchen könnte weibliche Macht eine neue Bedeutung erlangen: die Macht der Frauen über sich selbst. Wirkliche Unabhängigkeit.

Eine Freiheit, die in der fortlaufenden Bestätigung eines Abhängigkeitsverhältnisses wurzelt, ist keine Freiheit. Wahre Geschlechterfreiheit entsteht im Erkennen der eigenen Konditionierungen und macht daher eine äußere Machteinwirkung auf andere Menschen überflüssig. Im Folgenden vergleiche ich die Machtausübung innerhalb der männlichen Geschlechterrolle mit den Chancen weiblicher Macht:

Männliches Machtritual:
Nach außen gerichtete Macht.
Das Ziel: Selbstdarstellung, um andere zu kontrollieren und zu beherrschen.
Die Aktivität: Der Machtinhaber ist ununterbrochen mit seinem Machterhalt beschäftigt und vergeudet somit wertvolle Energie, die er besser für seine Arbeit oder andere lebenswichtige Leistungen einsetzen könnte.
Die Auswirkungen: Unzufriedenheit, Ungerechtigkeit, Diskriminierung Dritter, mangelnde Entfaltung individueller Fähigkeiten, der eigene Frust wird kompensiert durch Sport, durch eine Neigung zu Aggressionen, durch Alkohol, ein exzessives Masturbieren oder anderweitige Sexpraktiken, durch das Spinnen von Intrigen im Beruf.

Chancen weiblicher Machtausübung:
Nach innen gerichtete Macht.
Das Ziel: Bewusstmachung und Auflösung der eigenen Konditionierungen zugunsten eines ganzheitlichen Selbstverständnisses.
Die Aktivität: Wahrung des inneren Zentrums. Distanz zur männlichen Macht und Eigenständigkeit. Die Machtinhaberin empfindet jedes Geschehen als durch sich selbst erzeugt.
Die Auswirkungen: Selbstverwirklichung, Zufriedenheit und soziale Gerechtigkeit.

Draußen war es nun stockduster, der zweite Seminartag ging seinem Ende zu. Alle schauten nachdenklich umher, jeder schien mit eigenen Gedanken beschäftigt zu sein.

Jetzt musste ich ein Machtwort sprechen: »Maria war so freundlich, wieder etwas für uns zu kochen. Wir sollten ihr dankbar dafür sein.«

Das Rituale-Klischee –
und das Friede-Freude-Eierkuchen-Gefängnis

Der letzte Tag, das vorletzte Klischee. Dazu erzählte Clara ihre Geschichte, eine fünfunddreißigjährige Mutter zweier Söhne, die in Baden-Württemberg lebte und wie Elfriede zuvor nur zugehört hatte. Clara hatte Betriebswirtschaft studiert, und seit ein paar Jahren arbeitete sie in Teilzeit als Verkäuferin in einer Boutique. Seit Langem war es ihr Plan, sich von ihrem Mann zu trennen. Bislang hatte sie es einfach nicht übers Herz gebracht. Sie hatte gezögert, wusste erst nicht so recht, ob sie an unserem Frauenseminar teilnehmen sollte, und hatte gesagt: »Ich habe keine Genderprobleme, und mit den Geschlechterrollen kenne ich mich aus. Was wäre denn ein Grund für mich, bei euch mitzumachen?«

»Du musst es für dich selbst entscheiden«, hatte Sophia geantwortet, als wir uns zu einem gemeinsamen Vorgespräch mir ihr getroffen hatten. »Du musst wissen, wie lange du noch so gefangen in dir selbst leben willst.«

Das war für Clara das zündende Wort gewesen. Sie bestätigte, dass sie sich seit einiger Zeit »gefangen« fühle, ja regelrecht »verfangen«.

Im Pfarrsaal fragte ich sie nun, ob ihr bei den bislang besprochenen Geschlechterklischees etwas bekannt vorkommen würde.

»Ja! Besonders das Paar-Klischee«, sagte Clara, während sie sich ihre halblangen hellbraunen Haare hinter die Ohren strich. »Also, nicht dass ihr glaubt, ich arbeite aus Spaß in der Boutique oder weil ich Geld brauche ...« Dann begann sie laut zu überlegen: »Natürlich brauche ich Kohle. Ich gehe auch gern mit Mode und Klamotten um. Aber ich habe ja BWL studiert, wollte eigentlich ganz woandershin ...«

»Wohin denn?«

»Ich hatte immer den Traum, meine eigene kleine Firma zu haben. Einmal entwarf ich ein Gastronomiekonzept. Es ging um bestimmte Kuchen und Tartes zum Verschicken. Aber dann kam der Markus, danach der kleine Sven.«

»Und dein Mann?«

»Der ist voll okay. Er unterstützt uns. Er ist der perfekte Vater.«

»Was ist denn ein perfekter Vater?«

»Einer, der sich um alles kümmert. Der beschützt, die Familie ernährt, der liebevoll und ein Vorbild ist.«

»Zu dem man aufschauen kann?« Evelyn fragte das.

Clara lachte: »Ich weiß schon, worauf ihr hinauswollt. Und ich sage: Ja! Ich schaue gern zu einem Mann auf.«

Clara war eine Frau mit einem strahlenden Lächeln. Einem Lächeln, bei dem in einem die Sonne aufgeht. Während sie sprach, verschwanden allerdings das Lachen und die Freude aus ihrem Gesicht. Sie sah plötzlich aus wie ein anderer Mensch. Konnte man sagen, dass sie gealtert war? Nein, es wäre das falsche Wort gewesen. Etwas in ihr war aber zusammengefallen. Ihre Augen wirkten leer, erschöpft.

»Trotzdem halte ich das alles nicht mehr aus«, fuhr sie mit müder Stimme fort. »Aufschauen hin oder her. Ich erlebe seit Jahren nichts Neues mehr. Es ist für mich so wichtig, hinauszugehen und neue Erfahrungen zu machen. Ich lebe aber wie in einem Käfig, nur ohne sichtbare Gitterstäbe. Auf den ersten Blick kann ich machen, was ich will – und dann doch nicht.«

Immer wieder betonte sie, dass ihr Mann wirklich ein toller Mensch sei. Sie habe eigentlich gar kein Recht, sich über ihn zu beschweren, und es sei alles eher ihr eigener »Fehler«. Seit sie sich kannten, seit sie verheiratet waren und die Kinder kamen, seit über fünfzehn Jahren also, arbeite er hart in seiner Firma. Schon früh hätte er ein Start-up-Konzept – »übrigens meine Idee!« – umgesetzt und ein erfolgreiches Internetunternehmen aufgebaut. Ihnen fehle es an nichts, sie seien nicht reich, aber Geld sei genug vorhanden.

Später hatte Clara ihrem Mann immer wieder von ihrer Sehnsucht erzählt, viel zu reisen, neue Dinge zu erleben, Kultur zu genießen. Doch von ihm kamen keine Anstöße. Ein paarmal hatte er eine exotische Reise für die Familie gebucht. Das war schön gewesen, bloß das hatte sie nicht gemeint.

»Mir geht es nicht um große Reisen. Mir geht es darum, mein eigenes Leben zu leben. Ich habe Sehnsucht nach Spontaneität.«

Zeitweise hatte Claras Mann versucht, sie mit Jobs in seiner Firma zu versorgen. Durch die Kinder hatte sie den beruflichen Anschluss verpasst. So hätte sie wenigstens etwas zu tun und Kontakte nach draußen gehabt, erzählte Clara. Doch das alles funktionierte nicht. Als sie in seiner Firma mitarbeitete – zu Hause half derweil eine Haushälterin aus –, war immer die Paarbeziehung der beiden präsent. In Meetings saß sie fast ausschließlich mit Männern an einem Tisch, ihr Mann führte die Runde an. Als alle später am Tag beim Abendessen versammelt waren, war es wie ein Déjà-vu-Erlebnis. Sie hatte das Gefühl, noch immer im Meeting mit ihrem Mann zu sitzen.

»Das war das erste Mal, dass ich Probleme mit ihm bekam.«

Auch zu Hause richtete ihr Mann wie in der Firma ein paar einführende Worte an die Familie. Als dann aus Clara herausplatzte: »Das musst du hier nicht tun«, schaute er sie verdattert an und fragte: »Warum, was ist?« In diesem Moment spürte sie eine Gereiztheit ihm gegenüber, die ihr völlig neu war. Sie sagte: »Ich kann's dir auch nicht erklären, komm selbst drauf, warum.« Es war ihr peinlich, ihn vor den Kindern bloßzustellen. Sie wollte ihn auch nicht verletzen, denn er meintes ja gut.

»Das alles machte mich gleich noch aggressiver«, fuhr Clara fort. »Ich war so geladen. Dann wurde ich zusätzlich auf mich selbst sauer, weil er mir leidtat. Ich erkannte plötzlich, wie sehr unser Zusammenleben in Ritualen erstarrt war. Ein Gefängnis aus To-dos, Musts und No-Gos – mir wird ganz eng ums Herz, wenn ich daran denke. Am liebsten will ich sofort weg, ausbrechen, nichts wie raus und fort. Und das hat überhaupt nichts mit meiner Liebe zu meinem Mann zu tun.«

»Was hindert dich daran?«

»Er ist so ein guter Mensch. Er hat das nicht verdient. Er hat so viel für mich getan.«

Wenn das Gehirn fremdgeht

Man stelle sich das Rituale-Klischee szenisch vor: jeden Tag ein-, zweimal angerufen (mindestens) und gefragt werden: »Ist alles okay bei dir?«, und dann antworten: »Ja, Schatz, alles ist okay.« Zu verschiedensten Anlässen im Jahr Aufmerksamkeiten und Geschenke besorgen, überreichen, selbst welche entgegennehmen. Beim Frühstück werden die immer gleichen Handlungen ausgeführt, um das Friede-Freude-Eierkuchen-Gefühl heraufzubeschwören: Sie brät ihm ein Spiegelei mit Speck in der Pfanne. Zu ihrer Entlastung schneidet er den Schnittlauch, auch weil nur er ihn klein genug schneiden kann, sodass ihm das Spiegelei mit Speck dann wirklich schmeckt. Bevor er zur Zeitung greift, toastet er noch ihr Brot. Irgendwann wissen sie nicht mehr, wo sie abends hingehen können, es bleiben lediglich ein paar wenige Restaurants übrig, wo sie sich stets an denselben Tisch setzen. Zuerst aus Erinnerung, aus wohliger Nostalgie heraus, später fällt ihnen nichts anderes ein. Die

Schuld wird der Stadt zugewiesen: »Es gibt in unserem Viertel einfach keine weiteren coolen Restaurants.« Was nicht stimmt, die Auswahl ist groß, aber sie wird nicht wahrgenommen, weil die Partner in ihren Ritualen stecken geblieben sind.

Viele suchen die Abwechslung, die sie zu Hause, in der Beziehung nicht mehr finden, im Job. Auf diese Weise schlägt das Rituale-Klischee zusammen mit dem Paar-Klischee in die Arbeitswelt durch.

Doch damit nicht genug. Den eingeübten und durch ihre Wiederholungen mechanisch ausgeführten Verhaltensweisen schenken wir automatisch weniger Beachtung. Mit dem Ergebnis, dass nur noch identische Seelentattoos produziert werden. Unser Gehirn erhält keine Anregungen mehr. Es ist beinahe so, als würden sich unsere Erfahrungen in einer Endlosschleife befinden, und das wiederum vermittelt uns den Eindruck, dass sich alles ständig wiederholt. Kein Wunder, denn es werden ja immer wieder die gleichen Seelentattoos aktiviert. Die damit verbundenen Gefühle wirken im wahrsten Sinne des Wortes seelisch erdrückend. Das war es, was Clara als so unerträglich beschrieben hatte.

Von nun an besteht die Gefahr, dass die Partner ihre einst als lebendig empfundene Geschlechterbeziehung als Last ansehen. Das Resultat dieser eingeschliffenen Reaktionen sind Beschädigungen des ursprünglichen Beziehungsgebildes. Unsere Aufmerksamkeit richtet sich nicht mehr allein auf das Gegenüber, beschäftigt sich nicht mehr konzentriert mit dem Thema, um das es geht, sondern sie schweift ab zu dem, was drum herum ist. Dort gibt es – im Gegensatz zu den ritualhaften und überstrapazierten Verhaltensweisen – etwas Neues zu entdecken.

Wenn sich alles permanent wiederholt, wird unsere Aufmerksamkeit nicht mehr durch etwas Unbekanntes, Neues gefesselt. Unwesentliche Details gewinnen daher an Bedeutung, Dinge, die wir sonst als nebensächlich registriert hätten, rücken auf einmal ins Zentrum unseres Bewusstseins. Ohne unser Zutun gleiten so unsere Selbstprojektionen vom anderen weg.

Solange wir unser Beziehungsleben den ewig gleichen Ritualen aussetzen, können wir fast nichts dagegen machen. So wie eine neue Erfahrung den neurobiologischen Prozess von Seelentattoos und Klischeebildung auslöst, verursachen auch die ständig gleichen Erfahrungen die ständig gleichen Reaktionen und Gefühle in uns: Geben wir der Produktionsstätte von Seelentattoos keine Anregungen, sucht sich unsere Wahrnehmung irgendwelche Details von irgendwoher, um überhaupt Neues zum Verarbeiten zu haben. Das Gehirn geht quasi fremd. Spätestens jetzt entsteht Unzufriedenheit. Das betrifft das Privatleben, aber auch das Arbeitsumfeld.

Die Mechanismen unseres Gehirns machen bei der Suche nach neuen Einzelheiten keinen Unterschied zwischen einzelnen Lebensbereichen, entscheidend ist die neue Erfahrung, denn nur diese bewirkt Veränderung. Die Neuwahrnehmungen werden dann mit Alterfahrungen kombiniert. Doch wo mehr und mehr das Gleiche stattfindet, werden unsere Beziehungen auf privater (und beruflicher) Ebene krisenanfälliger. Empfanden wir einst das Miteinander als schön und zufriedenstellend, so ist es zumindest etwas Neues für uns, nun zu zweifeln und Mängel entdecken zu können. Es ist wie bei einem Baum, dessen größter Teil im Schatten oder sogar in einem eingemauerten Bereich steht: Die Äste wachsen in Richtung Sonne – sie ist das Neue für ihn, das ihn wachsen und blühen lässt. Bald wird sich der größte Teil des Baumes nur noch im sonnigen Bereich befinden. Die andere Hälfte wird kahl bleiben.

Ist man in einer Beziehung an dem Punkt des Ewiggleichen angelangt, folgt meist ein Wendepunkt. Kleinere Auseinandersetzungen und größere Streitigkeiten beginnen sich bereits an Kleinigkeiten zu entzünden. Diese haben deshalb eine so immense

Bedeutung bekommen, weil ja sonst alles immer gleich ist. Ehe man sich's versieht, gerät die gesamte Beziehung in eine existenzielle Krise. Sie kennen das von einem banalen Beispiel: Wer immer nur die Leibspeise isst, mag sie auf einmal nicht mehr.

Besonders frustrierend ist eine Ritualüberreizung beim Sex. Im Bett findet ein Paar in kurzer Zeit seine Lieblingsstellungen. Ein von beiden als angenehm empfundenes sexuelles Verhalten bildet sich heraus. Körperbewegungen erfolgen nur noch so und nicht anders, die Atmung geht in Richtung gleicher Wellenlänge, auch das, was wir sagen oder nicht sagen, ordnet sich einem bestimmten Muster unter. In unserer Wahrnehmung wird alles von Mal zu Mal ähnlicher. Zuerst empfinden wir das als wunderschöne Innigkeit. Das, was so deckungsgleich wirkt, das Ritualhafte, erscheint zunächst einmal als Gemeinsamkeit. Man verbindet dieses heimelige Gefühl mit dem Zusammensein als Paar. Doch mit zunehmender Wiederholung stellen sich früher oder später Ermüdungserscheinungen ein: Der Sex mit dem Partner beginnt auf die gleiche Weise zu langweilen, wie ein Gericht vermeintlich an Geschmack verliert, wenn es zu oft auf den Tisch kommt. Plötzlich denkt man beim Sex an andere Dinge, nimmt möglicherweise Geräusche wahr. Man denkt über etwas Sexfremdes nach, was früher im Liebestaumel völlig unmöglich schien. Und weiter: Fast unmerklich fängt man an, andere Menschen als potenzielle Sexualpartner anzusehen. Das Interesse aneinander verliert sich. Verständlich, wenn alles immer gleich ist. Sicher, auch das Ewiggleiche verfügt über eine Schönheit, vielleicht sogar über eine ganz besondere: Gleichheit lebt allein durch uns selbst. Außerhalb von uns existiert keine Gleichheit. Alles ist verschieden und individuell.

Aber wie kann man die Erstarrung im Ritual aufhalten? Denkbar wäre eine neue Betrachtungsweise. Da ist ein Baum, und da sind seine Blätter, die sich im Wind bewegen. Unsere

Aufmerksamkeit wandert zwischen den Blättern hin und her. Kehrt zurück zum Baum, durchstreift seine Äste. Der Baum bleibt derselbe, doch wir fühlen uns trotzdem fasziniert von seiner Lebendigkeit. Und so erleben wir durch unser Bewusstsein innerhalb des Gleichen dauernd etwas Neues, solange es uns gelingt, die Seelentattoobildung in Gang zu halten.

In dem Moment aber, wo wir beim Anblick des Meeres »blau« und »Wasser« denken, verschwindet das Meer, und wir erleben nur noch die Worte. Wir sind gefangen, »verfangen« in einem Ritual innerhalb unserer selbst: dass man allgemeinhin so denkt, wenn man das Meer sieht. Wenn wir hingegen aufmerksam sind und unsere Blicke über die Schaumkronen gleiten und unsere Fantasie spielen lassen, nehmen wir das Meer vollständiger und authentischer wahr. So lösen wir die Erstarrung auf.

Paare müssen sich nicht unbedingt trennen, um wieder etwas Neues zu erleben. Entscheidend ist, das Bewusstsein im Umgang miteinander zu ändern, den Blick wandern zu lassen, neu wahrzunehmen. Dann ist das Gleiche nicht mehr gleich und ein Ritual kein Ritual mehr.

Der Grund, dass wir uns in einer Beziehung zu langweilen beginnen, ist also nicht etwa eine erstorbene Liebe, sondern der Mangel an neuen Reizen für unser Gehirn. Wir geben unsere Initiative auf, um ein eingespieltes Ritual am Leben zu erhalten. Das Paar-Klischee sorgt für die Auflösung der Individualität, indem Paare in der Mehrzahl von sich sprechen. Das Rituale-Klischee ist federführend an der Erosion eigener Handlungen beteiligt.

Um unser Bedürfnis nach Veränderung, Weiterentwicklung oder möglicherweise den tatsächlich existierenden Schmerz eines Trennungsgefühls nicht wahrnehmen zu müssen, tun wir genau das Gegenteil von dem, was erforderlich wäre: Wir halten mehr und mehr an Ritualen fest. Selbst indem wir uns etwas kaufen oder uns gegenseitig etwas schenken wird unser Verhalten ritualisiert. Damit stellen wir etwas Neues zum Ansehen und Anfassen in unser Blickfeld. Aber genauso wissen wir darum, wie schnell unser Interesse an derartigen Geschenken erlischt. Statt innovativ zu sein, versuchen wir zu Handlungen zurückzukehren, bei denen wir uns einmal gut mit dem anderen gefühlt haben: Wir laden den Partner ein, genau jenen Ort aufzusuchen, an dem wir uns kennengelernt hatten. Wir kochen wieder exakt das Gericht, bei dem wir uns ineinander verliebt hatten. Oder wir fahren in jene Stadt, wo es einmal so schön war. Das geht gut, wenn beide mit neuer Freude an solche Momente herangehen. Wenn aber nur die Erwartung da ist, das Alte wiederzubeleben, wird es zu einer Enttäuschung.

Weiblicher Ritualmangel

Auch im Job lauert in gendertypischen Verhaltensritualen ein erhebliches Frustpotenzial und damit latent die Gefahr einer Krise. Es ist selten geworden, dass Mitarbeiter oder Chefs ein Leben lang in ein und derselben Firma tätig sind. Die zunehmende Automatisierung und Entsinnlichung der Arbeitsbereiche fördert die Langeweile. Das führt zu Motivationsproblemen und Verstimmungen. Das Bedürfnis, sich weiterzuentwickeln, basiert nur teilweise auf dem Wunsch nach Erfolg. Die Ursache liegt mehr im Verlangen nach neuen Erfahrungen.

Das Geschlechtsspezifische darin beginnt bei den typischen Klischees. Bei den Männern sind das: Leistung, Sich-beweisen-Müssen. Sie wollen besser sein als andere und haben ein gewisses narzisstisches Bestätigungsbedürfnis. Damit die Klischees sich erfüllen, verfügen Männer über unzählige Rituale. Bei den Frauen gibt es ebenfalls Rituale im beruflichen Umfeld, aber erst ansatzweise. Diese Möglichkeiten stehen im Widerspruch zu den einstigen Familienkonditionierungen. Allerdings wollen Frauen sich auch im Job eine schöne Welt, ein warmes Nest schaffen, zugleich jedoch aus dem inneren Gefängnis ausbrechen. Beides ist für sie Neuland. Frauen müssen deshalb ihre Rituale erst noch entwickeln.

Beiden Geschlechtern ist aber das Interesse für Neues gemeinsam. Die Sehnsucht danach mag Sophia gequält haben, als sie ihren Chef um neue Aufgaben bat und um qualifiziertere Tätigkeiten nachfragte. Aus diesem Grund wollte sie auch befördert werden. Doch welche Möglichkeiten hatte sie, um diese Bedürfnisse angemessen zu kommunizieren? Sie fühlte sich ohnmächtig. Ihr fehlten die entsprechenden Kommunikationsrituale.

Sicherlich kann man nicht alles darauf schieben, zweifellos aber verfügen Männer über wesentlich mehr Rituale in ihrem arbeitsweltlichen Umfeld als Frauen, aus denen sie auswählen können, wenn sie sich miteinander austauschen wollen. Die einen machen zusammen Sport, andere telefonieren oder treffen sich persönlich. Viele berufstätige Männer hängen abends in einer Bar bei einem Whiskey Sour ab. Sich zu betrinken, zählt bei ihnen zu einem gendertypischen Ritual. Wenn zwei Männer sich dem Alkohol hingeben, können sie sagen, dass sie »eine Leiche im Keller haben«. Auch der Puffbesuch ist noch immer ein (berufliches) Männerritual. Frauen hingegen gehen bis heute eher ungern einfach so aus. Schon gar nicht allein.

Menschen, deren Beziehungen auf gemeinsamen Grenzgängen beruhen, schanzen sich etwas zu, sie verzeihen sich ebenso etwas. Beispielsweise dann, wenn der eine den anderen darauf anspricht, dass er doch endlich mal beruflich weiterkommen möchte – zumal wenn der Angesprochene der Chef ist. Der Vorgesetzte wird einen solch unverblümten Gesprächston in einer Bar weniger übel nehmen, als wenn ihn eine Frau ähnlich im Büro angesprochen hätte.

Frauen verfügen in der Berufswelt tatsächlich lediglich über ein gering ausgeprägtes Ritualverhalten, und so leicht und schnell lassen sich nicht eigene Rituale entwickeln. Sie sollten das am besten zusammen mit Männern tun, dabei aber keine männlichen Rituale übernehmen, sondern welche, bei denen beide Geschlechter zueinanderfinden können. Rituale für beide Geschlechter haben sich außerhalb der Paarbeziehung jedoch kaum gebildet. Es wäre jetzt dringend nötig, das nachzuholen.

Unterbricht jemand ein berufliches Ritual, ohne es im Vorwege angemessen anzusprechen und zu begründen, kann der andere dies in einem Vertrauensverhältnis als irritierend empfinden. Ähnlich wie in der privaten Beziehung verschieben sich sofort die Projektionsebenen: Rituale tragen am Anfang dazu bei, dass man glaubt, sich bestens zu verstehen. Die gemeinsame Ausübung von ein und demselben Ritual vermittelt den Eindruck, dass die Vorstellungswelten beider Partner deckungsgleich sind. Daraus resultiert das in Liebesbeziehungen und Freundschaften wahrgenommene Glücks- und Zufriedenheitsgefühl. Indem Gewohnheiten aber ausleiern und zum Ritualbruch führen, entstehen Gefühle wie Unzufriedenheit. Da man sich der Mechanismen dieses Vorgangs jedoch nicht bewusst ist, interpretiert man die Situation auf der Basis dessen, was man wahrnimmt: Der andere hat das Vertrauen gebrochen. Der Grund dafür ist nicht bekannt.

In diesem Moment der Irritation hat die Produktion von Seelentattoos eine fatale Wirkung auf unser Handeln und auf die Beziehung: Da wir keine Ursache für den Ritualbruch kennen (meistens sind es ganz banale Gründe), gräbt unser Gehirn blitzschnell in unserem Erfahrungsschatz nach anderen Zuordnungen. Fündig wird er im Unbewussten und in unserer Altkonditionierung. Ein Griff in die verstaubten Muster unseres geschlechtlichen Miteinanders fördert sofort Eifersucht, Verlustangst, Furcht vor Intrigen und anderen Ungeheuern zutage. Je nachdem, wie sich der jeweils betroffene Mensch mit seiner Geschlechterrolle identifiziert, wird er reagieren.

Ist es einmal so weit gekommen, sollte gehandelt werden. Denn jetzt beginnen die Geschlechterklischees, in unser Leben einzugreifen, wir werden zu ihrem Spielball. Ohne es zu bemerken, verfangen wir uns im Netzwerk verstaubter Geschlechterrituale. Es wird immer schwerer, sich daraus ohne Trennung vom Partner zu befreien. Oder vom Arbeitsplatz.

Bislang waren Männer die Chefs. Sie waren diejenigen, die den Ton angaben, die Strategien bestimmten. Nur wenige Frauen führen heute ein Unternehmen oder haben Führungspositionen inne. 2016 waren bei Firmen mit unter zehn Mitarbeitern 24,8 Prozent der Frauen die Chefs. Bei größeren Unternehmen machte der Anteil weiblicher Führungskräfte zwischen 10 und 15 Prozent aus. Solange sie in der Minderheit sind, bleiben Frauen in der Arbeit trotz Gleichstellung nur Beifahrerinnen. Rein faktisch gesehen, darf sie zwar am Lenkrad sitzen und Führungsaufgaben wahrnehmen, doch wenn der drängende Wunsch, ein Auto selbst zu steuern, nicht gerade stark ausgeprägt ist, wenn man nicht weiß, wohin man damit fahren will, dann beschränkt sich das Ziel eigener Wünsche und Handlungen auf den Beifahrersitz. Aber auch der alleinige Wunsch nach dem Fahrersitz reicht nicht aus. Die Fahrtziele befinden sich außerhalb des Autos, nicht innerhalb der Fahrerkabine.

Trotz Quote und Gleichstellung bleiben viele Frauen immer noch auf ihren alten Stühlen kleben. Das wird so lange der Fall sein, wie Frauen und Männer sich von dem durch die Geschlechterklischees bestimmten Ritualverhalten gefangen nehmen lassen. Sobald eine Frau reflexartig zu einem Mann schaut, wenn eine Entscheidung gefällt werden soll, wird sie niemals die Sehnsucht nach beruflicher Selbstverwirklichung als Perspektive entwickeln. Auch dann nicht, wenn die Frau eine Chefin ist. Angesichts dieser Tatsache sollten Frauen ihre Wirklichkeit genauer unter die Lupe nehmen und ihre Ziele neu definieren. Folgende Übersicht über männliche Geschäftsrituale dient zur Inspiration:

Top Ten männlicher Berufsrituale
Vorsicht, Nachahmung kann schädlich sein!

1. Businessoutfits: Männer gehen normalerweise mit Anzug und Krawatte ins Büro. Derjenige, der besser oder teurer gekleidet ist, gilt in der Regel als der Wichtigere. Ähnlich verhält es sich mit Firmenwagen, der Größe des Schreibtischstuhls und des Büros. Ziehen Frauen einen Hosenanzug an, sieht es aus, als würden sie sich optisch an männliches Verhalten anpassen. Bundeskanzlerin Angela Merkel betreibt hierbei eine Gratwanderung. Sie trägt keine üblichen, klassischen Hosenanzüge, aber auch keine Kostüme, die ihre Weiblichkeit betonen würden. Ihr Look ist speziell für sie entwickelt und setzt sich aus einer geschickten Mischung aus weiblichen und männlichen Klischees zusammen. Ausschlaggebend ist ihre Kleidungsfarbe: Die Staatschefin favorisiert nicht nur Schwarz oder Grau, wie es Männer tun, sondern sie ist meist farbig gekleidet. Damit signalisiert sie nicht bloß das Weibliche, sondern mit der Auswahl ihrer Farben auch weibliche Macht: Nur sie als Frau darf einen roten Anzug tragen. Weder Recep Tayyip Erdoğan noch Vladimir Putin noch François Hollande noch Barack Obama haben diese Möglichkeit. Man stelle sich vor, welches Bild Diktator Erdoğan in einem pinkfarbenen Hosenanzug abgeben würde.

2. Small-Talk-Rituale: Man begrüßt sich mit den Worten »Wie geht's?«, worauf die Frage folgt: »Was machst du gerade?«

Darauf müssen beide Gesprächspartner eine möglichst zufriedenstellende Antwort geben, um beim jeweils anderen gut anzukommen. Natürlich muss man signalisieren, dass man etwas Gutes oder Wichtiges macht. Häufig heißt es aber auch nur: »Ich habe Stress.« Das klingt immer wichtig. Man kann eine akzeptable Antwort auf diese stereotype Frage jedoch ebenso durch die Art des Sprechens erreichen. Viele Männer benutzen beim Small Talk Floskeln: »Würde ich sagen, es geht so, dann wäre das ein Leiden auf hohem Niveau. Ich muss also sagen, mir geht's gut.« *Leiden auf hohem Niveau* ist ein Sprachklischee. Es entspringt dem Selbstverständnis der männlichen Geschlechterrolle. Demnach leidet ein Mann, wenn er sich auf hohem Niveau befindet. Ein »Freuen auf niedrigem Niveau« gibt es nicht. Ein »Sichfreuen auf hohem Niveau« erst recht nicht, da ein Mann sich auf hohem Niveau nicht zu freuen, sondern allein zu leiden hat. Unter ebendiesem Stress.

3. Das Händeschütteln: Dieses Begrüßungsritual war einst eine Geste männlicher Freundschaft. Dem anderen die rechte Hand zu reichen, sagte aus, dass sie keine Waffe hielt. Die Quäker, eine christliche Gemeinschaft aus England, sorgten dafür, dass sich im 16. Jahrhundert das Händeschütteln zu einem Begrüßungsritual verbreitete. Sie waren bekannt für ihren stark ausgeprägten Sinn für Gleichberechtigung und Gerechtigkeit. (Und so übernahmen in Amerika ausgewanderte Quäkerfrauen im 18. Jahrhundert neben den Männern auch Führungsaufgaben.) Heute ist das Händeschütteln eine inflationäre Geste, deren Bedeutung verloren gegangen ist. Es ist ein automatisiertes Männerritual, das leicht gebrochen werden kann: Indem man eine Hand nicht stark genug, zu fest oder gar nicht schüttelt.

Bereits zu Beginn einer Begegnung signalisieren bestimmte Aspekte, wer von zwei Männern souveräner ist: Das ist stets derjenige, der die Hand als Erstes wegzieht, der als Erstes zur Sache kommt und sich nicht mit Floskeln aufhält.

Heute umarmen sich Businessmänner häufig, insbesondere wenn sie enger befreundete Kollegen sind. Das Männerumarmen ist zwar privat weitgehend verpönt, in der Wirtschaft und der Politik gibt es hingegen eine Art Berufsumarmung. Zwischen Männern und Frauen existiert dazu kein Äquivalent. Es würde zu intim wirken, würden sich ein Mann und eine Frau auf dem Büroflur umarmen.

4. Eigenartige Kalauer: Zu Beginn von Besprechungen werden unter Männern der Auflockerung halber oft mehr oder weniger abstruse Scherze ausgetauscht. Mitunter sind diese völlig unverständlich. Dennoch wird darüber gelacht. Das Mitlachen sollte man allerdings nicht übertreiben. Unter Männern gilt derjenige als souveräner, der die besseren Kalauer reißt, aber weniger über sie lacht als die anderen. Hilfreich ist dabei ein schneller Blick in die Arbeitsunterlagen.

5. Das Lächeln: Wird man angelächelt, sollte man zurücklächeln. Lächelt man nicht zurück, so kann der andere das als Affront auffassen. Man sollte aber weniger intensiv zurücklächeln als der andere. Lächelt eine Frau jedoch zu deutlich zurück, könnte das von einem Mann falsch verstanden werden.

6. Kontaktpflege: Männer treffen sich aus freien Stücken zur Kontaktpflege außerhalb des Arbeitsrahmens. Über ein stabiles soziales Netz zu verfügen, ist eine der Grundvoraussetzungen für den Erfolg. Frauen sind hier eklatant gehandicapt. Leicht könnte es missverstanden werden, wenn sie Männer anrufen, um sich mit ihnen zum Lunch oder abends auf ein Glas Wein zu verabreden, auch wenn sie nur etwas Geschäftliches besprechen wollen.

7. Abgrenzungsverhalten: Männer grenzen im Beruf ihre Aufgabengebiete und Hoheitsbereiche genauestens ab. Sie befinden sich in einem ständigen Revierkampf. Der wird allerdings in der Regel auf nonchalante Weise geführt. Wer sein Territorium zu deutlich absteckt, fällt unangenehm auf. In einem solchen Fall bezeichnen sich sogar Männer gegenseitig als Egoisten. Es schadet bis zu einem gewissen Grad nicht, als egoistisch zu gelten, das kann sogar als positiv interpretiert werden, weil es Durchschlagskraft signalisiert, doch beim Abstecken des eigenen Territoriums ist ein gewisses Feingefühl gefragt. Dennoch: In einer Welt männlicher Grabenkriege müssen auch Frauen Strategien entwickeln, um sich zu schützen. Sich ähnlich nonchalant zu verhalten, wäre eine Möglichkeit. Aber nur eine Dosis zu viel Ego zu demonstrieren, wäre für eine Frau ungleich schädlicher als für einen Mann. Denn das Ego ist ein männlich assoziierter Persönlichkeitsaspekt, der unter Männern eher verziehen wird. Eine egoistisch auftretende Frau würde man dagegen leicht für eingebildet oder reduziert teamfähig halten. Und wer einmal als egoistisch bezeichnet wurde, wird dieses Etikett so schnell nicht wieder los. Im Berufsleben sollte eine Frau berücksichtigen, dass sie von männlichen Kollegen immer als Frau gesehen wird. Männer halten sich dagegen unbewusst für Menschen. Diesem Bild der Frau müsste eine Frau in gewisser Weise gerecht werden. Andernfalls droht eine Imagedissonanz: Die Außenwelt sieht die Frau anders als die Frau sich selbst.

8. Angeben, Hochstapeln und Imagearbeit: Männer betreiben im Beruf laufend Politur am eigenen Image. Sie berichten in Nebensätzen von erbrachten Leistungen oder bedeutenden Persönlichkeiten, die sie zu kennen vorgeben. Sie hoffen, dass ein solches Namedropping sich positiv auf ihr Image abfärbt. Männer nennen in Gesprächen prominente Leute gern nur mit

Vornamen. Haben sie den berühmten Wirtschaftspräsidenten Peter Meier getroffen, sagen sie: »Ich war mit Peter essen.« In Wirklichkeit siezen sich die beiden Männer, und der Angeber stand lediglich neben Peter am Buffet. Doch solche Halbwahrheiten bewirken, dass andere den Eindruck gewinnen, man sei extrem gut vernetzt. Zur männlichen Imagearbeit gehört auch, ständig von seinen erlegten »Großtieren« zu sprechen, damit sind Riesenprojekte oder gigantische Geldsummen gemeint, die durch ihre Hände geflossen sind. Auch das kurze Einfließenlassen teurer und exotischer Urlaubsdestinationen (bei denen der Zuhörer glaubt, der Berichtende war tatsächlich dort) oder unzähliger globaler Businessreisen gehört dazu. Es ist auffallend, dass kein Mann davon spricht, dass er gerade mit der Bahn aus Rosenheim gekommen ist, es aber sehr wohl erwähnt, wenn er gerade in Tokio war.

9. Berufscharme und Belastbarkeit: Die Darstellung der eigenen Leistungsfähigkeit ist ein weiteres Angeberritual. Es ist die Demonstration der eigenen Belastbarkeit. Dabei tun die Männer so, als wären sie trotz eines irrsinnigen Arbeitspensums besonders entspannt, kehren also ihre Wirklichkeit um. Um die innere Überforderung zu kaschieren, haben sich viele Männer eine Art Berufscharme angewöhnt. Sie machen witzige Bemerkungen (die nicht selten nerven), geben sich betont locker und streuen hin und wieder ein Zitat von Buddha ein, um Entspannung und Weisheit zu signalisieren. Auf die Frage, ob er denn meditiere, antwortet ein solcher Mann: »Ja, natürlich. Wenn es denn die Zeit erlaubt.« Viel beschäftigte Männer scheinen alles zu tun, was gut ist. Aber nur, wenn es ihre Zeit erlaubt.

10. Der »Ich-kann-alles«-Knigge: »Kein Problem für mich, ich schaffe das!« Viele Männer sind davon überzeugt, haben schon von

Kindheit an einen solchen Satz verinnerlicht. Frauen neigen eher dazu, alles vorher genau kennen und sich sicher fühlen zu wollen, bevor sie sagen: »Ja, diese Aufgabe übernehme ich.« Weil das dauert, haben bereits zehn Männer zugesagt. Ebenfalls in der Lage zu sein, alles zu können, ist für Frauen von entscheidender Bedeutung im Machtkampf mit Männern.

In gewisser Weise zelebrieren Männer ihr »Ich-kann-alles«-Ritual immer dann, wenn sie Frauen beim Mansplaining die Welt und schwierige Sachverhalte erklären wollen. Viele Männer sind sogar in der Lage, Dinge explizit darzulegen, die sie selbst nicht verstehen. Lediglich erzählerisches Können vermittelt hier Wissen. Dieser Spieß lässt sich durchaus umdrehen. Ein Satz wie »Das kann ich Ihnen gerne erklären …« irritiert jedes männliche Gegenüber. Doch da das männliche Ego sehr leicht zu kränken ist, sollte man darauf achten, den Betreffenden nicht in seiner »Würde« zu verletzen. Im Zweifelsfall sollte man ihn einfach zwischendurch loben. Falls Sie nicht wissen, was Sie an ihm loben sollen, so loben Sie einfach pauschal: »Übrigens, ich möchte das mal sagen, ich finde es gut, was Sie so machen.« Und wenn er dann verdutzt fragt: »Danke, was meinen Sie konkret?«, antworten Sie: »Ich wollte das wirklich nur ganz allgemein mal sagen.«
Das ist immer die beste Medizin.

Frauen sollten männliches Ritualverhalten nicht einfach übernehmen, aber sie können sich davon anregen lassen, eigene Formen zu entwickeln. In der Zeit, in der ein Mann sein Ritual verfolgt, können Frauen beobachten, planen und dadurch souveräner werden. Doch dabei sollte jeder Frau bewusst sein, dass Männer ihre Rituale nicht allein deshalb kreiert haben, um sich untereinander und von Frauen abzuheben, sondern auch, um die Aufmerksamkeit der Frauen (ehemals der Mutter) zu erregen. Falls eine Frau auf ein männliches Ritual destruktiv reagiert, entsteht genau das Gleiche wie beim Ritualbruch zwischen einem Liebespaar im Privatleben: eine tiefe Störung der Beziehung. Das Selbstwertgefühl eines Mannes wird augenblicklich angegriffen, wenn Mann-Frau-Rituale durch eine Frau gebrochen werden.

Zwar bekunden Männer gegenüber Frauen mit ihrem gentlemanartigen Benehmen Souveränität und Respekt. Doch das ist nichts als Maske. Die Grenzen beginnen dort, wo die männliche Domäne anfängt: Männer helfen Frauen zwar in den Mantel, aber nicht in den Job. Würde umgekehrt eine Frau einem Mann in den Mantel helfen, so könnte der das leicht als Erniedrigung empfinden. Ebenso kann ein Mann es nur schwer ertragen, wenn ihm eine Frau in der U-Bahn – ergo am Meetingtisch – aus Gefälligkeit einen Sitzplatz freimacht. Dort, wo solche aus den Paar-Klischees entstandenen Rituale wirksam sind, kann es schnell zu Empfindlichkeiten kommen. Das Private hat ja im Beruf nichts zu suchen. Und Rituale wie das Helfen in den Mantel, das Freimachen eines Stuhls und vor allen Dingen das Sich-vor-einer-Frau-als-etwas-Besonderes-Profilieren stammen aus dem Privatleben.

In meinen Chats mit Frauen wurde ein Problemkomplex deutlich, der mit Äußerungen wie »Ich komme nicht an ihn heran«, »Er ist total zu« oder »Egal was ich sage – er zieht sein Ding so durch, wie er es will« umrissen wurde. Männer behaupten vergleichbar: »Ich verstehe diese Frau nicht. Sie ist für mich ein Buch mit sieben Siegeln. Ich bin doch völlig offen. An was will sie denn bei mir rankommen?«

Mit ihren Feststellungen beschrieben Frauen ihr Ohnmachtsgefühl, das sie spürten, wenn sie Männer zu einem Verhalten bewegen wollten, das für sie neu oder ungewöhnlich war, das sich mehr ihrem weiblichen Verständnis und Ritualverhalten öffnete. Diese Frauen machten eine Geste, sagten etwas, um ihr männliches Gegenüber »aufzuwecken«. Situativ drehte es sich dabei immer um denselben weiblichen Wunsch: das Leben zu verändern, etwas Neues kennenzulernen. Viele Frauen beschrieben ihr bisheriges Leben als zu eng: »Mir fällt das Dach auf den Kopf.« Oder: »Ich halte es nicht mehr aus.« Sophia sprach häufig davon, dass es sich bei ihr weniger um Macht und Karriere drehe als um Abwechslung: »Ich habe schon ein Interesse, Erfolg im Job zu haben, aber dabei geht es mir nicht um Geltung, sondern um spannende Dinge. Und die erlebe ich kaum im Beruf, wenn ich in diesem Männer-Regel-Zirkus mitmachen muss.«

Genau das brachte ich jetzt im Pfarrsaal zur Sprache.

»Stimmt, wir wollen diesen Männererfolg gar nicht«, bestätigte Evelyn. »Trotzdem müssen wir da irgendwie mitmachen, weil die Typen uns sonst nicht ernst nehmen.«

»Um was dreht es sich denn bei euch?«, fragte ich nach.

Evelyn wusste es sofort: »Dass wir unsere Kinder bekommen können, wann wir wollen, ohne dass es uns beruflich schadet. Und im Job geht es zumindest mir um Selbstverwirklichung und darum, etwas gesellschaftlich Sinnvolles zu tun. Mir ist es nicht wichtig, schnell viel Geld zu verdienen.«

»Wenn ihr diese männliche Form von Erfolg nicht so attraktiv findet, was strebt ihr über das, was Evelyn gerade gesagt hat, hinaus noch an?«

Auf diese Frage hatten viele Frauen interessanterweise keine griffige Antwort zur Hand. Meistens fielen Aussagen wie: »Ich will ein gutes und rundes Leben haben.« Auf die Nachfrage, was sie damit meinten, verwiesen sie auf Qualitäten wie Harmonie, Sicherheit und kulturelle Anregungen.

Ritualbrüche, Co-Abhängigkeit und Machtumkehr

Das Loslassen von althergebrachten beruflichen Beziehungsmustern gleicht dem Bewältigungsprozess bei der Trennung eines langjährigen Liebespaars. Doch ähnlich wie in Liebesbeziehungen nehmen Männer Veränderungen lange nicht wahr und erkennen ihren Teil des Problems viel zu spät. Deshalb kommt beim Loslassen die entscheidende Rolle den Frauen zu. Und sie haben schon damit angefangen: Sie haben die Initiative für ihre Unabhängigkeit ergriffen, haben mit alten Geschlechterritualen gebrochen, haben aktiv Entscheidungen getroffen und umgesetzt. Sie haben das eingespielte Abhängigkeitsverhältnis, das die Beziehung von Mann und Frau über Epochen hinweg prägte, infrage gestellt. Wie bei der Auflösung einer Liebesbeziehung hat dies die Männer in die Position der Abhängigeren und die Frauen in die der Unabhängigeren gerückt.

Da die Frauen aber nach wie vor in Beziehung zu den Männern stehen, befinden sie sich in einer Co-Abhängigkeit. Dieser Begriff stammt ursprünglich aus der Selbsthilfebewegung der Anonymen Alkoholiker. Er bezeichnet die Mitabhängigkeit bei einem süchtigen Partner, die sich durch das ständige Unterstützen, das Sich-auf-den-anderen-Einstellen und Zu-verstehen-Versuchen entwickelt. Der Terminus wird heute auch in der Psychotherapie (bei Paarbeziehungen) sowie bei Borderlinepatienten verwendet. Ein typisches Beispiel für eine durch einen Ritualbruch erzeugte Co-Abhängigkeitssymptomatik bei Paaren ist die folgende Geschichte einer fünfunddreißigjährigen Marketingmanagerin, die ich in unserer Gruppe erzählte:

In der Liebesbeziehung zwischen Veronika und ihrem Freund Frank gab es einmal eine schöne Zeit. Das war am Anfang, als die Kinder auf die Welt kamen. Sie gestaltete Webseiten und erzog den Sohn und die Tochter. In ihrem Leben bildeten sich Rituale heraus. Jeden Tag rief sie Frank nachmittags aus dem Büro an, fragte ihn, wie es ihm gehe, dann tauschten sie sich über ein paar Dinge des Tages aus. Zum Abschluss sagten sich beide, dass sie sich liebten. Frank brachte ihr an Wochenenden gern das für Liebespaare typische Frühstück ans Bett, während die Kinder um sie herumtollten und sich manchmal zu ihnen kuschelten. Das Wochenende war die schönste Zeit. Dann aber nahm der Stress in Veronikas Firma zu. Sie hatte einen neuen Chef, und verschiedene Äußerungen ihres Vorgesetzten lösten bei ihr Irritationen aus. Sie fühlte sich belastet, konnte jedoch nicht genau sagen, warum. Sie stellte lediglich fest, dass sie sich enorm unter Druck gesetzt fühlte. Oft rief sie Frank nachmittags nicht mehr an. Sie vergaß es einfach. Als er ihr eines Sonntags das Frühstück ans Bett bringen wollte, reagierte sie gereizt: »Ach, immer dieses Frühstück! Danke zwar, das ist lieb von dir, aber ich brauche mal meine Ruhe.« Sie kommunizierte nicht, dass sie unter Stress stand.

Ihr Verhalten verletzte Frank. Er war verunsichert, kümmerte sich nie wieder um ein Frühstück im Bett. Veronika begann zu überlegen, ob er sie vielleicht nicht mehr liebte. Hatte er eine andere Frau?

Frank verkrampfte sich zunehmend. Ungewollt fielen Bemerkungen, die falsch verstanden werden konnten. Er begriff nicht, was mit seiner Frau, was mit ihrer Beziehung los war. Bei Veronika wiederum erhöhten sich durch das zusätzliche Beziehungsproblem der innere Druck und das daraus resultierende Bedürfnis, Ruhe haben zu wollen. Sie hatte auch keine Lust mehr auf Sex. Es war eine Abwärtsspirale, die in eine Beziehungskrise führte, obwohl der Auslöser lediglich ein Ritualbruch im Job war, über den man sich hätte austauschen können. Hätte Veronika mehr von ihren Schwierigkeiten in der Firma und von ihrem inneren Druck erzählt, hätte Frank die Möglichkeit gehabt, ihr Verhalten zu verstehen. Es wäre nicht zu Erschwernissen in diesem Ausmaß gekommen.

Die Krise der beiden wäre leicht zu lösen gewesen, hätte es da nicht die Co-Abhängigkeit gegeben: Das Gleichgewicht zwischen Veronika und Frank war gestört. Durch den Ritualbruch war ihr gegenseitiges Vertrauen beschädigt und die Überzeugung, dass sie zueinanderpassten, ins Wanken geraten. Indem Veronika ohne jede Erklärung gehandelt hatte, steuerte sie sich selbst in die unabhängige Rolle im partnerschaftlichen Prinzip der Co-Abhängigkeit. Frank war nun der Abhängige, weil er nicht begriff, was sie tat und was mit der Beziehung geschah. Veronika war aber nur scheinbar die Unabhängige, da sie ihre Handlung unbewusst ausgeführt hatte. Sie war daher co-abhängig von ihm geworden.

Irgendwo in ihr drin war ihr vollkommen klar, dass sie diejenige war, die das Ganze ausgelöst hatte. In ihr entstand einerseits ein Selbstbewusstsein, andererseits ein Schuldgefühl. Da sie zudem die Stärkere war, ihr Partner wegen der Abhängigkeit der Schwächere und sie nach wie vor tiefe Gefühle für ihn empfand, wollte sie ihm helfen. Sie spürte seine Beziehungsangst, seine Sorgen. Sie versuchte ihm nun zu erklären, was er falsch gemacht hatte, wo seine Probleme lagen und dass er doch mal was für sich tun sollte. Dass sie selbst die Krise ausgelöst hatte, übersah sie völlig.

Dieses Missverhältnis in ihrer Einschätzung trieb ihn in die Enge. Mehr und mehr geriet er in die Defensive – ähnlich den Männern, denen ständig vorgehalten wird, wie falsch sie Frauen behandeln. Eigentlich wollte er nur, dass sie ihm zu verstehen gab, sie würde ihn noch lieben. So etwas blieb aber aus. Sie hätte solche Äußerungen in ihrer Situation als Belastung, fast sogar als Bedrängung empfunden. Beide rückten daher immer weiter voneinander weg. Das Gefälle zwischen ihnen wurde größer und größer.

Verhaltenssymptome bei einer Co-Abhängigkeit

1. Schwierigkeiten, bei sich zu bleiben und die eigenen Bedürfnisse zu beachten.
2. Zu große Nachgiebigkeit.
3. Übergriffigkeit dem anderen gegenüber und ein Nichterkennen der Bedürfnisse des anderen.
4. Neigung, sich nur um den Partner und dessen Probleme zu kümmern.
5. Schwierigkeiten, über die eigenen verletzten Gefühle zu reflektieren und sie anzuerkennen.
6. Die Bereitschaft, sich selbst aufzugeben.
7. Die Entschlossenheit, sich immer weiter zu bemühen, koste es, was es wolle, sogar auf Kosten der eigenen Lebensqualität und der existenziellen Sicherheit.

Aus einer Co-Abhängigkeit kommt man nur schwer heraus. In vielen Fällen ist eine radikale Trennung mit Kontaktabbruch notwendig. Eine Alternative wäre, sich von der Einflusssphäre des anderen abzukoppeln und gleichzeitig an sich selbst zu arbeiten. Das bedeutet die Aufgabe von Ritualen und Klischeeverhalten. Dieser Weg kann nur über die Bewusstmachung, Anerkennung und Erfüllung der eigenen Bedürfnisse laufen. Die Begegnung mit der eigenen Geschlechterrolle und die Aufarbeitung der Geschlechterklischees können dabei eine Schlüsselfunktion erhalten.

Eine weitere Möglichkeit, die Mechanismen der Co-Abhängigkeit zu durchbrechen, wäre die Erkennung des Auslösers, der zum Ritualbruch geführt hat, und eine begleitete Kommunikation der daraus entstandenen Problematik. Parallel könnten bewusst neue Rituale geschaffen werden, die beiden Partnern Freude bereiten und an deren Entstehung beide gleichermaßen beteiligt sind. Es braucht Ideen, Abstand, eine Therapeutin, die dieses Prinzip durchschaut.

Veronika und Frank versuchten zuerst über eine Paartherapie ihre Beziehung zu retten. Da Veronika aber weiterhin im Glauben war, dass sie ihrem Partner helfen müsse, »sein« Problem zu lösen, kamen sie dadurch nicht weiter. Der Therapeut durchschaute das Prinzip der Co-Abhängigkeit nicht. In der Folge setzte Frank die Therapie allein fort, weil auch er glaubte, dass einzig er die Beziehungsschwierigkeiten ausgelöst habe. In dieser Zeit verliebte sich Veronika in einen anderen Mann. Die Beziehung mit Frank ging vollständig in die Brüche. Und das bloß wegen ein paar kleinen Ritualbrüchen.

Co-Abhängigkeit der Frauen und Loslösung

Das Lösungsmodell, um der Co-Abhängigkeit zu entkommen, könnte ganz allgemein bei Frauen und Männern angewandt werden, denn zweifelsohne befinden sich Frauen kollektiv in einer Art Co-Abhängigkeit zu Männern. Der Grund dafür liegt in der jüngsten Historie: Männer und Frauen pflegten über Jahrtausende hinweg bestimmte Beziehungsrituale, die von den hier beschriebenen Geschlechterklischees dominiert wurden. Seit einigen Jahrzehnten haben sich Frauen nun selbstständig und ohne nennenswertes Zutun der Männer aus diesen alten Ritualen gelöst. Die Männer hingegen haben sich bei dieser Emanzipation der Frauen nicht wirklich adäquat mitentwickelt. Äußerlich mag es zwar ein wenig so aussehen, doch wie sieht es innen bei den Männern aus? In den Häusern, in denen sie mit den Frauen leben? In den Firmen, in denen sie jetzt mit ihnen arbeiten (müssen)?

Da es ausgeschlossen ist, dass die Frauen – wie es in Co-Abhängigkeitskonflikten oft empfohlen wird – den Kontakt zum anderen Geschlecht vollständig abbrechen, bleiben ihnen nur zwei Möglichkeiten: an sich selbst zu arbeiten oder die Ritualbrüche zu kommunizieren. Da Letzteres ein gemeinsames Engagement voraussetzt, das die Männer aber kaum mitmachen werden, bleibt den Frauen bloß die Auseinandersetzung mit sich selbst und den Geschlechterklischees. Durch ein komplexes, innig gefühltes Verständnis derselben könnten sie sich auf diese Weise tatsächlich aus der Co-Abhängigkeit von Männern lösen und wirklich frei werden. Letztlich würde sich dann auch den Männern offenbaren, in welcher akuten Situation sie sich befinden. Dadurch hätten die Männer als Kollektiv eine realistische Chance zur Weiterentwicklung. Doch solange sie auf ihrem alten Standpunkt bestehen und glauben, ihre Welt sei in Ordnung, werden sie niemals tief greifende Überarbeitungen ihres Rollenbilds in Angriff nehmen – betsenfalls schaben sie an der Makulatur, um eine solche Aktivität vorzutäuschen.

Eine der wichtigsten Voraussetzungen für die Unabhängigkeit von anderen Menschen ist das Erkennen der eigenen Beziehung zu ihnen. Innerhalb dieses Vorgangs nehmen auch Frauen ein bestimmtes Rollenverhalten an, in dem sich die Abhängigkeitsmuster mit den Männern verankern.

Auf die Frauenrolle wirken drei belastende Faktoren:

1. Reaktionen auf die bestehende Männerrolle und die durch sie geprägten gesellschaftlichen Umstände, in denen sich Frauen bewegen müssen.
2. Konditionierungen aus dem eigenen Leben und die Altkonditionierungen aus vergangenen Epochen.
3. Der aktuelle Umgang mit der Männerrolle sowie die Ausrichtung der Frauen an den durch die Männerrolle bedingten Geschlechterklischees.

Die Geschlechterklischees beschreiben die vielen Varianten, inwiefern Männer und Frauen aufeinander reagieren, wobei die männliche Rolle der weiblichen gegenübersteht. Die Loslösung von dieser Rollenpolarität bedeutet nicht, dass es das so schöne, so prickelnde Flirten nicht mehr gibt, wie es in der Runde im Pfarrsaal wieder einmal befürchtet wurde.

»Ich mag es ganz gern, wenn mich hin und wieder ein testosterongeschwängerter Mann in den Arm nimmt«, sagte Evelyn.

»Und was ist dann mit dem Sex?«, fragte Sophia.

Ich antwortete: »Es ist genau umgekehrt. Mit Auflösung der Klischees und des damit verbundenen Rollenverhaltens wird ein viel reichhaltigeres und authentischeres Miteinander zwischen Frauen und Männern möglich. Das gilt für Begegnungen am Schreibtisch oder im Bett. Beim Sex würden dann nicht mehr die Vertreter zweier Geschlechterrollen erotische Übungen mit krampfhaft angesteuertem orgastischem Ausgang vollziehen. Es könnten dann zwei Menschen miteinander fühlen und verschmelzen.«

Die Beziehungstherapeutin Eva-Maria Zurhorst schrieb in ihrem Buch *Soulsex*, wie das aussehen könnte: »Da ist eine Berührung, eine andere Berührung, und wenn ich mich in diese kleine Berührung hineinfallen lasse, ganz tief, dann eröffnet sich aus dieser kleinen Berührung alles, wonach ich mich sehne.« Die Voraussetzung ist allerdings, dass eben klischierte Vorstellungen und Rollenverhalten aufgegeben werden.

Die Schlüsselrolle der fliegenden Frauen

»Ob ihr's glaubt oder nicht, ich habe eben zufällig mit einer Exfreundin meines Chefs gesprochen. Gerade habe ich mit ihr telefoniert«, erzählte Sophia nach einer Pause im Pfarrhaus. »Berichtete die mir doch tatsächlich, dass er ohne Vater aufgewachsen ist. Seine Mutter muss für ihn eine überirdische Person gewesen sein. Er hat ihr immer Blumen geschickt, selbst wenn es keinen Anlass dazu gab. Nachdem er das mit den Blumen dann einstellte, weil seine damalige Freundin eifersüchtig war, enterbte ihn seine Mutter. Seitdem ich das weiß, habe ich Gewissensbisse. Meine Reaktion auf seine Tulpen tut mir fast ein bisschen leid. Der arme Mann.«

»Wenn du der Arbeitsbeziehung mit deinem Chef einen Namen geben müsstest, welcher wäre das?«, fragte ich.

»Hm, es ist so, wie du es vor der Pause formuliert hast, eine Art Abhängigkeitsverhältnis, obwohl es ja Arbeitsverhältnis heißt. Dennoch stimmt das mit der Abhängigkeit, da Kräfte zwischen uns wirken, die mit der Arbeit schon lange nichts mehr zu tun haben.«

Eine Umgestaltung unserer Geschlechterrituale wird nicht von heute auf morgen vollzogen werden können. Ein Staat kann den Transformationsprozess von einer Diktatur in eine Demokratie ja auch nicht innerhalb eines Jahres bewältigen. Es dauert. Und bei der Umwandlung unserer Geschlechterrituale braucht es Motivation, Wille, Geduld, Bewusstsein und vor allem Empathie. Von beiden Seiten. Leider sehen die meisten Männer keinen Handlungsbedarf für eine solche Veränderung. Deswegen kommt, wie gesagt, den Frauen die Schlüsselrolle bei diesem Prozess zu.

Ihnen obliegt es, die Männer in ihrer Menschlichkeit zu bestätigen, sodass sie sich sicher fühlen können. Das wiederum setzt bei den Frauen ein hohes Maß an Einfühlungsvermögen für das Dilemma der Männerrolle voraus (darauf gehe ich später noch ein). Damit sie das bewältigen können, müssen Frauen ein Ziel ins Visier nehmen, das nicht nur in der Arbeit begründet ist. Nur ein solches Ziel könnten Männer anerkennen, ohne sich sofort in ihrer angestammten Domäne angegriffen zu fühlen. Dann bestünde die Möglichkeit einer beidseitigen Öffnung.

Die in Mailand lebende chinesische Modedesignerin Lin Sheng-zen konnte nach fünfzehn Jahren harter Arbeit die lebensfremden Ziele ihrer männlichen Mitarbeiter nicht mehr ertragen. Eines Tages stand sie vor einem Schaufenster und betrachtete ihre dort ausgestellten Kleider. Im Spiegelbild sah sie sich selbst, eine Frau Ende dreißig. Sie wunderte sich, dass sie weder beim Anblick ihrer neuesten Kollektion noch ihres Spiegelbilds etwas empfand. Stattdessen fielen ihr Frauen auf, die ebenfalls ins Schaufenster schauten – ihr erster Blick galt der präsentierten Kleidung. Männer spiegelten sich ebenfalls in den Glasscheiben, sie eilten mit Aktentaschen und Smartphones den Gehsteig entlang.

Lin drehte sich um. Sie fühlte, dass sie so, wie sie bisher gelebt hatte, nicht mehr weiterleben wollte – und fortan sah sie die Welt mit anderen Augen. Von diesem Tag an hörte sie auf, in der Modewelt zu arbeiten. Sie kehrte in ihre Heimat zurück, nach China, und wandte sich dem Studium des Buddhismus zu. Einige Jahre später besuchte sie Italien. Vom Restaurant eines alten Fischerhafens aus beobachtete sie die Männer auf ihren Kuttern. Sie entluden Kisten mit Krabben und Schwertfischen. In den Restaurants bedienten Kellner. In den Küchen standen Köche.

Lin erzählte mir über Skype: »Ich glaube, man kann das Weibliche und das Männliche nicht voneinander trennen. Aber die Männer haben das jahrtausendelang versucht. Sie haben vergessen, dass sie auf einem Meer von Weiblichkeit schwimmen. Die Weiblichkeit ist das Meer. Ohne Wasser stehen sie auf dem Trockenen.«

Wenn wir etwas so wahrnehmen und es akzeptieren, wie es ist, vollzieht sich bereits ein kleiner Schritt in Richtung Veränderung. Indem wir etwas sein lassen, und sei es nur für einige Momente, geben wir unserem Gefühl Raum und damit der

Prägung eine neue Erfahrung. Das trifft auch zu, wenn wir vorsichtig beginnen, Überholtes zu durchschauen. Allein das Bewusstsein davon wird neue Seelentattoos erzeugen, die unsere Konditionierungen umgestalten. Ein kleines Experiment hilft, um eine Sache neu und unschuldig zu betrachten:

Lin bezeichnete das Meer als Weiblichkeit. Jeder ist in der Lage, individuelle Sprachgebilde zu erfinden. Durch gefühlte Worte lassen sich neue Wirklichkeiten schaffen. Nur wenn wir glauben, was ein Wort bedeutet, hat seine Wirklichkeit eine Chance. Wir können unserer Sprache den Glauben entziehen oder ihn ihr schenken. Das ist unsere individuelle Entscheidung. Wenn Sie fliegen wollen, breiten Sie Ihre Flügel aus, und schwingen Sie sich Richtung Himmel auf.

Beobachten Sie nun von oben – aus einer angemessenen Distanz und so wertungsfrei wie möglich – all das, was Sie im Zusammenleben der Geschlechter begrenzt. Versuchen Sie gleichzeitig, bei sich selbst zu erfassen, wodurch Sie sich während dieser Betrachtung einengen. Erkennen Sie, wie eingeschliffene Interpretationen und verstaubte Umgangsweisen von Ihnen Besitz ergreifen in Situationen, die es eigentlich erfordern würden, dass Sie sich ausdehnen und aufschließen. Nehmen Sie das Andocken an alte Verhaltensmuster und Vorstellungen wahr. Wie oft versuchen Sie, fahrende Schiffe aufzuhalten, Ihre eigene Fahrt zu stoppen?

Freiheit beginnt innen

Während Lin in Norditalien weilte, trafen wir uns von Angesicht zu Angesicht, und zusammen blickten wir aufs Meer. Laut erzählten wir uns gegenseitig, was wir dachten. Ich sagte: »Blau, tief und gute Fische.« Lin kamen Worte wie »warm«, »gefährlich« oder »erotisch« in den Sinn.

»Gibt es denn wirklich kein Wort, an das wir gemeinsam denken, wenn wir aufs Meer schauen?«, fragte Lin.

Noch eine Weile blickten wir in diese weibliche Weite. Ja, auch ich empfand das Meer als eher weiblich und die großen Dampfer am Horizont als männlich. Es war, als wären wir uns im Schweigen näher als in der Sprache. Doch plötzlich sagten wir fast gleichzeitig: »Freiheit.«

Was für ein überstrapaziertes Wort. Eines, das aussagt, was man für selbstverständlich hält. Es stammt aus dem indogermanischen *perei*, was einst so viel bedeutete wie »das, was bei mir ist«. Es bezeichnete ebenfalls die Unabhängigkeit eines Menschen in einer Gesellschaft. *Perei* waren Menschen, die »bei sich waren« und nicht abhängig von anderen.

Auf meine Frage, an was sie denn glaube, was für eine Vision und was für Ziele sie nun habe, wusste Lin zunächst nicht viel zu sagen: »Ich studiere jetzt Buddhismus. Es braucht keine Vision, ich versuche, im Moment zu leben. »

»Du sagst, du versuchst, im Moment zu leben. So ist auch der Moment für dich ein Ziel. Doch so wirst du ihn niemals antreffen, denn dein Moment befindet sich mitten in der Zielsuche, nicht im Ziel selbst. Bitte beantworte mir eine weitere Frage: Stell dir vor, du bist eine Bogenschützin: Hast du ein Ziel?«

»Als ich noch Designerin war«, sagte Lin, »hatte ich unendlich viele kleine Ziele, jeden Tag neue. Jetzt will ich, um ehrlich zu sein, ein schönes Leben haben. Das ist mir am wichtigsten.«

»Was ist dein großes Ziel?« Ich beharrte darauf, von Lin eine Antwort zu bekommen.

Sie dachte eine Weile nach, sagte aber nichts. Dann schaute sie mich an und lächelte. Schließlich musste sie laut lachen, und ihr Lachen steckte mich an.

Viele Menschen setzen sich nicht mehr neuen Erfahrungen aus. Sie sind nicht bereit zu wirklichen Abenteuern, lassen keine neuen Erlebnisse zu. Wenn sie neue Menschen kennenlernen, unbekannte Frauen oder Männer, so selektieren sie diese vorher, ohne es zu bemerken, anhand der in ihnen wirkenden Genderklischees. Menschen, die Partnerschaften suchen, bedienen sich der Bewertungsraster von Datingportalen, die nichts weiter als Klischees bedienen. Selbst im Beruf wird anhand solcher Klischees bewusst/unbewusst kategorisiert, etwa wenn es darum geht, welche Eigenschaften ein erfolgreicher Mitarbeiter angeblich aufzuweisen hat.

Wer so in die Welt hineingeht, wird keine neuen Erfahrungen machen. Zwar wird unentwegt Neues entwickelt, doch etwas sogenanntes Neues zu produzieren, heißt noch längst nicht, dass etwas neu ist. Wirklich innovativ wäre es, wenn wir auf der Basis unseres Wissens und der wissenschaftlichen und technischen Errungenschaften Visionen für eine menschlich lebenswerte Zukunft entwickeln und realisieren würden. Dafür müssten wir aber innehalten und unseren stereotypen Aktionismus zumindest vorübergehend zum Stillstand bringen. Dies wäre eine Utopie, die sich Frauen zu eigen machen könnten.

Über ihre inneren Erlebnisse erzählen sich die Geschlechter nur wenig. Medien und Chatforen sind voll von Darstellungen äußerer Erfahrungen. Kaum jemand hingegen tauscht sich über sein Innenleben in einer Form aus, die über die Inspirationskraft hellblauer Erleuchtungsfarben, buddhistischer Duftkerzen oder sanft klingender Meditationsglocken hinausgeht.

Berichte über Gefühle und Wahrnehmungen zum eigenen Selbst, über innere Konflikte, Sinnlichkeit, Unsicherheit, Sexualität, über das, was Freude oder Angst macht, oder was ein äußeres Erlebnis innen auslöst, haben Seltenheitswert. Doch für das neue Berufsleben ist die Begegnung mit unseren Innenwelten bedeutender denn je. Wie soll man sich verstehen lernen, wenn man lediglich über äußere Belanglosigkeiten spricht und der Rest eine große Geschlechtershow bleibt?

Die Frauen tauchen heute überall dort auf, wo einst nur Männer waren. Sie nehmen Führungspositionen ein. Längst sitzen sie auch zu Hause auf dem Chefsessel und stellen das Familienoberhaupt dar. Den dazugehörigen Innenwelten wird dabei leider keine Beachtung geschenkt. Hier aber liegen die wirklichen Abenteuer der Zukunft: in einem Reset unserer Konditionierung. In einer Aktualisierung unserer gegenseitigen Annahmen von dem, was wir glauben, was wir sind und was mit unseren Mitmenschen los ist.

In der Neurobiologie ist weithin bekannt: »Durch Lernen und Erfahrungen bilden sich in unseren Gehirnen neue Synapsen.« Obwohl in unserem Gehirn nichts gelöscht oder überschrieben wird, kommen zu den alten Erfahrungen neue hinzu und können ihnen gegenüber an Priorität gewinnen. Nur dann können sich Seelentattoos bilden, die den Gegebenheiten unserer Zeit entsprechen.

Insofern beginnt unsere geschlechtliche Freiheit im Umgang miteinander in uns selbst. Nicht bei der Betrachtung und Analyse unseres Gegenübers und unserer Umwelt. Das wäre der zweite Schritt. Ausschließlich innerhalb von uns selbst besteht die Chance, dass unsere alten Gendergewohnheiten zugunsten eines freieren Verhaltens aufgegeben werden, dass sich neue Formen des Selbstverständnisses in der Arbeit und der Kommunikation herausbilden.

In unserem Seminar im Pfarrsaal, das sich langsam dem Ende zuneigte, skizzierten wir gemeinsam eine moderne Frauenrolle, es war die der tollen Frau. Das Tolle-Frau-Klischee ist mein zehntes Geschlechterklischee. Ich kann Sie nur dazu ermuntern, die Rolle weiterzuschreiben, sie zu verändern und individuell anzupassen.

Das Tolle-Frau-Klischee

Die tolle Frau ist eine Unruhestifterin. Durch ihre wechselhafte Persönlichkeit hebt sie sich als einzigartige Erscheinung aus dem Kreis ihrer Mitstreiterinnen heraus. Während sie Männerblicke anzieht, scheiden sich bei ihrem Auftreten unter den Frauen die Geister. Sie bekommen Angst, selbst keine tolle Frau zu sein. Denn alle wollen eine tolle Frau sein – oder das, von dem sie glauben, was eine solche ausmacht. Wüssten sie, welches Rollenverhalten sich hinter diesem Frauentyp verbirgt, würden es viele wohl eher vermeiden, eine tolle Frau zu sein. Denn eine tolle Frau fasziniert nur, weil sie die typischen Klischees vieler Frauenrollen vereint und durchweg beherrscht. Das ist anstrengend.

Die tolle Frau kann schön und wenig attraktiv zugleich sein. Sie ist die Frau, die sich Fehler leisten darf. In der Regel sieht sie sehr gut aus. Aber selbst wenn sie keinem gängigen Schönheitsideal entspricht, würde man sie dennoch niemals für hässlich halten. Im Gegenteil: Sie bringt die Frauenwelt zur Verzweiflung, weil die Männerwelt sie bewundert, da sie begehrenswerter wirkt als jede andere gut aussehende Frau.

»Quatsch!«, ruft die tolle Frau ihren Mitstreiterinnen zu, die sich über übergriffige Männer und über die Notwendigkeit von Frauenquoten ereifern. »Warum soll ich in der Chefetage keinen knallroten Lippenstift auflegen? Warum soll ich keinen Minirock tragen!« Sie macht das mit so viel Selbstverständlichkeit, dass es sich ein Mann zweimal überlegt, bevor er sie falsch behandelt.

Als wäre sie von einer eigenartigen Wut gepackt, kennzeichnet ihren Rollentyp eine seltsame Rastlosigkeit. Zu tun hat das mit einer endlosen Energie, die gebraucht wird, um

Bildern gerecht werden zu wollen, zu müssen und dies auch sehr gut zu können – selbst dem Bild, dass man keinem Klischee entspricht. Sie ist für alles aufgeschlossen, sie meditiert, macht Yoga, ist belesen, kreativ, intellektuell. Es gibt nichts, was sie nicht darstellen oder leisten könnte. Der gesellschaftliche Druck an dieses Frauenbild hat sie derartig multitaskingfähig gemacht, dass sie kaum noch einzeltaskingfähig ist: Schnell kann es ihr zu langweilig werden.

Die tolle Frau ist eine weibliche Überforderung. Ein Superklischee unserer medialen Zeit. Sie ist die personifizierte Anbiederung an weiblich-männliche Genderraster und nährt ihr Selbstverständis durch die Rituale weiblicher Typenbilder aus Werbung, Mode und gesellschaftlichen Verhaltensanforderungen.

Wenn ein Partner ihr kein aufregendes Programm zu bieten hat, entwickelt sie selbst Ideen für kulturelle Abende und vielseitige Urlaube. Das kann so manchen Mann zum Kollabieren bringen. Denn selbst das Loslassen der tollen Frau ist eine übersichtliche Aktion, die schnell ein Ende hat. Sie spielt dann lieber Golf (mitunter ist sie gekleidet wie ein Champion) oder widmet sich ihren Yogaübungen.

Kaum ein Mann kann ihr das Wasser reichen, kaum einer genügt ihren Ansprüchen. Männliche Leistungen sind ihr nicht fremd, so kann sie mit Schraubenzieher und Hammer versiert umgehen. Sie beherrscht die berühmten Tricks, als Frau immer und überall perfekt auszusehen, selbst wenn Regen und anderes Ungemach ihr einen Strich durch die Rechnung machen wollen.

Die tolle Frau ist oft eine alleinerziehende Mutter. Sie kann aber auch die Ehefrau eines viel beschäftigten Mannes sein, an dessen Rollengestaltung sie emsig mitarbeitet. Oder sie ist die Partnerin eines hoffnungslosen Losers, den zu retten sie sich geschworen hat. Schließlich hat an der Seite der tollen Frau noch kein Mann verloren. Die tolle Frau kann nämlich zaubern. Ist ihr Mann pleite, treibt sie mit ihren Ideen Geld auf. Trifft das Gegenteil zu, trägt sie zur Vermehrung seines Vermögens bei. Und selbst angesichts eines hoffnungslos leeren Kühlschranks kann sie ein köstliches Abendmenü zubereiten.

Der Preis, den sie dafür bezahlt, ist ihr freies Leben. Sie lebt wie in einem Gefängnis. Sie hat unzählige Bekannte, aber kaum richtige Freunde. Ihr Dilemma ist die Einsamkeit. Sie ist rhetorisch hochversiert. Die Folge: Oft redet sie einen Tick zu früh, spricht entschieden zu viel und kann andere – auch Männer – verbal in Schach halten. Als Frau wirkt sie bloß nicht so pseudogescheit wie ein männlicher Alleswisser. So reflektiert und offen, wie sie ist, so wenig erkennt sie diesen Charakterzug an sich selbst. Die Folgen ihres Verhaltens bemerkt sie erst viel zu spät: Dann, wenn nur noch wenige Menschen an ihrer Seite sind.

In ihrer Seele ist die tolle Frau weder verbal noch emotional leicht erreichbar. Sicherlich hat sie Gefühle. Sie ist sensibel und liebenswert. Doch in ihr ist auch eine tiefe Form von Stille, vor der sie Angst hat. Wenn sie diese Stille zulassen würde, könnte sie sich selbst wieder mehr spüren, was sie nicht so gern will. Sie ist zwar toll, aber ohne die emotionale Kraft, die aus dieser Tiefe kommt. Deswegen nährt ihr Tollsein – und das Feedback anderer darauf – nie wirklich ihr Selbstwertgefühl. Ihre Frustration darüber kompensiert sie bei zunehmender Lebenserfahrung immer mehr mit äußeren Aktivitäten.

Im fortgeschrittenen Alter droht die tolle Frau von Männern verlassen zu werden. Sie ist ja das weibliche Gegenstück zum Macho: unerreichbar, nie zu befriedigen, tonangebend. Ein normales, schlicht gestricktes Männerego hält es mit einer Frau, die alles weiß und kann, auf Dauer nicht aus. Das allerdings macht die tolle Frau wütend. Ihr Rollenverhalten kann dann zu einer zwanghaften Kompensation werden. Das zeigt sich in einem peniblen Aufräumen von Küche und Wohnung, in einem zu stark mit Pflegecremes eingesalbten Körper oder in akribisch geführten Einkaufslisten. Das Zuhause der reiferen tollen Frau wirkt oft wie ein Einrichtungsmuseum. Leblos und perfekt. Es ist so extrem vollkommen, dass selbst das Chaos eines zerwühlten Bettes als bewusstes Stilmittel inszeniert ist.

Wenn die Wut in ihr erwacht, läuft die tolle Frau in ähnlicher Weise zur Höchstform auf wie in dem Moment, in dem sie bemerkt, dass ein Mann sie liebt. Sie walzt den liebenden Mann mit Gegenliebe nieder. Und dann kann es gefährlich werden. Fühlt sie sich in ihrer Zuneigung und ihrer Leistung nicht ausreichend anerkannt, sind verführerischer Charme, versierte Beredtheit und Contenance schlagartig verflogen. Ohne Ankündigung und Vorwarnung verwandelt sich die tolle Frau in eine ernst zu nehmende Feindin. Man bemerkt das zuerst gar nicht. Doch ist dieser neuralgische Punkt, der auf einer tiefen Verletzung in der Kindheit gründet, einmal zum Leben erwacht, gibt es für die tolle Frau kein Zurück und kein Halten mehr. Hat der Mann es einmal mit ihr verdorben, ist er für immer ihr Feind. Dann wird sie konsequent, zur ungnädigen Kämpferin, die keine Kompromisse mehr zulässt, die hemmungslos und nachhaltig zerstören kann, selbst ganze Existenzen.

Ihr inneres Kind hatte einst mit Perfektionswut den Vater oder die Mutter zu beeindrucken versucht. Die ersehnte Liebe, meist die des Vaters, bekam sie aber nie. Jetzt tyrannisiert sie ihre männlichen Feindbilder. Unbewusst nutzt sie diese, um sich indirekt an ihrem Vater zu rächen.

Die geballte Kraft ihrer Perfektion, ihrer Manie, sich unentwegt an bestimmte äußere Verhältnisse anzupassen und allem gerecht werden zu wollen, wendet die tolle Frau jetzt zielfokussiert gegen ihren Feind an. Wenn zerstören, dann aber richtig: den Lebenspartner, der sie betrogen hat, den Freund, der etwas scheinbar Bedeutungsloses vergessen hat, was sie vor vielen Wochen einmal gesagt hat. Es können Berufskollegen oder Chefs sein, die manchmal gegen kleinste Regeln des Miteinanders verstoßen haben, und wenn es nur ein falsch geschenkter Strauß Blumen war, wie Sophia bei sich selbst erkannte.

Manchmal beklagen sich Männer, dass nach einer solchen Erfahrung mit einer tollen Frau kein Gras mehr um sie herum wächst. Viele wissen gar nicht, was ihnen gerade widerfährt. Und oft sind das genau diejenigen, die auf tolle Frauen abfahren: wilde Hengste als charmante Gentlemen getarnt, Satyrn, verkleidet als Intellektuelle, als Unschuldslämmer, als softe Typen, die sonst selbst über Frauenleichen gehen. In ihrem näheren Umfeld war nicht selten eine verletzte tolle Frau am Werk.

Viele tolle Frauen haben ihr weibliches Selbst aufgegeben, indem sie sich in ihrer Lebensgestaltung an der männlichen Geschlechterrolle ausgerichtet oder dagegengehalten haben. Die tolle Frau ist keine wirklich unabhängige weibliche Lebensform. Ein konstruktiver Umgang mit ihr muss in allererster Linie durch Zuverlässigkeit geprägt sein. Von männlicher wie von weiblicher Seite. Sie braucht Treue, Kontinuität, Ehrlichkeit. Statt organisatorischer oder finanzieller ist ihr oft emotionale Unterstützung wichtiger. Man sollte ein Notizbuch mit allen wichtigen Terminen, Daten und Fakten führen, die der tollen Frau wichtig sind. Es sind meistens mehr, als man sich merken kann.

Die Heilung der tollen Frau kann nur durch sie selbst geschehen. Dazu muss sie ihr Dilemma erkennen und sich ihre Not eingestehen. Leider tut sie das kaum. Denn ihr anspruchsvolles Selbstbild hat einen wichtigen Teil der männlichen Geschlechterrolle verinnerlicht. Von irgendjemandem hat sie gelernt, wie es geht, sich ähnlich wie ein Mansplainer kaum Schwächen einzugestehen. Schwächen sind bei ihr ein wunder Punkt, wurde sie doch einst in ihrem Inneren tief verletzt. Von ihrem Vater, einer anderen männlichen Vorbildfigur, einem Partner – oder von einer Altkonditionierung. Aus diesem Grund hat sich in die Seele der tollen Frau ein Teil der männlichen Geschlechterrolle eingenistet. So geschieht in ihr das, was sonst meist nur von Männern praktiziert wird: die Ausgrenzung von Weiblichkeit.

Verletzte Rollenbilder und tantrisches Jobbing

»Ihr selbst seid keine Rolle, ihr seid kein Bild, ihr seid auch nicht die Vorstellung von etwas und auch nicht das, was ihr euch von euch selbst vorstellt. Ihr seid Menschen, und das bedeutet, ihr seid alles. Deswegen könnt ihr nicht verletzt werden. Nur die Rolle wird beschädigt, nicht ihr selbst. Doch es ist verständlich, dass man es als Verletzung empfindet, wenn man als vollständiger Mensch auf eine Rolle reduziert wird.«

Ich sagte das zum Abschluss unseres Seminars. Die Gespräche im Pfarrsaal hätten wir noch endlos weiterführen können. Immer wieder tauchten neue Situationen auf, über die wir hätten reden können. Doch die mit ihnen verbundenen Ursachen blieben die gleichen. Am meisten kreisten die Gedanken um Gefühle, um Traurigkeit, eine Leere, Ohnmacht, Hilflosigkeit. Damit einher ging folgendes Problem: Warum war es so schwer, als Frau an die Männer heranzukommen? Wie erreichte man sie? Wie sprach man sie an? Wie weckte man Verständnis bei ihnen? Und was war überhaupt mit diesem Herankommen gemeint? Die Frauen erklärten es mit einem Bedürfnis nach mehr Nähe, mehr Vertrauen und nach einer Öffnung der Männer gegenüber ihrem Anliegen. Aber sind Frauen wirklich davon abhängig, dass sich Männer ihnen gegenüber offener zeigen?

Wir leben in einer Welt der Trennung – doch wenn wir uns von den Geschlechterrollen und ihren Klischees lösen und damit diese Trennung überwinden wollen, ist die Erkenntnis unserer subjektiven und unserer objektiven Geschlechterrolle Grundvoraussetzung. Die subjektive Geschlechterrolle spiegelt unsere eigene Vorstellung wider von dem, was wir sind – die objektive das, was die anderen über uns denken. Beide treffen – ähnlich einer Filmprojektion im Kino – wie zwei Lichtkegel aufeinander, die eine Rolle von vorne auf die Leinwand, die andere von hinten.

An dieser Deckungsgleichheit arbeiten Menschen unentwegt. Sie begreifen diese Aktivität als notwendig für ihr gesellschaftliches Standing, für den guten Ruf, als Voraussetzung, um zu flirten. In Wirklichkeit ist diese vornehmlich zwischen Männern und Frauen stattfindende Interaktion oft eine reine Energieverschwendung, weil dabei unser Menschsein einzig und allein auf die Geschlechterrollen reduziert wird.

Welche geschlechtliche Rolle letztlich unsere ist, bildet sich aus der Überschneidung unseres Selbstbilds mit der Vorstellung der anderen heraus, die in der Überlegung besteht, wer wir wohl sind oder wie wir zu sein haben. Dieser Vorgang ist nichts anderes als der bereits beschriebene Abgleich von Erfahrungen mit abgespeicherten Seelentattoos in unserem Gehirn. Unser Rollenverhalten ist mit anderen Worten also längst in uns angelegt. Die dafür verantwortliche Genderkonditionierung beginnt nicht erst während der Schwangerschaft oder nach der Geburt. Aufgrund der Altkonditionierungen durch vergangene Generationen wirken tiefere Genderstrukturen auf unser subjektives Bild ein, als wir gemeinhin denken. Sie beeinflussen unser Wohl- oder Unwohlsein. Dort, wo beide Bilder, das innere und das äußere, deckungsgleich sind, fühlen wir uns mehr oder weniger wohl. In dieser Kongruenz entsteht unsere Wunschrolle als »richtiger Mann«, »guter Typ« oder »Klassefrau«.

Je identischer die projizierten Bilder sind, desto glücklicher fühlen wir uns also. Im Idealfall wähnen wir uns in Harmonie mit unserer »geschlechtlichen Welt« und sagen: »Das bin ich«, »Ich bin so«, »Das ist meins«, oder: »Genau, das ist mein Typ.«

Um dieses vermeintliche Glücksgefühl zu erreichen, nehmen viele Menschen Veränderungen am eigenen Erscheinungsbild in Kauf. Es bereitet ihnen ein gewisses Machtgefühl, an einem Idealbild festzuhalten. Der gesellschaftliche Stellenwert der Geschlechterrollen ist letztlich so hoch, dass für die meisten Menschen hinsichtlich ihres subjektiven Rollenbilds eine andere Welt als die, zu welcher sie sich zählen, kaum infrage kommt.

Das kann so weit gehen, dass sich jemand in der Rolle des anderen Geschlechts subjektiv wohler fühlt, etwa dann, wenn er den Eindruck hat, im falschen Körper zur Welt gekommen zu sein. Viele dieser Menschen haben es in der Tat schwer, zwischen den beiden etablierten Rollen einen Platz zu finden – unsere Gesellschaft bietet nur zwei starre Rollen an und dazwischen nichts.

Um Zufriedenheit innerhalb dieses Rollenspiels zu empfinden, praktizieren wir in unserem Zusammenleben die Paarbeziehung oder die Ehe. Diese Beziehungsformen sind Schmelztiegel des sich gegenseitigen Abgleichens. Dass so viele Männer und Frauen, aber auch gleichgeschlechtliche Paare auf der Basis vermeintlicher Deckungsgleichheit Beziehungen mit dem Anspruch einer lebenslangen Treue (»… bis dass der Tod euch scheidet«) eingehen, zeigt, wie sehr die Überschneidung unterschiedlicher Projektionen zweier Menschen idealisiert wird. Dabei dreht es sich bei diesen Beziehungen in der Regel lediglich um die Pflege des Gefühls, das durch die Überschneidung der beiden Projektionen entstanden ist. Es hat nur kaum etwas mit den beteiligten Personen selbst zu tun.

Genau aus diesem Grund gehen die meisten Beziehungen wieder auseinander, nämlich dann, wenn die Deckungsgleichheit gestört ist. Menschen, die davon betroffen sind, haben die Macht über sich selbst verloren. Sie befinden sich in vollständiger Abhängigkeit von idealisierten Imagebildern. Könnten sie sich von ihnen lösen, würden sie wieder sie selbst werden. In guten Therapien wird an so etwas gearbeitet. Macht über sich selbst zu gewinnen, bedeutet aber auch, unabhängig zu werden und zu bleiben. Das erfordert Selbstverantwortung und Eigenständigkeit. Man müsste dann aus eigenen Stücken denken und handeln und sich nicht daran orientieren, was ein geschlechtliches Rollenmanuskript vorschreibt oder was die Außenwelt gut findet. Denn in der Realität sind unsere gegenseitigen Projektionen tatsächlich nur selten vollständig deckungsgleich. Sie können es gar nicht, weil das gesamte Gebilde unentwegt in Bewegung ist. Wir sind lebendige Wesen, die Projektionskegel bewegen sich daher ohne Unterlass.

Viele wünschen sich, »endlich mal wieder ich selbst zu sein«. Sie fühlen intuitiv und schmerzlich, dass sie innerhalb ihrer Beziehung, beruflich wie privat, aufgrund des unentwegten Justierens ihr wirkliches Selbst vernachlässigt haben. Das Unerträgliche des Trennungsschmerzes bei Paarbeziehungen rührt zu einem großen Teil von der Loslösung der gelebten Deckungsgleichheiten her. Unbewusst empfinden wir, dass irgendetwas mit unserer Rolle nicht stimmt. Haben wir einen Fehler gemacht? Etwas Falsches gesagt? Die Rolle falsch gespielt? Sofort beginnen wir eifrig, etwas an der Ausrichtung unseres Außenbilds zu ändern. Erkennen wir einen Unterschied, versuchen wir korrigierende Botschaften auszusenden, damit die Außenwelt ihre Scheinwerfer wieder auf uns richtet. Dafür benutzen wir ganz ähnliche Kommunikationstools wie in der Werbung: Wir senden visuelle Botschaften aus und setzen die Sprache als erklärendes und imageprägendes Instrument ein. Zudem veranstalten wir Events: Wir gehen abends aus, um auf eine bestimmte Weise gesehen zu werden. Wir telefonieren und chatten, manchmal nächtelang, wir treffen uns zum Abendessen, veranstalten Partys, machen Geschenke und beobachten die Reaktion der anderen.

Dieser Mechanismus kann in ein exzessives, narzisstisches Spiel ausarten, das aber nie zu wirklicher Befriedigung führt. Es dreht sich dabei mehr darum, dass wir geliebt werden wollen, als dass wir etwas zu kommunizieren haben. Das Sich-über-etwas-Verständigen wird instrumentalisiert zugunsten einer narzisstischen Selbstbefriedigung. Der in Berlin lehrende Neurowissenschaftler Dar Meshi hat hinsichtlich der Gier nach Likes eine ähnliche Reaktion im Gehirn erkannt wie beim Genuss von Zucker. In beiden Fällen wurde im Nucleus accumbens, dem in unserem Vorderhirn sitzenden »Belohnungszentrum«, der Neurotransmitter Dopamin ausgeschüttet, das auch »Glückshormon« genannt wird. Das sich gegenseitige Liken findet aber nicht nur auf Facebook statt, sondern auch im realen Leben. Meshi schließt auf einen neurologisch verwurzelten »Drang nach Anerkennung« in uns. Das bestätigt in gewisser Weise ebenfalls der neurologische Vorgang, der beim Abgleich einer erlebten Erfahrung mit einer inneren Abspeicherung zu einem Seelentattoo führt.

Der Eingriff der anderen in unser Leben

Andere nehmen uns durch die Botschaften wahr, die wir aussenden. Zudem erhalten sie Informationen über uns, die gar nicht von uns stammen, beispielsweise wenn sie lesen oder hören, was andere über uns sagen. Außerhalb von uns wird das eigene geschlechtliche Selbstbild alleridngs nicht immer so wahrgenommen, wie wir es uns wünschen. Die Vorstellungen anderer Menschen von uns setzen sich aus einer Vielzahl von Seelentattoos und Klischeekonglomeraten zusammen. Mit ihnen haben wir aber so gut wie nichts zu tun, wir haben sie nur ausgelöst. Alles, was andere Menschen von uns registrieren, kann uns wieder wie ein Bumerang treffen. Wir erleben das manchmal wie einen Eingriff von außcn.

Es macht keinen Sinn, eine Veränderung erzielen zu wollen, indem man alleine die Justierungen bearbeitet. Damit können lediglich oberflächliche und kurzfristige Klärungen erzielt werden, keine langfristigen und tief greifenden. Zahlreiche Ratgeber ergehen sich jedoch in solchen Rezepten, viele Coachings und Therapien kommen über dieses Niveau nicht hinaus. Die durch eine veränderte Justierung entstandenen neuen Bilder mögen zunächst eine spürbare Besserung erzeugen, doch sie hält nur für kurze Zeit an, da sich die Bilder niemals festhalten lassen. Solange wir uns weiterhin mit den Überschneidungen der inneren und äußeren Projektion identifizieren, sind wir nicht bei uns selbst. Wir sehen und fühlen uns aus dieser Perspektive nicht einmal. Obendrein führt das ständige Beschäftigtsein mit dem eigenen geschlechtlichen Rollenbild und mit den damit verbundenen Befindlichkeiten zu einer immer stärkeren Abhängigkeit von der jeweiligen Rolle. Dieser exzessive Abgleich führt – wenn er über längere Zeit stattfindet – zu einer seelischen Erschöpfung. Manche Menschen wollen in der Folge gar keine Beziehungen mehr eingehen. Weder intime noch freundschaftliche. Auch innerhalb der beruflichen Beziehungen führt dieser Überdruss oft zu Vereinsamung oder gar zu sinnlosen Auseinandersetzungen, in denen Menschen die Kontrolle über ihr Justieren verloren haben – und sich »wie ferngesteuert« fühlen.

Malen Sie sich einmal aus, was die meisten Menschen tagaus, tagein an Aktivitäten aufbringen, bloß um voreinander ihr diverses Image zu korrigieren. All das damit verbundene Handeln, Denken und Fühlen absorbiert enorm viel von unserer Energie und ist ein massiver Stressfaktor.

Der größte Teil dieses Justierens ist überflüssig. Wir können in unserer modernen Welt auch überleben, ohne geschlechtliche oder andere Imagebilder zu justieren. Einst gab es noch Strafen, oder man wurde mit harten Konsequenzen konfrontiert, wenn man aus der geschlechtlichen oder sozialen Norm fiel. Doch die Zeiten sind vorbei, sich vom Zerrspiegel anderer abhängig zu machen. Könnte man das Herumputzen am äußeren Bild bleiben lassen, so würde mehr Energie für die Gestaltung eines selbstbestimmten Lebens frei werden.

Viele Frauen aus dem Seminar fragten sich besorgt: »Falle ich dann nicht in ein tiefes Loch, wenn ich das unterlasse? Wie soll ich ohne dieses Justieren überhaupt einen anderen Lebensgefährten treffen? Werde ich dann nicht allein sein? Und finde ich überhaupt einen neuen Job, wenn ich unter den alten einen Schlussstrich ziehe?«

Doch letztlich bietet das Leben immer wieder etwas Neues und wartet mit Überraschungen auf. Besonders dann, wenn man frei dafür ist.

Mit Sophia entwickelte sich nach dem Seminar ein intensiver Austausch über Leben, Freiheit und geschlechtliches Rollenverhalten. Es stellte sich heraus, dass es unmöglich war, ihre Probleme auf das Berufliche zu reduzieren. Ihr Privatleben spielte immer mit hinein. Sie beschrieb ihr Problem einmal so: »Es ist, als könnte ich nicht getrennt von einem Teil von mir in die Arbeit gehen.« Damit meinte sie, dass sie das Private vor dem Betreten der Firma nicht wie einen Mantel ablegen konnte. Eines Nachts chatteten wir wieder einmal:

»Meine Sicht ist heute etwas beeinträchtigt«, teilte sie mir mit.

»Wieso?«

»Es ist etwas Privates. Ich bin ein wenig verliebt.«

»Gratuliere! Aber du klingst traurig, oder?«

»Leider …« Sie stockte.

»Wieso, ist das Gefühl nicht wunderschön?«

»Es ist einer aus dem Job«, schrieb Sophia. »Ich befürchte, der Typ hat ähnliche Ängste wie ich. Er traut sich nicht. Und ich habe durch die Arbeit verlernt, wie man sich liebevoll annähert, wie man flirtet und so.«

»Was hat das mit dem Job zu tun?«

»Wir waren heute Abend essen. Die ganze Zeit haben wir über meine Auseinandersetzung mit meinem Chef gesprochen und den Fauxpas mit den Tulpen. Der Kollege, er heißt André, hat mir dann zur Beschwichtigung eine Rose von einem dieser von Lokal zu Lokal ziehenden Blumenverkäufer gekauft. Stell dir das vor! Obwohl ich ihm die Story erzählt hatte. Ich habe nicht sonderlich entspannt reagiert. Das war blöd. Ich habe mich sogar dabei ertappt, wie ich den einen oder anderen Männerspruch losgelassen habe. Das habe ich von den Typen aus unserer Firma übernommen.«

»Und jetzt fühlst du dich mies?«

»Genau. Er war richtig lieb, und ich klopfte blöde Sprüche. Schon zwei Jahre habe ich keine Beziehung mehr. Ich verkrampfe mich so schnell, kriege den Spagat zwischen Zuhause und Job einfach nicht hin. Aber ich will mich so gern wieder verlieben! Das ist so schön. Es fehlt mir total. Leider arbeite ich so viel, dass ich kaum Gelegenheit habe, andere Männer als die im Job kennenzulernen.«

»Was bist du für dich: Frau oder Mensch?«

»Hm?! Mensch natürlich.«

»Und was ist für dich der Unterschied zur Frau?«

»Dass ich mich vollständig annehme, so wie ich bin.«

Viele lassen zu schnell ihren Seelentattoos freien Lauf. Es fehlt das Hinhorchen, Hineinfühlen und Innehalten, um eine neue Erfahrung zu machen. Stattdessen bestimmen Eindrücke über uns, nicht authentische Impulse.

Als Sophie ihren Kollegen André zum Essen traf, vermischten sich nicht nur Arbeit und Privatleben. Ihr Spagat zwischen ihrer Weiblichkeit und der im Job vermeintlich erforderlichen Männlichkeit stand ihr im Weg. Sie hatte sich im weiblichen und männlichen Klischeeverhalten verirrt, wusste nicht mehr, was sie an ihrem Bild überhaupt noch justieren sollte. Deswegen fand sie auch keinen Beziehungspartner mehr.

Eine herkömmliche Beziehung zwischen Frau und Mann braucht die Polarität aus Weiblichkeit und Männlichkeit. Wenn sich die dazugehörigen Grenzen aber aufgelöst haben, greift dieser Beziehungstypus nicht mehr. Das Zusammenarbeiten von Frauen und Männern auf gleicher Ebene bringt automatisch eine Verschiebung der angestammten Weiblichkeits- und Männlichkeitsvorstellungen mit sich. Es ist also auch für Unternehmen und unsere Gesellschaft insgesamt angebracht, sich die Veränderungen der Geschlechterbilder zu vergegenwärtigen, um potenzielle Konflikte verhüten zu können.

Als Sophia ihrem Chef vorwarf, er würde sich bei einem Mann niemals mit einem Strauß Blumen entschuldigen, reagierte sie in Wirklichkeit nicht auf seine Geste. Sie überließ sich einem Klischee, das nur indirekt mit der Situation zu tun hatte: dem Paar-Klischee. Unbewusst verband sie die Tulpen mit einer privaten Flirtsituation, obwohl es im Büroumfeld ganz anders gemeint war. Allerdings hätte sich Sophias Vorgesetzter spätestens nach ihrer Reaktion im Konferenzsaal bewusst sein müssen, dass sie genderspezifisch sensibel reagierte. Er hätte besser ein anderes Geschenk oder eine andere Form der Wiedergutmachung gewählt. Seine Botschaft hätte ihr subjektives Projektionsbild treffen müssen, um wieder eine Überschneidung herbeizuführen. Letztlich hatte er mit dem Blumenstrauß das Gegenteil bewirkt und einen zweiten Fehler begangen. Er reagierte auf ähnliche Weise wie Sophia. Auch er überließ sich einer Kombination von Klischees, die ihm im Endeffekt zu verstehen gaben, dass man in solch einer Situation nichts weiter machen könne. Dabei hätte es durchaus andere Möglichkeiten des Handels gegeben. Zum Beispiel mit Humor: »Gute Idee! Ich werde Ihre Befürchtung widerlegen und bei nächster Gelegenheit einem männlichen Mitarbeiter Blumen schenken!« Der Damm zwischen ihnen wäre durchbrochen worden. Ein völlig neues, für ihre Beziehung untypisches Seelentattoo wäre entstanden und hätte den bisherigen Frust überlagert. Darauf hätten beide aufbauen können.

Mit der Bildung von Seelentattoos, also der Verschmelzung eines soeben stattfindenden Eindrucks mit dazu passenden Elementen aus unseren Konditionierungen, wird einem Erlebnis seine Unschuld genommen. Ein Seelentattoo ist immer nur eine Reaktion auf das, was tatsächlich gerade geschehen ist, sonst hat es nichts mit dem Erlebten zu tun. Es ist eine Verfremdung des gerade stattgefundenen Ereignisses, etwas völlig anderes als die authentische Wahrnehmung – es ist eine Interpretation derselben. Wir haben uns eine erste Meinung gebildet. Wobei die Meinungsbildung über einen Menschen diesem niemals gerecht werden kann. Sie wird von ihm ausgelöst, das ist weitestgehend alles. Aber auch für denjenigen, den die Meinung trifft, wäre es gut, sich zu vergegenwärtigen, dass diese nur wenig mit ihm selbst zu tun hat. Sind wir uns der Zusammenhänge dieser projektiven Kräfte bewusst, haben wir eine Chance, uns über all diese Gefühle und Verhaltensweisen zu erheben. Wir wären in der Lage, souveräner zu reagieren und zu agieren, uns so zu verhalten, wie wir es wirklich wollen oder wie es die objektive Situation eigentlich erfordert. So wie es unserem Ziel und unserer Aufgabe entsprechen würde – falls wir solche überhaupt definiert haben.

Subjektive und objektive Rollenprojektion

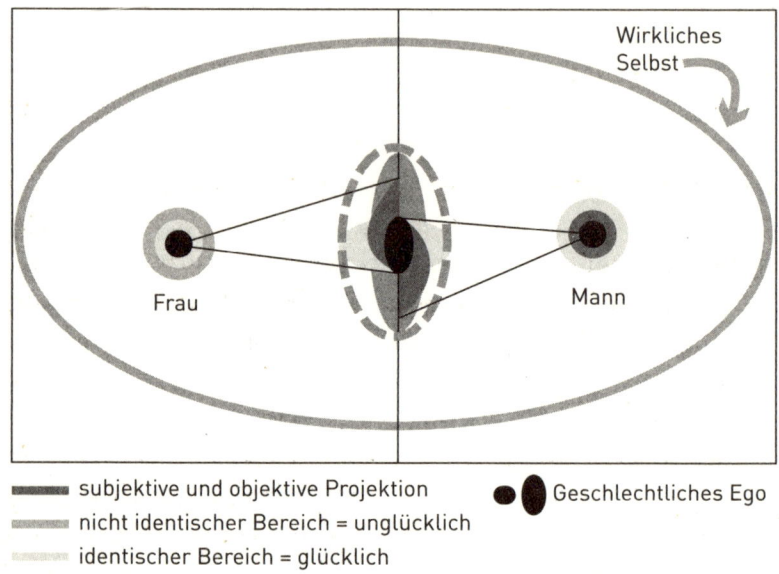

Wirkliches Selbst

Frau

Mann

subjektive und objektive Projektion

nicht identischer Bereich = unglücklich

identischer Bereich = glücklich

Justieren, Abgleichen, Selbstverleugnung

Geschlechtliches Ego

Das geschlechtliche Ego und der Verlust der Menschlichkeit

Die Identifikation mit der Überschneidung der subjektiven und der objektiven Vorstellung hinsichtlich unserer geschlechtlichen Identität ergibt unser Ego, unsere fast zwanghafte Neigung, die beiden Projektionsflächen zur Deckungsgleichheit zu bringen. Und das Genderego ist das Megatattoo auf unserer Seele.

An irgendetwas müssen wir uns ja orientieren, irgendetwas brauchen wir zum Festhalten, etwas, von dem wir mit möglichst hoher Sicherheit annehmen können, dass wir es sind. Wir orientieren uns an den Menschen, die uns umgeben. Die Geschlechterrolle ist das erste projizierte Bild, das wir außerhalb und innerhalb von uns selbst wahrnehmen. Das beginnt damit, dass wir als Mädchen oder Jungen definiert werden. Anstatt aus einem kleinen Menschen einen großen zu machen, wird aus ihm eine Frau oder ein Mann geformt. Das Menschsein verbleibt im weiteren Zusammenleben allenfalls als feuilletonistische oder philosophische Kategorie.

Menschlich wäre, die Vollständigkeit von allem, was uns ausmacht, wertzuschätzen und zu leben. Als Mann und Frau geht das aber nur eingeschränkt. Für das Menschsein bietet unsere Gesellschaft kaum Rituale, keinen Look, keine prägenden Verhaltensweisen. Gefühle zu zeigen, ist in der Öffentlichkeit ähnlich verpönt wie in der Berufswelt. In Ermangelung von fühlbaren Erfahrungsmöglichkeiten des Menschlichen erstarrt die Identifikation mit unserer geschlechtlichen Rolle und ihren Klischees zu einem unerbittlichen Wegweiser durch unser Leben.

Indem das geschlechtlich konditionierte Kind immer selbständiger wird, beginnt es als Mädchen oder als Junge eigene Wege zu gehen. Oft ist das aber keine wirkliche Selbstständigkeit. Denn das co-abhängige System der Suche nach der Deckungsgleichheit der Projektionen ist bereits im vollen Gange. Jugendliche justieren eifrig an ihren Genderegos, eine besondere Intensität dafür vermittelt ihnen die Erfahrung der ersten Liebe. Später wollen sie sich in der Berufswelt bestätigen. Spätestens dann hat sich das Projektionssystem der Rollen automatisiert.

Erwachsen zu sein, heißt zwar, dass man älter als achtzehn ist. Doch es sollte besser bedeuten, dass man in der Lage ist, sich über den narzisstischen Mechanismus der unentwegten Selbstbestätigung zu erheben. Dafür müsste man sich aber zuallererst von der oft symbiotischen Bindung mit den Eltern, zumeist der Mutter, gelöst haben. Und auch die Mutter müsste ihr Kind »freigegeben« haben. Das setzt bei beiden ein entsprechendes Verständnis voraus.

Doch die meisten Mütter lassen ihre Kinder nicht los. Schon gar nicht ihre Söhne. Während das Mädchen mit der Mutter die Weiblichkeit der Frauenrolle verbindet, kommt es zwischen dem Jungen und der Mutter während der Entwicklungsphase zu Erschütterungen. Der Junge bemerkt, dass er anders ist als die Mutter: nicht weiblich, sondern männlich. Das bedeutet, dass er ein Mann werden muss. Diese Erkenntnis kann zu extremen Reaktionen führen. Das Klammern an der Mutter, die Loslösung von deren Weiblichkeit oder sogar die komplette Zurückweisung derselben können unterbewusste Verhaltensmuster bilden. Sie setzen sich in einem Mann ein Leben lang fort, auch in der Arbeit. So lange, bis er sich seiner Muster bewusst wird.

Die Mädchen entwickeln sich mit und in ihrer geschlechtlichen Rolle reibungsloser, da sie sich weiterhin an der Mutter orientieren können. Sie werden in einem fließenden Übergang vom Mädchen zur Frau. Jungen dagegen erfahren bereits sehr früh eine empfindliche Störung in der Deckungsgleichheit ihrer subjektiven und objektiven geschlechtlichen Projektion. Sie sehen sich weiterhin damit konfrontiert, sich vom weiblichen Vorbild der Mutter lösen zu müssen, da sie lernen, dass Männer nicht nur anders aussehen, sondern sich ebenfalls anders zu verhalten haben als Frauen. Das signalisieren ihnen auch die Frauen und Mädchen. Die Heranbildung der männlichen Rolle gebietet somit eine Loslösung von weiblichen Verhaltensweisen. Das wäre aber nicht nötig, wenn wir statt Geschlechter Menschen sein dürften.

Der Genderforscher Heinz-Jürgen Voss hat festgestellt, dass es »unendlich viele Geschlechter« gibt, da sich Geschlecht individuell ausprägt. Warum aber bietet unsere Gesellschaft dann nur zwei geschlechtliche Lebensmodelle für die Menschen an?

Sich zugehörig zu fühlen und akzeptiert zu werden, ist ein menschliches Grundbedürfnis. Es müsste demnach alles dafür getan werden, damit Menschen sich wohlfühlen. Doch leider ist es umgekehrt. Wir werden ausgegrenzt, wenn wir uns nicht rollenkonform verhalten. Und damit verbinden viele Menschen, vor allem Männer, existenzielle Ängste.

»Das Gefühl, ausgestoßen zu sein, ist eines der schlimmsten Gefühle, das es für Menschen überhaupt gibt«, erklärt der Soziologe Eckart Voland. »In manchen Naturvölkern ist die höchstmögliche Strafe, Menschen auszustoßen. Im schlimmsten Fall kann das einem Todesurteil gleichkommen.« Die so Bestraften begehen dann Selbstmord.

Solange Frauen und Männer durch die Geschlechterrollen in einer wechselseitig abhängigen Beziehung zueinanderstehen, ist die Befreiung und Gleichstellung der Frauen auch von der

Befreiung der Männer abhängig sowie von deren Gleichstellung mit den Frauen. Damit aber Männer Raum für die eigene Befreiung aus ihrer Rolle bekommen, müssen die Frauen die Männer freilassen. Sonst können sie nicht die Freiheit verspüren, so sein zu dürfen, wie sie wollen, ohne die Befürchtung, ausgestoßen zu werden, weil ihr Männerbild nicht mehr stimmt. Dafür müssten Frauen aufhören, bestimmte Männertypen zu favorisieren. Sie könnten in Männern Menschen sehen, die in jeder Hinsicht wunderbar sind, selbst wenn sie weibliche Klischees in ihr Verhalten aufgenommen haben. Entscheidend ist, dass die Männer sich sicher sein können, trotzdem von Frauen geliebt, begehrt und geschätzt zu werden. Erst dann werden auch andere Männer den Mut haben, solche Männer wertzuschätzen und nicht aus ihrem Kreis auszuschließen. Mit anderen Worten: Die Frauen müssen ihr tradiertes Männerbild aufgeben.

Der Grad der Zufriedenheit steigt oder sinkt in dem Maße, wie ein männliches oder weibliches Rollenego intakt ist. Ein menschliches Seins- oder Selbstempfinden ist für eine Frau oder einen Mann kaum mehr entscheidend, weil sie glauben, es reiche, die jeweilige Rolle auszufüllen. Dieses Frausein oder Mannsein ist zum existenziellen Zentrum unseres Selbstverständnisses geworden. Es dreht sich nur noch darum, das eigene Leben als Frau oder als Mann zu leben, nicht etwa als Mensch. Kein Gedanke, kein Gefühl kreist mehr ums Menschsein. Dieses wird inzwischen voll mit der Geschlechterrolle verbunden. Die Rückeroberung dieser unserer menschlichen Vollständigkeit ist das Ziel bei der Loslösung von den Geschlechterrollen.

Das hatte eine Firmenmitarbeiterin einmal so versucht: Sandra kam aus dem Mutterschaftsurlaub an ihren Arbeitsplatz zurück. Auf ihrem Stuhl saß allerdings ein junger Mann, ihr wurde eine weniger qualifizierte Aufgabe zugeteilt. Sie ging zu ihrem Chef und forderte die Position ein, die sie vor der Geburt ihres Kindes innehatte. Der Vorgesetzte weigerte sich, ihr diese zurückzugeben. Er meinte, sie sei nach der Geburt ihres Kindes noch nicht »stark genug«, er würde sie »schonen wollen«. Sandra musste schwer mit sich kämpfen: Sollte sie aufgeben und die Firma verlassen? Aggressiv gegen ein solches Verhalten vorgehen? Sich auf ihr gesetzliches Recht berufen, das ihr den gleichen Job zusprach wie den, den sie vor dem Mutterschaftsurlaub ausübte? Sie fühlte sich hilflos, ohnmächtig. Doch bevor sie wutentbrannt gegen den Chef vorging, beriet sie sich mit der Gleichstellungsbeauftragten in ihrer Firma. Die riet ihr von einer harten Gangart ab, weil sie befürchtete, dass für Sanda durch ein solches Verhalten langfristig Nachteile entstehen könnten.

Sandra entschied sich dann, ihrem Vorgesetzten von sich selbst zu erzählen. Sie berichtete ihm von ihrer persönlichen Motivation, wieder an die gleichen Aufgaben anknüpfen zu wollen, die sie vor der Geburt ihres Kindes hatte aufgeben müssen. Zunächst war der Chef stur. Hätte er eingelenkt, so wäre dies für ihn das Eingeständnis einer Fehlentscheidung gewesen. Es brauchte mehrere Treffen, bei denen er durch Sandras wiederholte persönliche Ansprache aufmerksamer wurde und ihr zuzuhören begann. Unmerklich hatte sich zwischen den beiden eine menschliche Gesprächsebene etabliert. Teile des Paar-Klischees tauchten auf, jetzt in unterstützender Form, da Frauen und Männer als Paare gewohnt sind, menschlich miteinander umzugehen.

Auf dieser Basis erzählte Sandra ihrem Vorgesetzten eines Tages ganz nebenbei von ihrer Überlegung, ob das Muttersein etwas Schlechteres sei als ihr ehemaliger Job. Sie fühle sich so, als würde man sie seit ihrer Schwangerschaft für weniger qualifiziert halten. »Glauben Sie etwa, ich bin durch die Schwangerschaft dümmer geworden?«, bemerkte Sandra in einem ungezwungenen Moment scherzhaft. Dies berührte den mehrfachen Familienvater so sehr, dass er einen Weg fand, seiner Angestellten wieder zu dem alten Job zu verhelfen.

In diesem Fall war es der Mitarbeiterin gelungen, die Geschlechterrolle des männlichen Vorgesetzten zu öffnen, ohne ihn dabei zu verletzen. Der Schlüssel war die von Männern bei Frauen erwartete menschliche Seite, weil sie die aus dem Paar-Klischee kennen.

Wir werden als vollständige Menschen geboren. Ein Kind fühlt und denkt unbeschwert und uneingeschränkt, bis ihm gesagt wird, was es fühlen und denken darf – oder nicht. Nach keinem anderen Prinzip funktionieren die Geschlechterrollen. Frauen und Männer tun nichts anderes, als dass sie sich gegenseitig mitteilen, was sie dürfen, nicht dürfen, wollen und sollen. Zu dieser maßregelnden Kommunikation kommen die Identifikationen mit den Geschlechterrollen. Wir gehen davon aus, dass es nur ein Dasein als Frau oder eines als Mann gibt. Mit dieser Vorstellung entwickelt sich die Ablösung von der Vollständigkeit unseres Menschseins, wir wenden uns unserer Rollenpersönlichkeit zu. Besonders Männer sind davon betroffen. Ihre Rolle generiert sich wie eine mathematische Gleichung: Menschsein minus Weiblichkeit ist gleich Mannsein. Das ist eine Reduktion. Es wäre verwunderlich, wenn Männer dabei kein Minderwertigkeitsgefühl entwickeln würden, das sie ausgleichen und kompensieren wollen. Mit einem dominanten Verhalten, einer Orientierung an beruflichen Leistungen und mit einer stark auf Befriedigung ausgerichteten Sexualität. Natürlich ist all dies den Männern kaum bewusst. Man *denkt* die eigene Rolle nicht, man *ist* sie.

Die Frauen vollziehen keine vergleichbare Abspaltung. Sie können mehr mit ihrer Weiblichkeit verbunden bleiben, während die Männer ihre Rolle als eine Exklusion des Weiblichen leben. Das Weibliche hat keinen Zugang zu ihnen. Daher verstehen manche Frauen nicht, was in den Köpfen der Männer vorgeht. Wie soll man auch begreifen, was gar nicht sichtbar ist – der Mensch im Mann? Männer wiederum sind davon überzeugt, alles über Frauen zu wissen. Ihr vermeintliches Know-how beziehen sie allerdings aus dem Prozess der Ausgrenzung des Weiblichen. Dabei sind sie gezwungen, sich mit ihrer Weiblichkeit auseinanderzusetzen, wenn auch nur in Form eines Widerstands gegen sie. Sie lernen Weiblichkeit kennen, indem sie sie ablehnen. Doch das funktioniert nicht.

Man kann genauso wenig fühlen, was jemand denkt, wie man denken kann, was ein anderer fühlt. Somit gründet das Verständnis beider Geschlechter auf einem Paradox: Die Männer beziehen ihres aus der Ablehnung und die Frauen ihres aus der Annahme des anderen Geschlechts. Weiter können Erwartungen nicht voneinander entfernt liegen. Solange dieser Zustand die Voraussetzung für eine chancengleiche Begegnung ist, wird sie misslingen. Es bleibt bei verletzten Rollenbildern und damit bei Menschen, die mit den daraus entstehenden Missverständnissen und Schmerzen leben, arbeiten, lieben und handeln sollen.

Am härtesten trifft dieses Dilemma die Berufswelt. Der Mechanismus findet dort in hochpotenzierter Form statt. Die Arbeitswelt war ursprünglich eine reine Männerdomäne, in die die Frauen mehr und mehr eindringen. Mit den Mechanismen der Justierung subjektiver und objektiver Projektionen können im Job allenfalls punktuelle Überschneidungen von Rollenbildern und den damit verbundenen Vorstellungen gelingen, aber niemals ein nachhaltiges und zufriedenstellendes Miteinander. Im Gegenteil: Die menschlichen Potenziale der Mitarbeiter werden so längst nicht ausgenutzt. Ein großer Teil ihrer Ressourcen verpufft in ungeklärten Konflikten und geht verloren.

Die Symptome, dass ein berufliches Miteinander so nicht funktioniert, sind bereits zu sehen: Die Krankmeldungen wegen Burn-out und Stress sind bei Frauen seit über zehn Jahren fast doppelt so hoch wie bei Männern. 2011 hatte die Krankenkasse BKK bei ihren Kunden ein Verhältnis von 110,3 (Frauen) zu 68,4 (Männer) Krankmeldungen je tausend Mitglieder festgestellt. Der Wiener Neurologe und Stressforscher Wolfgang Lalouschek bringt die Ursachen für diese Phänomene in einen unmittelbaren Zusammenhang mit den Geschlechterrollen: »Bei Männern und Frauen wirken unterschiedliche Rollenbilder. Der offensichtlichste Unterschied ist die nach wie vor bestehende Ungleichbehandlung von Frauen im Arbeitsleben sowie die wesentlich häufigere Mehrfachbelastung von Frauen.«

Die Situation zwischen Frauen und Männern mag verfahren wirken und aussichtslos erscheinen. Sie wird es auch bleiben, solange Frauen und Männer die wichtigsten Charakterzüge und Eigenschaften ihrer Rollen über Trennendes zum anderen Geschlecht definieren. Doch das könnte geändert werden. Die indische tantrische Philosophie bietet hier eine ganzheitliche Lösung an. Die Psychologin Dorothea Walter verdeutlicht dies in ihrem Buch *In Erwartung der Zärtlichkeit* wie folgt:

> *Das göttliche Paar Shiva und Shakti im Gespräch.*
> *Shiva fragt seine Frau Shakti:*
> *»Was ist das Beste, was einem Mann vom Gesichtspunkt der Energie passieren kann?«*
> *Shakti antwortet: »Eine Frau werden.«*
> *»Aber wie steht es mit der männlichen Energie?«*
> *»Es gibt keine männliche Energie. Es gibt nur das Allumfassende, den Raum. Ein lebendiger, erschauernder Mann ist energetisch eine Frau. In gleicher Weise ist eine nicht erschauernde Frau energetisch ein Mann.«*

Religiöse Genderparadoxe

Ein miteinander Fühlen ist der neue Anspruch an befreite Geschlechtermenschen. Auch in der Arbeit. Unser Umgang mit den Geschlechterrollen hat gezeigt, dass der Verstand die Aufteilung unseres Seins in zwei Geschlechter nicht nur außerhalb von uns selbst durchführt. Sogar innerhalb von uns selbst definieren sich die meisten Menschen lediglich als Mann oder Frau. Diese Geschlechtertrennung, die nicht erst mit der frühen Kindheit, sondern bereits mit den Altkonditionierungen beginnt, ist eine der fundamentalsten Grundlagen unseres dualen Lebensverständnisses. Indem ein Mann definiert, dass er ein Mann ist und keine Frau, kann eine Frau lediglich außerhalb und entfernt von ihm existieren. Er kann ihr insofern auch nur äußerlich begegnen. In dieser Konsequenz muss eine Frau zudem unterhalb von ihm angesiedelt sein, da er sonst in Abhängigkeit von einem Teil seiner selbst stünde, den er von sich ausgegliedert hat: der Weiblichkeit.

In diesem fatalen Mechanismus liegt das Grundübel für viele Ideologien religiöser wie politischer Natur. Die Religionen und unsere Traditionen stellen bis heute die größten Bastionen der hier beschriebenen Geschlechterklischees dar. Mit dem Gott-, dem Steinzeit- und dem Paar-Klischee wird die Höherbewertung der Männerrolle manifestiert. Obwohl sie die Ehe, das Leben als Paar und Richtlinien für das richtige Familienleben propagieren, sind diese Weltanschauungen nichts als Biotope für die Trennung von Mann und Frau.

Bei den Frauen ist es ein wenig anders. Sie haben bereits eine große Entwicklung durchgemacht. Sie sind jene Menschen, die sowohl Frauen als auch Männer gebären können. Sie müssen sich in ihrer Kindheit und ihrer Jugend nie ihrer Weiblichkeit – und übrigens desgleichen nicht ihrer Männlichkeit – schämen. Sie schließen mit ihrem Wesen weder das

Weibliche noch das Männliche in sich aus. Doch das duale Selbstverständnis, innerhalb dessen sich das weibliche vom männlichen Rollenbild differenziert, hat auch ihr Rollenbild infiltriert. Darin sind Männer und Frauen getrennt, das hat sich bei ihnen bisher kaum aufgelöst. So hängt die Befreiung vieler Frauen in der Vorstellung von dem fest, was eine tolle Frau und was ein richtiger Mann alles zu sein hat. Würden sie dieses Bildkonstrukt loslassen, wären die Männer mit der Vorstellung von sich selbst allein. Daraus könnten sich für Männer Chancen (und ein gewisser Druck) ergeben, sich freier mit sich selbst auseinanderzusetzen. Und die Frauen wären einem wichtigen Ziel näher gekommen: Sie könnten an geschlechtsspezifische Konfliktsituationen gerade im Beruf unbeschwerter herangehen: als Menschen, die Menschen begegnen – nicht als Frauen, die sich zu Männern adäquat verhalten.

Letztlich geht es um die Bewusstmachung, wie wir uns geschlechtlich auf eine Situation oder einen Menschen beziehen. Welche Form der Identifikation entsteht dabei, und wie beeinflussen uns die in uns wirkenden Klischeebilder? Da wir als Menschen vollständig sind, können wir den Unterschied zwischen dem Klischeebild und dem, was wir wirklich sind, erahnen. Wir können ihn anerkennen und ihn in unser Bewusstsein von dem, was wir sind, integrieren. Unsere Verbundenheit mit der Welt und mit allem, was wir erfassen und empfinden, bleibt dabei existent. Wir nehmen diese Verbundenheit meistens nur nicht als solche wahr, da unser Verstand dazu tendiert, sich von den Gefühlen und unseren Sinnen zu lösen. Die tantrische Philosophie zielt dagegen immer darauf ab, diese weiblichen und männlichen Sinnbilder zu vereinigen.

Menschliche Mitte als neue Lebenskultur

Da immer mehr Frauen berufstätig sind, ist es notwendig, die Prinzipien der Verschmelzung weiblichen und männlichen Selbstverständnisses auch in der Arbeit umzusetzen. Weibliche Werte halten dort Einzug, ganz gleich, ob es den Männern, passt oder nicht. Man wird den Frauen ihre Weiblichkeit niemals entreißen können, schon gar nicht mit Gewalt.

Aufgrund des zuvor beschriebenen Paradoxes funktioniert es nicht, wenn beide Geschlechter in gleicher Weise aufeinander zugehen; die jeweiligen Aktionen wären zu verschieden. Die Männer sind es, die sich öffnen müssen, sich selbst und den Frauen gegenüber. Daran führt kein Weg vorbei. Die Voraussetzung ist aber wie gesagt, dass die Frauen in vollem Umfang bereit sind, bei den Männern Weiblichkeit zu akzeptieren. Das bedeutet, dass ein Mann in seinem beruflichen Umfeld nicht an Achtung verlieren darf, wenn er weibliche Verhaltensweisen, einen weiblichen Führungsstil oder ein an empathischen Werten orientiertes Management praktiziert. Ein solches Öffnen sollte auch nicht seine Karriere beeinträchtigen. Zugleich sollte eine berufstätige Frau nicht dem Druck ausgesetzt sein, nur dann als Erfolg versprechende Mitarbeiterin zu gelten, wenn sie taff ist und männliche Verhaltensweisen an den Tag legt. Weiblichkeit beinhaltet ohnehin Züge des männlichen Rollenbilds, eine Annäherung oder Anpassung an Männlichkeit ist daher nicht notwendig. Beide Geschlechter müssen sich klar sein: Allein solche Frauen oder Männer, die sich und ihr Rollenbild infrage gestellt und es reflektiert haben, können die Komplexität dieses Problems wirklich erkennen.

Ein erster Schritt wäre getan, wenn Frauen die Männer und deren Rollenprobleme imaginär in ihr »weibliches Sein« aufnähmen. Das mag widersprüchlich, abstrakt oder schwierig klingen, funktioniert aber mit der Kraft der inneren Vorstellung. Verglichen werden kann der Vorgang mit dem Versuch, unsere inneren Projektionen den äußeren anzugleichen – nur umgekehrt. In diesem Fall nehmen wir die von uns wahrgenommene äußere Projektion in uns auf wie in einer sinnlichen Rückkopplung. Die so gewonnene imaginäre Vollständigkeit bewirkt sofort eine Entspannung – und der Raum ist für eine mögliche Veränderung geöffnet.

In der Folge würden sich Männer nicht mehr so unter Druck gesetzt fühlen. Warum sollten sie ihre Weiblichkeit ausgrenzen, wenn sie spüren, dass Frauen sie akzeptieren, wie sie sind, dass Weiblichkeit auch Männlichkeit beinhaltet sowie Männlichkeit Weibliches in sich tragen darf. Sie fühlen, dass sie wieder sein können, wie sie früher waren, wie in den Zeiten als Kinder, in denen sie sich noch als vollständige Menschen wahrnahmen. Das geschlechtliche Rollenverhalten würde sich innerhalb eines derartigen tantrischen Vorgangs entspannen und auflösen.

Eine solche Form der Integration von Weiblichkeit in die Berufswelt wäre viel effektiver für ein zufriedenstellendes Miteinander als die Ausgrenzung aller Faktoren, die vermeintlich die Arbeitseffektivität stören wie etwa weibliche Rollenklischees, Gefühle, Spontaneität, Intuition, Schwäche – und natürlich die Frauen selbst. Insofern können gerade berufliche Umfelder zu potenziellen Schmelztiegeln einer neuen spirituellen Entwicklung werden: der Ausbreitung von Weiblichkeit als etwas vollständig Menschliches. Es würde sich damit die Chance für einen Paradigmenwechsel eröffnen. In der Weise, wie Menschen im Job an das herangehen, was für sie selbst im Sinne menschlicher (und nicht geschlechtlicher) Vollständigkeit lebenswichtig ist, beschützen sie auch die Schätze unserer Welt und damit die Ressourcen unseres Lebens. Dann wären wir das, was wir sein können: frei, offen und in der Lage, wirklich zufrieden und glücklich zu sein.

»Im Weiblichen sind alle Kräfte des Universums enthalten«, sagt Dorothea Walter. »Das Weibliche hält in der Hingabe alle diese Kräfte und lenkt sie, aber im Sinne des Freilassens. Aus diesem Zusammenspiel kommt es zu einem tiefen Gleichgewicht.« Die Therapeutin verweist in diesem Zusammenhang auf die Notwendigkeit, Konditionierungen zu durchschauen und aufzulösen, den eigenen Wert zu erkennen und »eine zutiefst kreative Beziehung zu sich selbst aufzubauen«.

Als wir den Seminarraum verließen, war es draußen Nacht. Der Himmel war klar und voller Sterne. Während wir zu unseren Autos gingen, schwiegen wir.

Als ich zu Hause ankam, öffnete ich die Fenster, um das Geräusch der Bäume zu hören. Während ich in die Dunkelheit hinaussah, dachte ich, dass sich das Rascheln des Laubes nachts anders anhörte und viel schöner war als bei Tag. In dem Moment machte mein Computer ein Klingelgeräusch. Es signalisierte, dass jemand mit mir chatten wollte. Es war die Chinesin Lin. Sie hielt sich gerade in Shenzhen auf.

»Hast du Lust zu chatten?«, fragte sie.

Ich schrieb ihr, dass ich sehr müde sei, wollte aber trotzdem kurz wissen, wie es ihr denn gehe.

»Ich habe viel zu tun, doch es macht total Spaß. Mit geht es wirklich gut!«

»Hast du dein buddhistisches Studium beendet?«

»Das wird nie passieren. Man kann trotzdem nebenbei arbeiten. Natürlich kommt es darauf an, wo man hinwill.«

»Wohin willst du?«

»Ich habe ein Projekt begonnen, mit dem ich etwas Positives in der Welt bewirken möchte.«

Das Projektive Selbstcoaching für Frauen

Das Projektive Selbstcoaching (PSC) ist eine Technik, mit der sich jede Frau selbst helfen kann. Ich habe sie vor einigen Jahren in der Zusammenarbeit mit vielen Frauen entwickelt, an mir selbst getestet und dann mit anderen Menschen eingeübt. Man kann sie allein, mit einem Partner oder in Gruppen ausführen. PSC entstand, weil damals jene Frauen nach einer Methode suchten, mit der sie sich selbst relativ schnell und angepasst an ihre Situation bei einem geschlechtsspezifischen Rollenproblem helfen konnten. Im Unterschied zu anderen Therapien oder Coachingkonzepten lässt sich PSC auch zugespitzt auf die Geschlechterproblematik anwenden, ohne dass es notwendig ist, einen Berater aufzusuchen. Hinzu kommt, dass die meisten von ihnen bei Geschlechterfragen über keine ausreichenden Erfahrungen verfügen. Viele Methoden beschäftigen sich zudem bloß mit der Oberfläche und der Projektion des Ratsuchenden und erzeugen so Beratungsabhängigkeiten. Oft versuchen Therapeuten oder Trainer ihre eigenen Vorstellungen in ihre Arbeit mit den Klienten einfließen zu lassen, was wiederum vom Thema ablenkt. Die wirklichen Probleme werden nicht gelöst. Die Ratsuchenden erleben daher zumeist nur eine kurzzeitige Besserung und fallen anschließend wieder in dieselben Schwierigkeiten zurück.

Zahlreiche Therapiekonzepte scheitern auch hinsichtlich der Anforderungen, die unsere veränderten Bedingungen im Zusammenleben betreffen, gemeint ist der massiv gewachsene Einfluss an oberflächlicher menschlicher Kommunikation auf unsere Psyche und unser Verhalten im Zusammenleben. Letztlich wäre in modernen Therapiekonzepten auch unsere immer radikalere Ablösung von unserer Herzlichkeit zu berücksichtigen. Die aber braucht es im Zusammenleben dringend, sie ist der Kitt, der uns zusammenhalten und füreinander handeln lässt. Anders gesagt: Viele Techniken sind überholt und schlichtweg out. Sie erfordern das termingerechte Aufsuchen eines Therapeuten, doch zwischen zwei zumeist weit auseinanderliegenden Terminen sind die Ratsuchenden auf sich allein gestellt. Ich bin daher davon überzeugt, dass die Zukunft moderner Therapie- und Coachingkonzepte darauf ausgerichtet sein sollte, dass die Menschen Werkzeuge an die Hand bekommen, um sich selbst helfen zu können. Dem Berater wird dann eher so etwas wie die Rolle des Supervisors zugedacht, der diese Technik lehrt und ihre richtige Handhabung regelmäßig überprüft oder aktualisiert. So möchte ich es mit dem Projektiven Selbstcoaching machen.

Im Folgenden schildere ich zwei relativ einfache und aufeinander aufbauende Übungen. Keine Sorge, sie sind erprobt, es kann bei ihrer Ausübung nur Positives geschehen. Und sie sind dafür gemacht, dass Sie diese Übungen für sich weiterentwickeln und kreativ umgestalten können. Beachten Sie aber: Sie stellen keine unbedingten Lösungswege dar. Es hängt letztlich von Ihnen ab, was Sie aus dem Angebotenen machen. Ausschließlich Sie selbst tragen die Verantwortung für sich, niemand anders.

Die Übungen sollen zunächst einen Eindruck von Weite, Raum und innerem Abstand von Ihren akuten Problemen vermitteln, ohne dass Sie dabei das Gefühl zum Puls Ihres alltäglichen Handelns verlieren. Sie sollen Ihnen dabei helfen, Ihr Bewusstsein für die geschlechtsbezogene Komplexität Ihrer persönlichen Welt zu schärfen, denn die Ausdehnung des Bewusstseins ist entscheidend für eine Veränderung. Dadurch erhalten Sie die Chance, sich von lästigen Geschlechterklischees unabhängig zu machen – zugunsten Ihres Menschseins (gäbe es einen weniger bedeutungsschwangeren Begriff, ich würde ihn sofort benutzen). Im Ergebnis werden Sie sich sowohl in Ihrem Privatleben als auch in Ihrer beruflichen Welt beflügelt fühlen, inspiriert sein und den Umgang mit zwischenmenschlichen Situationen authentischer und freier gestalten können – wie sich Ihr Partner hinsichtlich seiner Geschlechterrolle definiert.

Grundvoraussetzung für das Projektive Selbstcoaching ist, dass Sie sich immer wieder Ihren »inneren Raum« vergegenwärtigen. Was ich damit meine, beschreibe ich später. Und schließlich möchte ich anregen, dass Sie Ihre Lebensvision präzisieren, um sich selbst klarer darüber zu werden, wofür Sie das alles tun, wofür Sie leben – und das ist bestimmt mehr als nur die Lösung von Anspannungen in menschlichen Konflikten.

Zur Einstimmung in diese Übungen erzähle ich bei meinen Seminaren immer die wahre Geschichte einer Frau. Mit ihr soll die Produktion von Seelentattoos bei den Zuhörerinnen, also die Aktivität des zum eigenen Erleben gehörenden Assoziationsfelds angeregt werden. Es ist die der Chinesin Lin, die Sie schon kennengelernt haben. Ihre Geschichte ist nicht erfunden, sie erzählte sie mir, nachdem wir aufs Meer geschaut hatten und dann in einer Bar im Fischerhafen saßen. Es wehte ein lauer Sommerwind, inzwischen war es früher Abend. Hunde bellten, und ein gutmeinender Kellner störte uns immer wieder bei unserem Gespräch. Versuchen Sie, diese Atmosphäre zu fühlen, wenn Sie sich nun in das Geschehen von Lins Geschichte hineinbegeben. Haben Sie diese verinnerlicht, folgen Sie anschließend den weiteren Übungsanweisungen.

Die Wassergeschichte der Chinesin Lin

Lin berichtete von etwas, das sich in ihrer Familie zugetragen hatte. Es machte transparent, welche Macht Geschlechterrollen erlangen können, zumal wenn diese im Zusammenhang mit staatlicher Gewalt auf Menschen einwirken.

Aufgewachsen zu einer Zeit, als die Kommunisten China noch sehr fundamentalistisch regierten, erfuhr Lin, dass die Partei darüber bestimmte, wie viel ein Mensch besitzen durfte, wo und wie er zu arbeiten und wie er zu leben hatte. Den Familien wurde vorgeschrieben, wie viele Kinder sie maximal zeugen durften – oder mussten. Das Reich der Mitte wollte noch größer und mächtiger werden.

Nicht geregelt war dagegen beispielsweise der Wasserverbrauch. Obwohl Wasser in großen Mengen zur Verfügung stand, hatte Lins Mutter eine Marotte, die niemand verstand: Sie tadelte fortwährend ihre Kinder, ihren Mann und ihre Gäste, wenn sie in ihren Augen zu viel Wasser verbrauchten. Sie konnte furchtbar böse werden und zu schreien anfangen, wenn jemand den Wasserhahn zu lange laufen ließ, sich das Glas zu voll schenkte oder der Hahn tropfte. Das verwunderte auch eine Freundin, die Lin als Teenager einmal mit nach Hause brachte. Irgendwann wollten sich die beiden Mädchen erfrischen. Yue, die Freundin, spielte dabei mit Wasser herum, spritzte Lin ein wenig nass, woraufhin Yue von Lins Mutter unter viel Gebrüll durchs ganze Haus gejagt wurde. Lins Freundin lief erschrocken davon und kam nie wieder. Von diesem Tag an begann Lin ihre Mutter immer wieder danach zu fragen, warum sie wegen des Wassers, von dem sie doch genügend hätten, so durchdrehen würde. Nie erhielt sie eine Antwort. Eines Tages hängten Mutter und Tochter die Wäsche an einer sonnigen Stelle am Fluss auf. Lin bemerkte, wie ihre Mutter beim Anblick des fließenden Wassers still wurde. Die gerade erst Fünfzehnjährige umfasste die Hand ihrer Mutter mit beiden Händen und fragte erneut: »Mutter, was passiert mit dir, wenn du Wasser siehst?«

In dem Moment brach die Mutter weinend zusammen. Die beiden setzten sich auf einen großen, warmen Stein, die Mutter lehnte ihren Kopf an die Schulter ihrer Tochter und sagte: »Ich kann es dir eigentlich nicht sagen. Ich darf es nicht. Aber ich muss es dir sagen, mein Kind. Dieses Wasser ist dein Bruder. Und es ist deine Schwester!«

Beide fingen nun zu weinen an. Lin ahnte, was ihre Mutter ihr zu verstehen geben wollte. Es brauchte nur wenige Worte, bis sie begriff, dass sie eigentlich noch einen Bruder und eine Schwester gehabt hätte. Ihre Mutter hatte ihren Sohn im vierten Monat verloren, weil Lins Vater seine Frau in der Schwangerschaft schwere Eimer mit Wasser die Treppen hochschleppen ließ. Absichtlich. Lins Mutter wusste, was ihr Mann von ihr erwartete. Schließlich rutschte sie beim Wasserschleppen aus und fiel auf ihren Bauch. Da Lin bereits einen jüngeren Bruder hatte, durfte die Mutter kein weiteres Kind mehr zur Welt bringen. Es war ihrer Familie gesetzlich verboten, mehr als zwei Kinder zu haben.

Lin erfuhr aber noch mehr. Nachdem sie selbst geboren wurde, hatte ihre Mutter ein weiteres Mädchen bekommen, bevor ihr Bruder sich ankündigte. Die Mutter hatte sich sehr gefreut über die kleine Tochter. Doch dann war sie so erschöpft von der Geburt, dass sie einschlief, das Neugeborene war ja in der Klinik gut versorgt. Aber der Vater trug das Baby fort unter dem Vorwand, einen Spaziergang machen zu wollen. Der Säugling solle frische Luft bekommen. Als er wieder zurückkehrte, hatte er kein Kind mehr im Arm. Leider sei es ihm heruntergefallen, es sei durch den Sturz gestorben, hatte er seiner Frau gesagt. Einige Tage später spülte der Fluss das Mädchen ans Ufer. Mit einem Strick und einem Stein um den Hals.

Danach brachte Lins Mutter einen Sohn zur Welt, so wie der Vater es sich gewünscht hatte. Weitere Kinder durften nicht mehr gezeugt werden. Lins Vater schlief nicht mehr mit ihrer Mutter. Lin musste stattdessen zusehen, wie ihr Vater ihre Tante vergewaltigte. Die hatte noch keine Kinder. Ein weiteres Mädchen kam zur Welt. Und wurde kurz darauf mit einem Stein um den Hals am Fluss aufgefunden. Lin sagte, so etwas sei fast normal gewesen in jener Zeit in China. Es war beinahe ein Ritual, neugeborene Mädchen umzubringen.

Ich hatte diese Geschichte auch im Pfarrsaal erzählt. Es war still im Raum geworden. Nach einer Weile hatte Sophia leise gefragt: »Und wie kann Lin mit so einer Bürde heute leben? Wie konnte sie eine erfolgreiche Designerin werden?«

»Vermutlich hat sie sich den männlichen Klischees angepasst«, hatte Evelyn gesagt. »Mich würde das nicht wundern. Wäre es nicht so, würde man doch an solch einem Trauma zerbrechen.«

Tatsächlich war Lin als junge Frau sehr ehrgeizig. Ihren früheren Umgang mit Männern im Beruf beschrieb sie so: »Ich kontrollierte sie, ich ließ sie nicht hochkommen. Ich war so gut vorbereitet, dass ich immer besser wurde.«

Sie baute ein erfolgreiches Modeunternehmen auf und wurde reich. Schon früh heiratete sie. So lange wie möglich hatte sie es hinausgeschoben, ein Kind zu bekommen. Sie hatte sich eigentlich nie eines gewünscht. Was ihr Mann wollte, war ihr egal, wichtig war nur, ihn unter Kontrolle zu haben. Beim Sex hatte sie sich deshalb auch nie wirklich fallen lassen können, einen Orgasmus nie erlebt. Sie empfand eher Furcht, eine fast archaische Angst, die sie nicht begriff. Mit achtunddreißig wurde Lin selbst schließlich schwanger. Im vierten Monat verlor sie ihr Kind, es war der gleiche Monat, in dem ihre Mutter den zweiten Sohn beim Treppensturz verlor. Danach hatte Lin nie wieder mit ihrem Mann Sex.

Lin beendete ihre Karriere, weil sie verstanden hatte, dass sie etwas in ihrem Leben verändern musste. Nach dem Aha-Erlebnis, als sie sich im Schaufenster betrachtet hatte, ließ sie sich auf eine längere Therapie ein und wurde sich verschiedener Mechanismen bewusst, die ihr Leben und ihr Verhalten prägten. Lin: »Im Modebusiness mutierte ich zum schlimmsten Mann, den man sich nur vorstellen kann. Niemandem habe ich einen Funken Freiheit gelassen, an niemandem etwas Gutes gefunden und ständig allen gesagt, was sie zu tun haben. Ich war voller Kritik und besaß keine Güte. Gleichzeitig war ich zutiefst unglücklich. Ich war wohlhabend, aber ich dachte über Selbstmord nach. Meine Vergangenheit erdrückte mich förmlich. Ich hatte nur die Wahl zwischen zwei Optionen: Mich und mein Leben weiter zu vernichten oder mir bewusster zu werden, um selbstbestimmter handeln zu können.«

Lin beschrieb, dass die Geschichte mit dem Wasser, die sie als Teenager erfahren hatte, sie niemals losgelassen habe. Eines Nachts, sie war bereits beruflich in Europa engagiert, hatte sie von dem Gespräch mit ihrer Mutter auf dem Stein am Fluss geträumt. Tagelang fand sie danach keinen Schlaf. In diesen wachen Nächten wurde ihr klar, dass sie die Aussagen und Handlungen anderer, vor allem der Männer, allein auf eine einzige Weise verstand, obwohl sie in Wirklichkeit etwas ganz anderes bedeuteten. Fortan begann sie, ihre traumatischen Erfahrungen systematisch aufzuarbeiten und mit ihrem heutigen Verhalten zu vergleichen. Ihr fielen unzählige Situationen ein, in denen sie reagiert hatte, als würde ihr Leben seit ihrer Kindheit bis heute durch eine Fernbedienung gesteuert.

Auf meine Frage, welches Gefühl ihre Hauptantriebskraft gewesen sei, sich im Beruf so hart und vermännlicht zu geben, meinte Lin: »Angst. Tief in mir hatte ich immer Angst vor den

Männern. Deswegen habe ich begonnen, sie zu beherrschen.«
Und was hatte ihr Kraft gegeben, sich weiterzuentwickeln?
Ihre Antwort: »Ich hatte auf einmal ein neues Ziel. Ich wollte
die Welt verändern. Ich wollte eine bessere Welt kreieren. Das
treibt mich bis heute an.«

Lin hatte intuitiv begriffen, was sie festhielt. Erst dann
konnte sie es loslassen.

Erste Übung: neues Bewusstsein für das Selbst

Diese Übung ist die Voraussetzung für alle darauf folgenden.

Übungsteil 1: der Raum der Veränderung

Vergegenwärtigen Sie sich in einer Meditation an einem stillen
Ort Ihrer Wahl Ihren inneren Raum. Atmen Sie dabei ruhig.
Lassen Sie aufkommende Gedanken weiterziehen wie Wolken.
Legen Sie dabei Ihre linke Hand in Ihre rechte. Nehmen Sie
dieses Gefühl der in sich ruhenden Hände wahr. Nutzen Sie
dieses Gefühl der in sich ruhenden Hände als Erinnerungsan-
ker für Ihren inneren Raum während des weiteren Fortlaufs
der Übungen und – falls Sie wollen – auch in Ihrem zukünftigen Leben. Sie können diese kleine Übung in jeder Situation in
Ihrem Alltag anwenden.

Räume haben Grenzen. Der innere Raum jedoch wird gren-
zenlos, wenn wir uns von unseren Vorstellungen lösen. Die innere Haltung eines Zen-Bogenschützen unmittelbar vor dem
Abschuss des Pfeils besteht – vereinfacht ausgedrückt – darin,
den eigenen Raum mit dem Universum zu verschmelzen und
das Ziel zu vergessen. Vorher aber definiert er das Ziel, er visiert es an. Wenn der Pfeil das Ziel trifft, bleibt dieser nur stecken, wenn er sich in das Ziel hineinbohrt. Das tatsächliche
Ziel ist daher nicht der visuelle Bereich der Zielscheibenober-

fläche, sondern der imaginäre Bereich dahinter. Ein Taekwon-do-Meister, der mit der Handkante ein paar Holzscheite durchschlagen will, stellt sich nicht das oberste Brett als Ziel seines Schlages vor. Er visiert ein Ziel weit hinter dem Brett an. Erst dann gibt er seiner Hand das Signal, wirklich durch die Bretter hindurchzuschlagen. Würde er sich vorstellen, lediglich das oberste Brett erreichen zu wollen, würde seine Hand unmittelbar vor dem Aufprall unmerklich abbremsen. Durch einen solchen Aufprall schmerzt der Schlag viel mehr, weil das Brett ja nicht nachgibt, und es besteht die Gefahr einer Verletzung. Wenn eine Hand aber das Brett durchschlägt, weicht das Brett der Hand, es gibt nach.

Der Meister könnte das Brett ohne eine ausreichende Zielvision niemals durchschlagen, weil seine Intention nicht stimmt. Übertragen auf einen Maler würde das bedeuten, dass sich ein Künstler ewig damit aufhält, den richtigen Pinsel zu finden, die richtige Farbe einzukaufen, die Leinwand besser hinzustellen. Er hält sich mit Details auf, die mit seiner Kunst und seinem Ziel, ein Bild zu malen, überhaupt nichts zu tun haben. Die Folge dieses Verzettelns ist, dass sein Bild niemals fertig wird.

Ähnliches ist bei der Auseinandersetzung zwischen den Geschlechtern zu beobachten. Es werden ständig Fragen aufgeworfen. Immer wieder wird über die gleichen Themenkomplexe gesprochen. Unabhängig von ein paar vagen Begriffen wie »Gleichstellung« oder »Gender« ist vielen nicht immer vollkommen klar, worüber sie im tieferen Sinne reden. Aber eine viel präzisere Sprache existiert nicht. Es fehlt an einer sprachprägenden Praxis. Möglicherweise stellt sich nicht jeder vor, wohin es mit dieser Debatte überhaupt gehen soll.

Doch ganz gleich in welchem Umfang Menschen eine Veränderung wünschen, sie brauchen in jedem Fall Raum. Ein Maler kann sein Bild nicht weiterentwickeln, wenn er ununterbrochen mit der Nase an der Leinwand klebt. Frauen benötigen eine innere Distanz zu ihren Identifikationen und zu Männern, zu Hause wie im beruflichem Umfeld, um einen Handlungsspielraum herstellen zu können. Ebenso wie Maler sind Frauen auf einen inneren Aktionsradius und ein Ziel angewiesen, damit sie an ihrem Lebensbild malen können. Sie müssen nicht ganz genau wissen, was sie mit jeder Bewegung exakt auf ihre Lebensleinwand pinseln wollen. Aber eine Vision, die weiter reicht als der nächste Pinselstrich, sollten sie schon in sich haben: wie dieses Bild in etwa aussehen, was es ausdrücken und was es vielleicht im Betrachter bewirken soll. Oder wo das Bild einmal hängen wird.

Sie können entscheiden, ob Sie ein gegenständliches oder ein abstraktes Bild anfertigen. Und wenn Sie den Pinsel in Farbe tauchen, sollten Sie sich darüber im Klaren sein, ob Sie viel oder eher wenig Farbe auftragen wollen. All diese Entscheidungen stehen in einem direkten Zusammenhang mit der Weite des inneren Raumes und dem Ziel. Letzteres kann auch nur aus einer inneren Vorstellung bestehen. Es muss gar nichts mit dem Bild selbst zu tun haben. Ein mögliches Ziel könnte also durchaus sein, sich beim Malen einfach wohlzufühlen.

Mit anderen Worten: Sie malen sich aus, wie Ihr zukünftiges Zuhause, Ihr soziales Umfeld, Ihr Leben aussieht, in einem Monat, in einem Jahr, in fünf und in zwanzig Jahren. Machen Sie sich hierzu Notizen. Wie gestaltet sich Ihre Lebensphilosophie? Was wollen Sie der Welt schenken, was wollen Sie hinterlassen? Umso genauer Sie sich all das vorstellen, desto größer ist nicht allein die Chance auf eine erfüllende Verwirklichung, es fallen auch viele Entscheidungen leichter, weil Ihr übergeordnetes Ziel Ihnen eine Orientierung hinsichtlich Ihrer Prioritätensetzung gibt.

Übungsteil 2: Grundsätze der imaginären Therapeutin und die innere Haltung

Definieren Sie nun Ihre eigene innere Haltung, mit der Sie die Übungen fortführen wollen. Es sollte auch die Haltung sein, mit der Sie an die Lösung von Problemen mit anderen Menschen herangehen. Wichtig ist zu wissen, dass das Wort »Haltung« fälschlicherweise signalisiert, dass man etwas fest-»halten« muss. Eine innere Haltung ist kein Festhalten, sondern eine menschliche Qualität. Sie ist etwas frei Handhabbares und jederzeit veränder- und entwickelbar. Achten Sie bitte daher darauf, dass Sie Ihre Haltung immer als etwas Leichtes und Freies erleben. Sie ist der Nachhall der eigenen Handlungen in der Welt. Gestalten Sie diese innere Haltung für Ihren Umgang mit Männern, mit Frauen, mit geschlechtsbezogenen Konfliktpersonen. Lesen Sie dazu diesen Übungsteil in Ruhe durch. Anschließend überlegen Sie sich eine geeignete Situation, um sie spielerisch mit sich selbst oder jemand anderem auszuprobieren. Die Natur bietet viele Möglichkeiten dafür: ein Spaziergang, sich auf einer Bank niederlassen und mit sich allein sein. Oder sich in ein Café setzen und mit den in der Übung beschriebenen Beobachtungen beginnen. Aber auch ein Gespräch mit einem Partner oder einem Kollegen kann für diese Übung einen Rahmen darstellen.

Die Übung ist imaginär, Sie sollten Ihr Gegenüber nur dann darüber informieren, wenn es aktiv mitwirkt. Ist Ihnen die Übung vertraut, können Sie gern weiter improvisieren. Beachten Sie jedoch: Es ist eine reine Bewusstseinsübung, die weitgehend in Ihrer Vorstellung stattfindet. In Ihrem Bewusstsein liegt Ihr Zentrum, das Herz Ihres menschlichen Wesens. Dort arbeiten Sie direkt mit Ihrem Leben zusammen.

Wählen Sie also die für Sie passende Situation. Dann setzen Sie sich ein Ziel Ihrer Wahl. Sollte Ihnen gerade keins einfallen, versuchen Sie es mit diesem: Sie wollen sich im Umgang mit Männern besser fühlen. Dafür erweitern Sie in Ihrer Vorstellung Ihren inneren Raum.

Und nun machen Sie es sich bitte bequem und beginnen Sie sich vorzustellen: Sie sind weder eine Frau noch ein Mann. Sie sind vielmehr ein kompletter und vollständiger Mensch.

Es gibt keine Dualität, da es nur Vollständigkeit gibt. Sie sind gleichzeitig ein Teil und das Ganze in einem. Es dreht sich auch nicht um Ausgewogenheit, da Sie sich nicht in einem dualen Raum befinden. Sie sind bereits in Balance.

Stellen Sie sich dies in aller Ruhe vor, entspannen Sie dabei Ihre Schultern und Ihre Bauchmuskeln, und atmen Sie gelassen.

Vergegenwärtigen Sie sich, welche Ihrer Seiten Sie verstärkt akzeptieren müssen, um diese Vollständigkeit empfinden zu können. Nehmen Sie wahr, was Sie ein wenig oder ganz loslassen müssen, um diese Vollständigkeit empfinden zu können.

Beachten Sie dabei, ob Sie sonst etwas stört, um diese Vollständigkeit annehmen zu können. Wenn Sie das registrieren, machen Sie diese kleine Loslassübung:

Lassen Sie das, was Sie stört oder woran Sie festhalten, mit Konzentration auf Ihr Ausatmen sanft los (nur in der Vorstellung dieser Übung, nicht notwendigerweise in der Realität, das können Sie sich später einmal überlegen). Wenden Sie dann Ihre Aufmerksamkeit dem nächsten Schritt zu:

Wann immer Sie widersprechende oder kommentierende Gedanken bei sich feststellen, machen Sie das Gleiche: Registrieren Sie sie unkommentiert, und anschließend lassen Sie sie sanft mit dem Ausatmen los. Kehren Sie nach jedem Loslassen wieder zur Wahrnehmung Ihres inneren Raumes zurück.

Stellen Sie sich nun vor, dass Sie die Aufgabe einer Therapeutin ausfüllen wollen. Bei sich und bei anderen. Machen Sie die Übung allein, therapieren Sie sich selbst. Der andere beziehungsweise Ihr Gegenüber ist dann Ihre eigene subjektive Projektion, wie Sie sich sich selbst vorstellen.

Sie sind jetzt eine Therapeutin.

Sie wissen um viele Zusammenhänge und Probleme bei sich selbst und anderen Bescheid. Sie kennen das Prinzip der Dualität. Daher verstehen Sie, dass zum Wissen auch das Nichtwissen gehört. Es ist Ihnen also klar, dass es neben dem, was Sie wissen, Dinge gibt, die Sie nicht wissen. Beides hält sich die Waage.

Sie vermuten, dass Ihr Gegenüber unbedingt therapiert werden müsste. Sie haben vor ihm Respekt. Sie haben aber in gleichem Maße Respekt vor sich selbst. Leider erkennt der andere das Problem nicht, das Sie bei ihm vermuten. Er meint wahrscheinlich, es sei alles in Ordnung, und hält eine Therapie nicht für nötig (Achtung: All dies nicht aussprechen, es findet nur in Ihrer Vorstellung statt).

Gehen Sie mit diesem Menschen daher so um, wie es Therapeutinnen mit unbelehrbaren Klienten tun: Vergessen Sie während der Übung niemals sich selbst, niemals Ihre eigene Vollständigkeit. Machen Sie, falls nötig, die Loslassübung, und achten Sie darauf, dass Sie Ihren Atem nicht verlangsamen.

Vergegenwärtigen Sie sich während der folgenden Übungsschritte, wie der innere Raum in Ihnen wächst und wie gut sich das anfühlt, basierend auf folgenden Grundsätzen:

Maßgaben für die Arbeit an sich selbst und mit anderen

- Ihr Gegenüber ist Ihr potenzieller Klient. Sie sind eine Therapeutin, aber nicht seine. Seine Therapeutin können Sie erst sein, wenn er Sie darum bittet und Sie der Zusammenarbeit zustimmen.
- Gehen Sie mit Ihrem Gegenüber so um, wie Sie mit einem Menschen umgehen, der genauso vollständig ist wie Sie selbst.

- Sie dürfen Ihren Partner auf keinen Fall überreden, sich mit Ihnen oder mit sich selbst auseinanderzusetzen, ihm beispielsweise sagen, er habe Probleme oder solle eine Therapie machen. Das sind absolute No-Gos. Sie könnten dadurch ein Widerstandsverhalten in ihm auslösen. Dadurch würde er Schwierigkeiten bekommen, sich von sich selbst aus zu öffnen. Er würde es in Zukunft schwerer haben, aus eigener Kraft eine Quelle der Motivation für die Arbeit in sich selbst zu entdecken. Ein unaufgefordertes Therapieren am anderen verkompliziert die Situation nur. Es kann als Maßregelung, Zurücksetzung, intimer Eingriff, Grenzüberschreitung oder Anmaßung wahrgenommen werden. Man empfindet das mitunter selbst dann, wenn ein anderer das bloß denkt. Falls Ihr Gegenüber aufgrund einer solchen »Überredung« dennoch darauf eingehen würde, so entspränge dies außerdem nicht seinem eigenen Wunsch. Es wäre das Resultat Ihrer Überzeugungskunst. Seine Motivation ist daher nicht rein, sondern fremdgesteuert. Der Effekt wäre gleich null, da nur Handlungen weiterführen, die aus einem selbst kommen und gefühlt werden.

- Nehmen Sie bei sich wahr, ob in Ihnen kritische innere Dialoge bezüglich des anderen stattfinden. Auch das könnte sich negativ auf den anderen übertragen. Ist das so, machen Sie die Loslassübung und kehren zu sich selbst zurück. Andernfalls können Missverständnisse entstehen. Sie sind vollständig genug. Umso mehr Raum Sie in sich selbst erzeugen, desto mehr Möglichkeit geben Sie dem anderen, bei sich ebenfalls Raum entstehen zu lassen.

- Bleiben Sie bei sich selbst. Distanzieren Sie sich immer wieder von Überlegungen, die damit zu tun haben, was in Ihrem Gegenüber vorgehen mag. Was Sie denken und was in Ihnen vor sich geht, hat ausschließlich mit Ihnen zu tun, nicht mit dem anderen. Gehen Sie davon aus, dass alle

Gefühle und Reaktionen, die Ihr Gegenüber in Ihnen auslöst, Ihre eigene Sache sind, nicht seine. Denken Sie an das System der Seelentattoos – sie stammen aus Ihrem inneren Archiv, aus Ihrer Vergangenheit, nicht aus seiner. Was in Ihnen geschieht, ist Ihrem Leben und Ihrer Konditionierung geschuldet. Beobachten Sie diesen Vorgang gelassen, als würden Sie als Zaungast einem Schauspiel beiwohnen.

- Wenn Sie mit Ihrem Gegenüber kommunizieren, achten Sie darauf, dass Sie authentisch aus sich selbst heraus agieren und nicht in Reaktion auf ihn. Sollten Sie dennoch reagieren, so akzeptieren Sie dies mit der Loslassübung.

- Lassen Sie dem anderen die Chance, von sich aus den Kontakt zu Ihnen zu suchen, wenn es sich in der Kommunikation um seine Angelegenheiten handelt. Sie können Ihrem Gegenüber aber das Angebot machen, dass er Ihnen etwas erzählt. Distanzieren Sie sich immer wieder von Ihren eigenen Reaktionen (Loslassübung), und kehren Sie zu sich selbst und Ihrer eigenen authentischen Haltung zurück. Diese ist immer präsent. Der Schlüssel zu ihr ist Ihr Bewusstsein.

- Wenn der andere etwas Persönliches von sich selbst erzählt, so ist dies eine Chance: In solchen Momenten sind Sie berechtigt, einzuhaken und freundlich und interessiert nachzufragen. Er wird sich über Ihr Interesse an seiner Person freuen und sich geehrt fühlen. Vielleicht wird er beginnen, sich ein wenig zu öffnen. Das hängt mit davon ab, in welchem Maße es Ihnen gelingt, den bereits geschaffenen inneren Raum weit und frei zu halten.

- Offerieren Sie dem anderen keine Lösungsmodelle. Sagen Sie dem anderen nicht unaufgefordert, was Sie von ihm halten oder was er für ein Mensch ist. Erklären Sie ihm nicht das Leben und die Komplexität unserer Welt. Sie sind kein

Mansplainer. Ihr Wissen ist Ihres. Seines ist seines. Haben Sie den gleichen Respekt vor dem Universum des anderen wie vor Ihrem eigenen.

Stellen Sie sich bei alldem immer wieder eine Situation vor, in der Sie eine Therapeutin sind, die nicht um Hilfe gebeten wurde und daher nicht therapieren kann und darf. Das Einzige, was bleibt, ist Ihre Arbeit an sich selbst, nicht am anderen. Dazu müssen Sie die von außen kommenden Auslöser für eventuelle innere Turbulenzen in Ihnen genau betrachten (Seelentattoos): Was an diesen Worten oder jener Erfahrung hat mich warum zu dieser Reaktion gebracht:

Reflexive Ursachenforschung bei sich selbst

- Wenn Sie überlegen, was mit dem anderen los ist, warum er dieses oder jenes macht, fragen Sie sich stattdessen: Was ist mit mir los, warum reagiere ich gerade so, warum und wozu will ich das wissen?
- Wenn Sie sich überlegen, welches geschlechtliche Männerrollenbild der andere wohl hat, fragen Sie sich stattdessen: Welches habe ich von mir selbst?
- Versuchen Sie, sich wieder und wieder von Ihren Bildern zu lösen und zum freien Menschen zu werden (Loslassübung, innerer Raum, Hände ineinanderlegen).
- Fragen Sie sich: Habe ich etwas getan, was sein Bild erschüttert? Habe ich etwas getan, was sein Bild von mir erschüttert? Womit könnte sein Bild erschüttert werden? Womit würde sein Bild von mir erschüttert werden? Machen Sie sich das lediglich bewusst, ohne zu kommentieren und ohne zu handeln.
- Fragen Sie sich: Was kam von ihm, was Ihr Bild von sich selbst erschüttert hat? Was haben Sie selbst getan, was Ihr Bild von sich erschüttert hat? Womit könnte Ihr Bild er-

schüttert werden? Machen Sie sich all dies lediglich bewusst, ohne zu kommentieren und ohne zu handeln.

- Bleiben Sie authentisch und verbiegen Sie sich nicht, um dem Bild, das der andere von Ihnen hat oder das Sie von sich selbst haben, zu entsprechen. Falls Sie das doch tun, haben Sie im selben Moment Ihren gesamten inneren Raum verloren. Kehren Sie zu ihm zurück, indem Sie die Loslassübung wiederholen.

Versuchen Sie bei alldem, auf liebevolle Weise eine gewisse innere Distanz zum anderen zu halten. Sie können gern etwas Positives sagen oder tun. Aber tun Sie das nicht, um seine Vorstellungen zu erfüllen oder um etwas zu erreichen. Sagen Sie solche persönlichen Dinge nur, wenn Sie sie wirklich fühlen. Sollten Sie emotional reagieren, dann seien Sie sich bewusst, dass dies das Resultat der Zusammenfügung Ihrer soeben erlebten Erfahrung mit den eigenen Seelentattoos ist. Wie gesagt: Ihre Reaktion hat daher nur bedingt, vielleicht sogar überhaupt nichts mit dem Gegenüber zu tun. Sie reagieren auf etwas in sich selbst.

Mit dieser inneren Haltung einer »imaginären Therapeutin« gehen Sie auch mit sich selbst um. Behandeln Sie sich selbst genauso respektvoll wie den anderen, dessen imaginäre Therapeutin Sie nicht sein dürfen, weil er Sie nicht darum bittet. Seien Sie sich selbst gegenüber genauso respektvoll, wie Sie es von dem anderen Ihnen gegenüber erwarten. Wertschätzen Sie Ihre Gedanken und Gefühle, beobachten Sie sie und lassen Sie sie auch wieder ziehen. Vergegenwärtigen Sie sich immer wieder: Sie sind Ihre eigene imaginäre Therapeutin. Sie können sich selbst nur weiterentwickeln, wenn Sie ein Ziel und genug Raum dafür haben. Und diesen Raum muss die Therapeutin Ihnen lassen.

Innerer Raum und rettende Anker

Um Ihren inneren Raum der Veränderung leichter halten zu können, besteht die Möglichkeit, dass Sie sich für Ihre Loslassübung weitere rettende Anker ausdenken. Das sind Wahrnehmungstricks, mit denen Sie sich freier, unabhängiger von akuten, belastenden Situationen machen können. Die Übung mit dem Ineinanderlegen der beiden Hände ist so ein winziger Anker. Entwickeln Sie diese Übung für sich kreativ weiter. Seien Sie fantasievoll. Sehen Sie beispielsweise zum Fenster hinaus oder betrachten Sie eine Zimmerpflanze. Sagen Sie: »Ich bin diese Pflanze, dieses sich im Wind bewegende Laubblatt (und stellen Sie sich dabei vor, sich wie das Blatt zu fühlen). Der Baum wird mich nicht fallen lassen, und tut er es doch, so trägt mich die Luft. Und lässt mich die Luft los, so fängt mich die Erde auf, auf der ich sanft lande, denn ich bin die Natur, ich bin diese Welt.«

Stellen Sie sich außerdem vor, wie klein und unbedeutend die Probleme für Sie als Laubblatt sind. Oder als Regentropfen. Oder als Sonnenstrahl. Oder als Meer.

Befinden Sie sich gerade an einem Ort, der eine derartige Inspiration schwer macht, beispielsweise in einem sterilen Büro, so haben Sie dennoch die Möglichkeit, Ihre Aufmerksamkeit einem rettenden Anker zuzuwenden: Beobachten Sie anstatt einer Pflanze Ihren Atem und nehmen Sie ihn ein paar Momente lang bewusst wahr. Der Atem ist für diese Übung ein sehr geeignetes Instrument. Er existiert – ähnlich einem Laubblatt oder einem Regentropfen – in gewisser Weise völlig unabhängig von uns selbst. Es gibt etwas, womit wir beim Atmen ganz unmittelbar in Kontakt sind – mit unserem Leben und seiner ihm innewohnenden Mystik. Es wird uns niemals gelingen, den Atem dauerhaft anzuhalten. Er ist das Symbol dafür, dass wir nicht die alleinige Kontrolle über uns haben. Er ist der Hinweis darauf, dass wir uns öffnen und uns dem Leben hingeben müssen und dass es dafür keine Alternative gibt. Wir halten den Atem oft an, wenn wir unter Spannung stehen oder Angst haben. Den Atem komplett anhalten zu wollen, käme dem Versuch gleich, sich selbst oder einen anderen oder eine Situation nicht zu akzeptieren.

Machen Sie mit dem Atem die gleiche Übung wie mit dem Laubblatt.

Verkrampfen Sie sich nicht. Gehen Sie mit Ihrem Bewusstsein spielerisch um – nicht so, als würden Sie eine Sportart trainieren.

Sie werden sehen, dass Sie auf diese Weise mehr und mehr aus Ihrer emotionalen Enge heraustreten. Bis sie verflogen ist.

Fragen Sie sich anschließend: »Woher kam sie? Wohin ging sie?«

Verzichten Sie darauf, diese Fragen zu beantworten. Und Ihr Raum der Veränderung wird wachsen.

Vergegenwärtigen Sie sich beim Praktizieren dieser Übung erneut, welches Ziel Sie haben. Was ist Ihr tieferes Anliegen? Worum handelt es sich – um die Wirkung der Geschlechterklischees auf unsere Persönlichkeit, auf unseren Freiheitsradius, auf unsere Interaktion mit anderen, um Lebensqualität und Sinn?

Ein Sichöffnen für die anderen fühlen

Rollen und ihre Klischees sind Grenzpunkte unseres Miteinanders. Lösen wir sie bei uns selbst auf, so treten wir über diese Grenzen hinaus. Es entsteht der Raum für Veränderung. Bei uns selbst und bei den anderen, die uns wahrnehmen. Dehnen wir diesen Raum in uns über die Klischeegrenzen aus, so haben die anderen eine viel größere Projektionsfläche, um uns treffen zu können. Sie sind zufriedener mit dem, was wir in ihnen auslösen: mehr Deckungsgleichheit.

Wenn Sie nur über Ihre Geschlechterrollen und deren Klischees in dem großen, grenzenlosen Raum Ihres Lebens agieren, so ist Ihr Verhalten ähnlich dem, das entlassene Gefangene aus ihrer Zelle mit sich hinaus in die Freiheit nehmen. Sie legen diese alte Haltung, also die Rollen und Klischees, langsam ab, indem Sie die Weite der Freiheit praktizieren, kennen und akzeptieren lernen. Dazu müssen Sie selbst neue Erfahrungen machen und fühlen. Sie brauchen sie, damit die früheren Seelentattoos überdeckt werden.

Der Betrachter des Meeres, der bei dessen Anblick einzig »Wasser« oder »nass« oder »gefährlich« gedacht hat, muss das Meer spüren, damit diese Worte verschwinden und er das Meer in seiner Ganzheit wahrnehmen kann. Vielleicht schwimmt er im Meer, um es zu fühlen. Vielleicht atmet er nur mit dem Meer. Aufgrund der erfahrungsverarbeitenden Aktivitäten unseres Gehirns neigt er leider dazu, sich immer wieder verengen zu wollen. Deswegen ist es so wichtig, ständig den inneren Raum zu weiten. Sonst würde wieder das Niveau der Gefangenschaft entstehen: Immer mehr Seelentattoos kleistern unsere Seele zu und beschränken damit die Weite unserer Erfahrungsmöglichkeiten.

Die Wirkung dieser neuen Öffnung ist umfassend und vehement. Die Übung kann etwa auch Gefühle von Verlorenheit auslösen. Nehmen Sie solche Empfindungen genauso wahr und lassen Sie sie ziehen, wie Sie es bei der Loslassübung gelernt haben. Ganz besonders trifft das auf unser Verhältnis zum anderen Geschlecht zu. Wir haben keine Übung im freien Umgang mit dem anderen Geschlecht als Menschen. Wir kennen lediglich den Umgang mit Männern und Frauen. Nur innerhalb dieses Klischeerahmens sind wir es gewohnt, mit ihnen umzugehen: als Frau, Mann, Kind, alter Mensch, Reicher, Armer, Chef …

Wegen unserer Hilflosigkeit diesen Vorgängen gegenüber und weil wir beim Loslassen der Rollen so schnell einen großen, leeren Raum spüren, überantworteten wir immer wieder den Rollen und deren Klischees die Kontrolle über unser Leben. Und die machen es uns nicht gerade leicht, sie wirklich gehen zu lassen. Sie sind eitle, selbstbezogene, manipulative Quälgeister. In dem Moment, wo wir von ihnen abweichen, beginnen sie sofort, mit ihren Bedenken, Kritiken und Warnungen auf uns einzuwirken. Sie erzeugen dadurch Ängste. Gehen Sie auf diesen Zirkus ein und machen Sie immer wieder die Loslassübung. Es wird Ihnen nichts Negatives geschehen, im Gegenteil.

Vergegenwärtigen Sie sich auch hier, dass Genderressentiments fiktive Ängste sind, die innerhalb des Universums der von Ihnen gelebten Geschlechterklischees entstehen. Die Ursache für Ihr Befinden liegt stets in Ihnen selbst. Wenn Sie nun sagen, dass es ganz laut und unerträglich um Sie herum ist, die Quälgeister Sie nicht in Frieden lassen, dann überlegen Sie: Warum gehen Sie nicht einfach weg? Natürlich ist das möglich, jedenfalls wenn Sie frei sind und tun und lassen können, was Sie wollen.

Wenn das so ist, gibt es keinen Grund zur Angst. Sie werden weder sterben noch verhungern. Sie werden immer vollständiger Teil und gleichzeitig das Ganze bleiben, das Sie ohnehin bereits sind. Üben Sie Ihre innere Haltung mit Freude und Kreativität in alltäglichen Situationen. Ihre neue Haltung wird in Ihrer Umgebung einen Widerhall finden, und positive Überraschungen sowie Liebe sind Ihnen gewiss.

Haben Sie Mut, versuchen Sie es!

Zweite Übung:
Befreiung durch Loslassen von Geschlechterklischees

Machen Sie sich für die nächste Übung innerhalb Ihres weiten inneren Raumes bewusst, welches Seelentattoo die Geschichte der Chinesin Lin in Ihnen ausgelöst hat. Dieses Gefühl steht sinnbildlich für die Altkonditionierungen aller Frauen, für ihr Leid, das sie über viele Epochen hinweg ertragen mussten. Es ist ein Grundgefühl, das jede Frau auf individuelle Weise in sich trägt. Halten Sie das Bewusstsein für dieses Gefühl aufrecht, während Sie einige Vorbereitungen treffen. Berücksichtigen Sie dabei stets Ihre Haltung einer »imaginären Therapeutin«, die Sie sich jetzt selbst gegenüber einnehmen. Das bedeutet in erster Linie: Überfordern Sie sich nicht. Wenn es Ihnen zu viel wird, machen Sie eine Pause.

Und keine Sorge: Die Auflösung der Geschlechterrollen mündet nicht in Haltlosigkeit. Sie werden weiterhin flirten können, viel schöner sogar. Sie werden auch weiter arbeiten können, viel effizienter und für sich selbst erfüllender. Der Unterschied zwischen Freiheit und Klischee ist, dass ein Klischee Grenzen hat. Erst wenn Sie sich frei von Klischees und inneren Grenzen fühlen, sind Sie wirklich frei. Sind Sie dafür bereit? Für die Freiheit?

Dann besorgen Sie sich ein paar Blatt Papier oder ein Notizbuch, einen passenden Stift, dessen Form, Farbe und dessen Art zu Schreiben Sie mögen. Nehmen Sie zwei Kissen oder zwei Stühle, als würden Sie einen Raum für die Begegnung von zwei Personen vorbereiten. Gestalten Sie Ihren äußeren und Ihren inneren Raum so, wie Sie ihn haben wollen.

Definieren Sie für diese Übung einen Zeitraum. Er sollte mindestens eine Stunde umfassen. Ist der festgelegte Zeitrahmen um, beenden Sie die Übung, selbst wenn Sie noch nicht fertig sind. Machen Sie ein anderes Mal weiter, erneut innerhalb eines festgesetzten Zeitraums. Ist dieser abgelaufen, konzentrieren Sie sich wieder auf Ihren Alltag. Es ist wichtig, dass Sie zwischen dem Erleben während der Übung und Ihrem normalen Leben unterscheiden.

Nun lassen Sie zunächst die zehn Geschlechterklischees Revue passieren. Legen Sie für jedes Klischee zwei Spalten an. Notieren Sie sich zu jedem ein paar Stichpunkte: In die eine Spalte schreiben Sie das, was Ihnen dazu aus Ihrem Leben einfällt. In der anderen Spalte halten Sie die dazugehörigen Gefühle fest. Suchen Sie die Worte für die Gefühlsspalte sorgfältig aus, entscheiden Sie sich für möglichst passende Worte. Sie können auch ein Fantasiewort erfinden, denn dieses Wort ist nur für Sie selbst bedeutend. Es ist nichts anderes als ein Erkennungszeichen für ein Seelentattoo in Ihnen.

Arbeiten Sie dann pro Klischee die Übungsschritte durch, die im Folgenden beschrieben werden. Seien Sie dabei ehrlich, offen und sorgfältig. Achten Sie darauf, dass Sie atmen, frei bleiben und sich selbst fühlen. Wenn Sie ein Klischee beschrieben haben, sollten Sie Ihre Worte als endgültig betrachten. Sie können aber weiterhin Ihre Notizen durchlesen und dazu brainstormen.

Seien Sie sich bei dieser Übung bewusst, dass es um Ihr Leben geht, dass Sie sich etwas Gutes tun und dass Sie Ihrem Leben etwas schenken wollen. Sie bezwecken damit ausschließlich, glücklicher und freier zu werden, um mit Männern (und Frauen!) im Beruf und im Privatleben unbeschwerter umgehen zu können. Sonst nichts.

Führen Sie nun bitte folgende Schritte aus:

Durchführung des Projektiven Selbstcoachings (PSC)

Sie werden sich durch einige Übungsschritte bewusst machen, was sich in Ihnen in Bezug auf Ihre Vorstellung von sich selbst abspielt sowie was in Ihnen hinsichtlich Ihrer Vorstellung von Ihrem Gegenüber vor sich geht. Dies schließt mit ein, dass Sie kennenlernen, was Ihr Gegenüber, das Sie in sich wahrnehmen, »in Ihnen« denkt, fühlt und was es auf Sie projiziert. Oft ist die aus dieser Übung resultierende Imagination dessen, was im anderen vor sich geht, übrigens zutreffend. Das ist aber insofern irrelevant, als lediglich die Kräfte, die innerhalb Ihrer selbst arbeiten, auf Ihr Befinden, Ihr Denken und Ihr Handeln wirken. Was in einem Gegenüber tatsächlich vor sich geht, hat auf die Freiheit des eigenen Handelns keinen wirklichen Einfluss, sondern nur das, was wir daraus in uns machen. In der Übung untersuchen wir im Folgenden daher bloß, was sich in uns selbst abspielt.

1. Vorbereitung Ihres Projektionsübungsmodells

- Positionieren Sie die beiden Kissen oder Stühle so, als würden sich zwei Personen gegenübersitzen. Sie werden bei der Übung die Grafik von S. 274 nachstellen. Stellen Sie sich diese Grafik mit den Projektionen nun vor, und zeichnen Sie diese für sich auf ein Blatt Papier. Die Projektionspegel sollten sich teilweise überschneiden. Wählen Sie den Umfang der Überschneidung so groß oder klein aus, wie Sie den Eindruck haben, dass Ihre subjektive Projektion mit der objektiven der Außenwelt auf Sie übereinstimmt. Zeichnen Sie um die Bereiche, in denen sich beide Pegel überschneiden beziehungsweise nicht überschneiden, einen Kreis. Der Bereich der Überschneidung ist der Ihrer Zufriedenheit im Umgang mit anderen Menschen – der, in dem die Deckungsgleichheit fehlt, ist Ihr Konfliktbereich. Bitte schreiben Sie darüber gleich einem Titel:

»Meine Identität als Frau am Beispiel der Geschichte von Lin und MIR selbst«
Raum der Veränderung = Ich Selbst

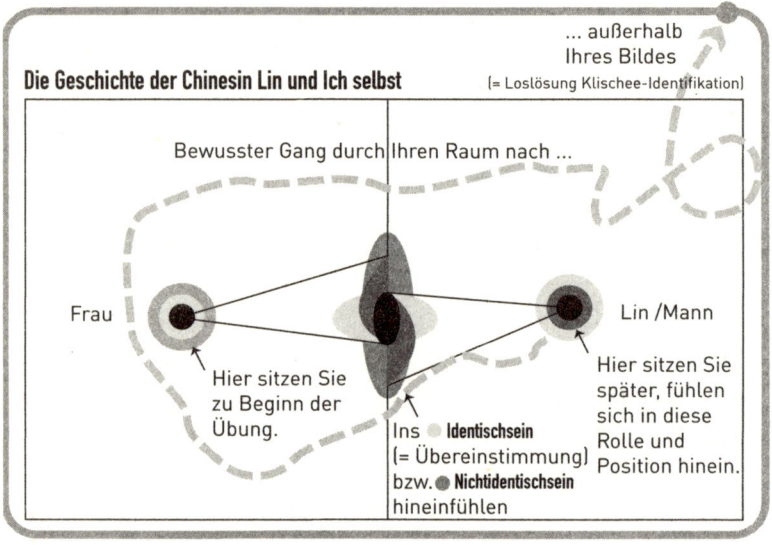

Wie schon gesagt: Mit Ihrer persönlichen Reaktion auf die Geschichte von Lin aktivieren Sie in sich Fragmente von Seelentattoos, bei denen Sie ähnliche Erfahrungen gemacht oder Ähnliches erlebt haben. Sie mögen vielleicht Jahrhunderte zurückreichen, da sie über Generationen hinweg weitergegeben wurden, werden aber in gewisser Weise heute noch aktiviert, wenn Sie sich in bestimmten Situationen mit Männern befinden. Es ist Ihr Ziel und das Anliegen dieser Übung, sich von solchen Konditionierungen zu lösen.

● Schreiben Sie nun neben die rechte Projektionsquelle den Namen »Lin« und das Wort »Mann«. Dieser »Mann« ist Ihr imaginärer Übungspartner. (Sie können diese Übung auch mit einer realen Person machen, doch es ist wichtig, sie ebenfalls allein, nur mittels Imagination durchzuführen).

Links neben der Projektionsquelle notieren Sie bitte Ihren vollständigen Namen und das Wort »Frau«. Stellen Sie sich jetzt in dem Raum, in dem Sie sich gerade aufhalten, die Situation zweier sich gegenübersitzender Menschen vor, und setzen Sie sich auf den Stuhl beziehungsweise das Kissen, neben dem Sie auf Ihrer Zeichnung »Frau« notiert haben.

2. Erste Imagination: Wahrnehmung Ihrer Identifikation und Ihres Genderegos

Betrachten Sie auf Ihrer Zeichnung nacheinander die Bereiche, an denen sich beide Projektionspegel überschneiden, den des imaginären Betrachters (Mann) und den von Ihnen selbst, der Frau. Stellen Sie sich jetzt vor, was beide voneinander denken und fühlen, wie Sie selbst und andere männliche (aber auch weibliche) Gegenüber in Ihrem Leben laufend versuchen, die beiden Projektionspegel deckungsgleich zu machen. Versuchen Sie sich danach vorzustellen, Sie seien identisch mit dem Bereich, an dem sich beide Scheinwerferpegel auf einer imaginären Leinwand überschneiden und den ich auf Seite 237 als unser »geschlechtliches Ego« beschrieben habe. Das ist die Stelle, wo Sie unentwegt abwägen und justieren, zum Beispiel wie viel die von mir erzählte Geschichte über Lin mit Ihnen zu tun hat. Vielleicht hilft es, wenn Sie einen Moment lang auf das Ihnen gegenüberliegende Kissen oder den Stuhl schauen und sich vorstellen, dass ich dort sitze und Ihnen Lins Geschichte erzählt habe.

Sind Sie so weit, dass Sie sich selbst innerhalb dieses Überscheidungsbereichs vorstellen können? Wenn ja, dann horchen Sie einen Moment lang in sich hinein und notieren Sie unter diese Stelle in kurzen Stichpunkten, was Sie fühlen und denken.

3. Zweite Imagination: Wahrnehmung Ihrer Projektion auf das Gegenüber

● Nun gehen Sie mit Ihrer Wahrnehmung zurück zu Ihrer Sitzposition, also dorthin, wo Sie auf der Grafik »Frau« notiert haben. Sehen Sie von dieser Stelle aus bitte zum Wort »Mann« und wo ich, der Erzähler der Lin-Geschichte, imaginär sitze. Notieren Sie auf einem weiteren Blatt Papier zwei, drei Stichpunkte zu dem, was Sie über die erzählte Geschichte sowie über mich als Erzähler denken, wie Sie sich damit fühlen und was Sie glauben, wie der Erzähler über Sie denkt beziehungsweise fühlt. Sie können sich auch vorstellen, was er von Ihnen erwartet, welche Handlungen oder welches Verhalten er gern von Ihnen sehen würde.

4. Dritte Imagination: Wahrnehmung Ihrer Imagination dessen, was der andere über Sie denkt und auf Sie projiziert

● Stellen Sie fest, wie sich das Gegenüber fühlt: Erheben Sie sich jetzt und setzen Sie sich auf den gegenüberliegenden Platz, wo Sie »Mann« notiert haben. Schließen Sie einige Momente lang die Augen, stellen Sie sich vor, Sie seien der Mann, der Ihnen soeben diese Geschichte erzählt hat. Was fühlen Sie, was denken Sie? Schreiben Sie es mit ein paar wenigen Stichpunkten dort auf, wo Sie das Wort »Mann« notiert haben.

● Was denkt das Gegenüber über Sie? Bleiben Sie auf dem Platz des Gegenübers sitzen. Von dort aus sehen Sie zu Ihrem Platz hinüber. Sie sind nun der Mann, der die Geschichte erzählt hat. Sehen Sie zu der Frau, die sie gelesen oder gehört hat. Was denken Sie über diese Frau? Was fühlen Sie? Was fühlt die Frau? Schließen Sie dabei ein paar Minuten die Augen und notieren Sie sich anschließend das Gedachte und Gefühlte. Nun stellen Sie sich umgekehrt als letzten Übungsschritt vor, was die Frau von Ihnen erwartet, welche Handlungen oder welches Verhalten sie gern von Ihnen sehen würde.

Lassen Sie sich Zeit.

5. Wahrnehmung und Ausfüllen Ihres Raumes, in dem Sie sind

Wenn Sie so weit sind, stehen Sie bitte wieder auf. Sehen Sie sich im Raum um. Atmen Sie, spüren Sie Ihren Körper, wie die Luft in Sie fließt und wie sie Sie wieder verlässt. Nehmen Sie alles wahr, was in diesem Raum wahrzunehmen ist. Schließen Sie Gerüche und Geräusche dabei nicht aus. Auch was von *außerhalb* des Raumes wahrzunehmen ist, gehört nun zu diesem Raum – das ist ein sehr wichtiger Aspekt, machen Sie sich ihn immer wieder bewusst. Ihr innerer Raum endet nicht bei Mauern, Gesetzen oder Rollenklischees, sondern erst dort, wo Ihre Vorstellung endet. Es ist Ihr momentaner Wahrnehmungsradius. Es ist Ihr Raum. Beginnen Sie, sich in Ihrem Raum zu bewegen (nehmen Sie die Grafik mit). Falls Sie wollen, auch außerhalb der Wände Ihres Übungszimmers oder des Hauses, in dem Sie sich befinden. Suchen Sie für sich selbst einen Platz, wo Sie sich rundherum wohlfühlen, wo Sie sich geborgen fühlen und von wo aus Sie den Überblick haben, den Sie gerne hätten. Nehmen Sie dabei die Körperhaltung ein, die Sie sich als Ausdruck für Ihr künftiges Leben wünschen.

6. Vierte Imagination: Loslösung von den Imaginationen

- Von der von Ihnen gewählten Position aus sehen Sie nun wieder auf Ihre Grafik, zuerst dorthin, von wo aus der rechte Projektionspegel strahlt und wo die Worte »Lin« und »Mann« stehen. Lösen Sie sich von diesem Eindruck, indem Sie entspannt ausatmen.
- Bleiben Sie bei Ihrer Position, und gehen Sie jetzt mit Ihrer Aufmerksamkeit dorthin zurück, wo Ihr kompletter Name

und das Wort »Frau« steht und von wo der linke Projektionspegel ausstrahlt. Lösen Sie sich auch davon.

- Sehen Sie danach dorthin, wo die beiden Scheinwerferpegel sich überschneiden, wo Sie sich vorgestellt haben, dass Sie das sind, und wo Sie »Meine Identität als Frau am Beispiel der Geschichte von Lin und MIR selbst« notiert haben. Lösen Sie sich ebenso von dieser Vorstellung, lassen Sie Ihr geschlechtliches Ego los.

7. Fünfte Imagination: Erkennen und Ausfüllen Ihres Raumes der Veränderung

- Umrahmen Sie das gesamte Bild mit einem großen Kreis, und schreiben Sie an eine neutrale Stelle, die in etwa Ihrer neuen Position in Ihrem Raum entspricht, also außerhalb des Kreises, die Worte »Ich selbst«. Sie haben nun den Raum umrandet, den Sie mit »Ich selbst« beschrieben haben und der Ihr Bewusstsein umfasst. Es ist Ihr Raum der Veränderung.

- Nehmen Sie Ihren neuen Raum der Veränderung und sich selbst wahr und dehnen Sie sich mit Ihrer Vorstellung, Ihrem Atem und Ihren Sinnen in diesem Raum aus. Begehen Sie den Raum gern, beleben Sie ihn mit sich selbst, egal wie, denn Sie sind ein freier Mensch. Entspannen Sie sich und atmen Sie dabei immer weiter.

- Spüren Sie Grenzen? Spüren Sie vielleicht überhaupt keine Grenzen? Dehnen Sie sich furchtlos weiter aus, so weit wie Sie Lust haben. Um etwas in Ihrem Lebensraum verändern zu können, müssen Sie mindestens den gesamten Raum erfassen. Dies gelingt Ihnen durch Ihr Bewusstsein.

- Sehen Sie nun wieder auf die verschiedenen Schauplätze Ihrer Übung. Notieren Sie, wie es Ihnen jetzt geht, was Sie fühlen und welche Schlussfolgerungen Sie ziehen. Spüren Sie bereits neue Ziele oder sogar Visionen in sich?

8. Erkennen Ihrer eigenen Seelentattoogeschichte und Loslassen derselben

● Versuchen Sie jetzt, Ihre aktuelle Situation aus der Perspektive Ihres wirklichen Raumes der Veränderung und Ihres neuen »Ich selbst« wahrzunehmen. Erinnern Sie sich an die Wassergeschichte der Chinesin Lin. Fühlen Sie, was dabei in Ihnen und um Sie herum geschieht. All dies können Sie tiefer spüren, wenn Sie in sich selbst den Raum dazu lassen. Fällt Ihnen etwas ein, egal was, so notieren Sie es, ohne darüber nachzudenken. Versuchen Sie, sich auf die Gefühle einzulassen, die Sie an sich bemerken. Hinter diesen Gefühlen steckt Ihre eigene Wassergeschichte, Sie stehen in diesem Moment im Kontakt mit Ihrer eigenen Seelentattoogeschichte. Halten Sie diese Geschichte aber nicht fest. Nehmen Sie sie von Ihrer Lieblingsposition aus wahr. Verlassen Sie nun diese Gefühle, indem Sie Ihre Aufmerksamkeit auf die Erfahrungen Ihrer Sinne im jetzigen Augenblick lenken. Folgen Sie bei dieser Übung ausschließlich Ihrer Intuition und Ihren Gefühlen. Versuchen Sie zu vermeiden, Ihre eigene Geschichte mit zu vielen Worten zu stempeln oder an sonst etwas festzuhalten. Das alleinige Erkennen und Wahrnehmen reicht vollkommen aus.

Falls Sie am Ende Ihre eigene Geschichte gefunden haben, so könnten Sie die Übung mit dieser wiederholen. Schreiben Sie Ihre Wassergeschichte auf. Es muss keine Literatur werden, es können auch Stichpunkte sein. Nehmen Sie sich dafür Zeit. Erinnern Sie sich dabei immer wieder an die in diesem Buch geschilderten Geschlechterklischees und stellen Sie Vergleiche an. Gegebenenfalls können Sie diese ergänzen, abändern oder umschreiben, sodass sie besser auf Sie als individuellen Menschen passen. Aber gehen Sie immer nur so tief und so weit, wie Sie es für sich selbst für richtig halten.

Die Übung können Sie auch auf Situationen im Job oder in Ihrem Privatleben übertragen. Am wirksamsten ist sie, wenn Sie sie in regelmäßigen Abständen bei sich selbst anwenden. Erwarten Sie keine Ad-hoc-Veränderungen in Ihrem Leben. Es wird eine langsame, aber kontinuierliche Entwicklung sein, die schließlich zum Besseren führt.

Kämpferinnen einer neuen Zeit

Zum Ausklang will ich an Ihr Herz appellieren und Sie aufrufen: Lassen Sie Ihre Vorstellungen von den Geschlechterrollen los. Wir brauchen neue Lebensformen. Voraussetzung dafür ist eine Auflösung Ihrer eigenen Rolle, Ihrer Klischees. Schon allein dadurch, dass sich Männer auf Sie beziehen, wirken Sie durch Ihr Sein auf die Männerrolle und deren Veränderbarkeit. Wäre es nicht besser, all das mit einer Vision zu tun, als alles weiterhin dem Zufall zu überlassen?

Eine Vision ist keine Utopie. Eine Vision verschafft Ihnen innere Weite, ändert die Prioritäten. Ihre Vision ist das eigentliche Ziel. Sie ist der Raum hinter Ihrem Ziel als Frau. Fehlt dieser Raum, werden Sie Ihr Ziel nie erreichen. Lassen Sie sich bei Ihrer Lebensgestaltung nicht von den Geschlechterklischees beeinflussen. Kreieren Sie sich eine Vision unabhängig von diesen alten Verkrustungen! Bestimmen Sie über Ihre Wirklichkeit – allein und unabhängig. Zukünftige Entscheidungen werden Ihnen leichter fallen.

Doch wo genau soll die Vision hinführen? Zu nichts weiter als einem freieren Leben, damit meine ich Ihr eigenes Leben und das jener Menschen, mit denen Sie im Job oder in Ihrem privaten Umfeld umgehen. Ich will Sie ermutigen, sich mit anderen Frauen aus den Rollenzwängen der Geschlechter zu erheben und zu »Kämpferinnen einer neuen Zeit« zu werden. Beginnen Sie mit Ihrer neuen Haltung als Frau beispielsweise ein Engagement zum Erhalt unserer wunderbaren Welt. Ganz offensichtlich geht von den Männern und den von ihnen geschaffenen Strukturen ein solcher Impuls nicht aus. In ihrem Kosmos drehen wir uns mit unseren Problemen in einem enger werdenden Kreis. Wir müssen aus dieser Spirale ausbrechen.

Beginnen Sie bei sich selbst. Schauen Sie über sich selbst hinaus. Weit über diesen Kreis, weit über jeden Tellerrand hinweg. Wenn Sie diesen nicht zu kennen glauben, zielen Sie einfach generell höher und weiter. So wie Sie es als Bogenschützin tun würden. Spannen Sie Ihren Bogen weit und groß. Denken Sie sich einen Fixpunkt, den Sie erreichen wollen – Ihr Idealziel. Es liegt weit hinter Ihren gegenwärtigen persönlichen Vorstellungen.

Haben Sie keine Angst, dass man Sie für größenwahnsinnig hält. Das wird nie geschehen, im Gegenteil. Und genießen Sie, wie gleichzeitig Ihre eigenen Probleme kleiner werden. Verlagern Sie Ihre Prioritäten, Ihren Blick von Ihrem beruflichen Alltag hinein in Ihre größere, in diese neue Welt. In unser gemeinschaftliches Leben, in dem Frauen wie Sie eine neue Rolle spielen.

Grundsätze von Kämpferinnen

1. Sie kämpfen nicht für sich, sondern für alle.
2. Sie befreien sich von den alten Klischeegrenzen der Frauen- und der Männerrolle.
3. Sie haben den Vorsatz, nie wieder in ihre alten, engen Grenzen zurückzukehren, es sei denn auf spielerische, kreative und unabhängige Weise, die niemanden und vor allem sie selbst nicht verletzt.
4. Sie haben das Bedürfnis, die junge Freiheit aller Frauen zu erhalten, zu beschützen und weiterzuentwickeln. Hierfür setzen sie sich ein.
5. Sie sind daran interessiert, alle Menschen an dieser Unabhängigkeit teilhaben zu lassen.
6. Sie entwickeln übergreifende Visionen für eine bessere Welt, für ein faireres, liebevolleres und vor allen Dingen

friedvolleres Zusammenleben. Diese Visionen setzen sie – soweit es ihnen möglich ist – in allen ihren Lebensbereichen um.

7. Sie unterstützen Frauen und Männer bei der Selbstfindung und Entdeckung ihrer Freiheit, indem sie sich nicht mehr von geschlechtlichen Rollenklischees beeindrucken lassen.

8. Wenn sie Probleme im zwischenmenschlichen Umgang haben, erinnern sie sich an die Grundsätze der »imaginären Therapeutin« sowie an ihren freien inneren Raum.

Dank

Ich danke Regina Carstensen, Klaus Fricke und Bettina Traub für das Vertrauen und die Unterstützung bei diesem Buch.

Literatur, Quellen und Links

Abelice, Henry, Barale, Michèle Aina, und David M. Halperin: The Lesbian and Gay Studies Reader. New York 1983

Arai, Yunko: Report. Journal of Neuroscience, Bd. 29, S. 1496, 2009

Athenstaedt, Ursula, und Dorothee Alfermann: Geschlechterrollen und ihre Folgen. Stuttgart 2011

Auga, Ulrike, und Christina von Braun: Gender in Conflicts. Münster 2006

Balk, Stefan: Siehe: www.stefanbalk.de/index-st.html

Beauvoir, Simone de: Das andere Geschlecht (1949). Reinbek 2000

Benjamin, Hilde: Vorschläge zum neuen deutschen Familienrecht. Berlin 1949

Bennholdt-Thomsen, Veronika: Frauen Wirtschaft. München 2000

Benstock, Shari: Textualizing the Feminine: On the Limits of Gender. Norman (Oklahoma) 1991

Blickle, Gerhard: Siehe: www.zeit.de/2013/20/interview-blickle-gefuehle-im-job

Blakemore, Judith Elaine, und Sheri A. Berenbaum: Gender Development. New York 2009

Blum, Carol: Rousseau and Feminist Revision. Eighteenth-Century Life. Vol. 34,3, 2010

Braus, Dieter F.: Ein Blick ins Gehirn. Stuttgart 2011

Butler, Judith: Das Unbehagen der Geschlechter. Frankfurt am Main 2012

Changeux, Jean-Pierre: Der neuronale Mensch. Reinbek 1984

Coler, Ricardo: Das Paradies ist weiblich. Berlin 2013

Dilling, Horst: Internationale Klassifikation psychischer Störungen. Bern 1993

Eagles, Alice H., Wood, Wendy, und A. B. Diekman: Gender Differences in Social Behaviour. University of Southern California 2000

»Epigenetik: Mütter können Erfahrungen vererben.« Spiegel-Online, 4. Mai 2009

Fajen, Fritz (Hg.): Sapientia Romanorum: Weisheiten aus dem alten Rom. Leipzig 2000

Fausto-Sterling, Anne: Sexing the Body: Gender Politics and the Construction of Sexuality. New York 2000

Foucault, Michel: Sexualität und Wahrheit. Frankfurt am Main 1983

Feuerbach, Ludwig: Das Wesen des Christentums. Berlin 2016

Fine, Cordelia: Die Geschlechterlüge. Stuttgart 2010

Finkielkraut, Alain: Verlust der Menschlichkeit. Stuttgart 2000

Fischer, Gottfried: Neue Wege aus dem Trauma. Konstanz 2003

Freud, Sigmund: Über infantile Sexualtheorien (1908). Studienausgabe Bd. V. Frankfurt am Main 1972

Gabler, Hans: Placebo Religion. Norderstedt 2013

Gender Datenreport der Bundesregierung: Siehe: www.bmfsfj.de/doku/ Publikationen/genderreport/10-gewalthandlungen-und-gewaltbetrof-fenheit-von-frauen-und-maennern.html

Gibran, Khahil: Der Prophet. München 2002

Hartmann, Elke: Frauen in der Antike. München 2007

Hawkins, David R.: Power vs Force. The Hidden Determinants of Human Behaviour. Carlsbad (CA) 2012

Heinsohn, Gunnar, und Otto Steiger: Die Vernichtung der Weisen Frauen. Erftstadt 2005

Hering-Hanit, Rachel, u. a: Siehe: www.archdischild.com

Heusser, Isabella: Leistung um jeden Preis. manager magazin, 26. Mai 2015

Kingma, Daphne Rose: Allein schafft ein Mann das nie. München 1995

Laqueur, Thomas: Auf den Leib geschrieben. Die Inszenierung der Ge-schlechter von der Antike bis Freud. Cambridge (Mass.) 1990

Läubli, Martina, und Sabrina Sahli: Männlichkeit denken. Bielefeld 2011

Lalouschek, Wolfgang: Raus aus der Stressfalle. Die besten Strategien ge-gen Burnout und Co. Bad Wörishofen 2010

Lindemann, Gesa: Das paradoxe Geschlecht. Wiesbaden 2011

Lipton, Bruce: Intelligente Zellen. Wie Erfahrungen unsere Gene steuern. Isen-Burgrain 2014

Lorbeer, Judith: Paradoxes of Gender. Yale University Press 1994

Lun Yu: Konfuzius. Peking 2006

Maidan-Dokumentation *Himmlische Hundert*. Christian Seidel 2015. Sie-he: www.youtube.com/watch?v=fY8Qeh-FZaU

Mallet, Isabelle: De l'encadrement à la dimension du genre: les femmes à la SNCE

Maraini, Dacia: Die stumme Herzogin. München 1990

Meier, Heinrich: Diskurs über die Ungleichheit. Paderborn 1984

Meshi Dar: Siehe: http://darmeshi.com/

Miller, Alice: Das Drama des begabten Kindes. Frankfurt am Main 1983

Nehls, Michael: Alzheimer ist heilbar. München 2015

Nieberle, Sigrid: Gender Studies und Literatur. Darmstadt 2013

Onken, Julia: Vatermänner. München 2003

Owen, Linda R.: Distorting the Past. Tübingen 2005

Osho: Das Buch der Geheimnisse. München 2009

Pfeifer, Dwariko, und Mike Wolski: Bewegung und Stille. Aktive Meditation. Eine Studie zur Wirkungsweise der Kundalini Meditation von Osho. Berlin 2013

Pinkola Estés, Clarissa: Die Wolfsfrau. München 1992

Pohl, Rolf: Feindbild Frau. Hannover 2005

Pöppel, Ernst: Je älter, desto besser. München 2002

Reden des Buddha. Leipzig 1957

Richo, David: Reif werden füreinander. Oberstdorf 2009

Riek, Saleem Matthias: Lustvoll Mann sein. Bielefeld 2015

Rosin, Hanna: Das Ende der Männer. Berlin 2013

Rousseau, Jean-Jacques: Émile oder Über die Erziehung (1762). Paderborn 2003

Sargant, William: Battle for the Mind. London 1957

Seidel, Christian: Die Frau in mir. Ein Mann wagt ein Experiment. München 2014

Seidel, Christian: Gewinnen ohne zu kämpfen. München 2012

Siegel, Daniel J.: The Developing Mind. New York 2012

Schlegel, Friedrich: Lucinde (1799). Leipzig 1999

Schmidbauer, Wolfgang: Helfersyndrom und Burnout-Gefahr. München/ Jena 2002

Schmitz, Sigrid: Wie kommt das Geschlecht ins Gehirn. Berlin 2004

Sobiech, Gabriele: Grenzüberschreitungen. Körperstrategien von Frauen in modernen Gesellschaften. Opladen 1994

Spitzer, Manfred: Musik im Kopf. Stuttgart 2002

Stahl, Thies: Triffst du 'nen Frosch unterwegs ... NLP für die Praxis. Paderborn 1990

Stangl-Taller, Werner: Arbeitsblätter. Siehe: http://arbeitsblaetter.stangl-taller.at/Erziehung/Vater-Erziehung.shtml

Vidal, Catherine: The Sexed Brain. Neuroethics 5, 2012

Voland, Eckart: Siehe: www.sueddeutsche.de/wissen/hirnforschung-mit-facebook-wie-die-gier-nach-likes-das-gehirn-antreibt-1.2732043

Voss, Heinz-Jürgen: Making Sex Revised. Dekonstruktion des Geschlechts. Bielefeld 2010

Voss, Heinz-Jürgen: Geschlecht. Wider die Natürlichkeit. Stuttgart 2011

Voss, Heinz-Jürgen: Intersexualität-Intersex. Münster 2012

Walter, Dorothea: In Erwartung der Zärtlichkeit. Anzing 2014

Westhoff, Julia: Azaleen und Rhododendren. München 2014

Zurhorst, Eva-Maria: Soul Sex. München 2014